Das Antike Rom

Ein fesselnder Überblick über die römische Geschichte, vom Mythos über Romulus und Remus, über die Republik bis hin zum Untergang des Römischen Reiches

© Copyright 2022

Alle Rechte vorbehalten. Kein Teil dieses Buches darf in irgendeiner Form ohne schriftliche Genehmigung des Autors reproduziert werden. Rezensenten dürfen in Besprechungen kurze Textpassagen zitieren.

Haftungsausschluss: Kein Teil dieser Publikation darf ohne die schriftliche Erlaubnis des Verlags reproduziert oder in irgendeiner Form übertragen werden, sei es auf mechanischem oder elektronischem Wege, einschließlich Fotokopie oder Tonaufnahme oder in einem Informationsspeicher oder Datenspeicher oder durch E-Mail.

Obwohl alle Anstrengungen unternommen wurden, die in diesem Werk enthaltenen Informationen zu verifizieren, übernehmen weder der Autor noch der Verlag Verantwortung für etwaige Fehler, Auslassungen oder gegenteilige Auslegungen des Themas.

Dieses Buch dient der Unterhaltung. Die geäußerte Meinung ist ausschließlich die des Autors und sollte nicht als Ausdruck von fachlicher Anweisung oder Anordnung verstanden werden. Der Leser / die Leserin ist selbst für seine / ihre Handlungen verantwortlich.

Die Einhaltung aller anwendbaren Gesetze und Regelungen, einschließlich internationaler, Bundes-, Staats- und lokaler Rechtsprechung, die Geschäftspraktiken, Werbung und alle übrigen Aspekte des Geschäftsbetriebs in den USA, Kanada, dem Vereinigten Königreich regeln oder jeglicher anderer Jurisdiktion obliegt ausschließlich dem Käufer oder Leser.

Weder der Autor noch der Verlag übernimmt Verantwortung oder Haftung oder sonst etwas im Namen des Käufers oder Lesers dieser Materialien. Jegliche Kränkung einer Einzelperson oder Organisation ist unbeabsichtigt.

Inhaltsverzeichnis:

EINLEITUNG 1
TEIL EINS: DIE GRÜNDUNG ROMS UND DER MONARCHIE (753 BIS 509 V. CHR.) 8
    KAPITEL 1: DIE ERSTEN ROMANISCHEN MYTHEN 9
    KAPITEL 2: ALBA LONGA, DIE STAMMESSTADT ROMS 23
    KAPITEL 3: VON DER GRÜNDUNG ROMS BIS ZUM LETZTEN KÖNIG 34
TEIL ZWEI: DIE RÖMISCHE REPUBLIK (509 BIS 27 V. CHR.) 49
    KAPITEL 4: DIE GRÜNDUNG DER REPUBLIK 50
    KAPITEL 5: DIE KRIEGE ZENTRALITALIENS 64
    KAPITEL 6: EXPANSION IN DEN SÜDEN 79
    KAPITEL 7: DIE PUNISCHEN KRIEGE 93
    KAPITEL 8: ROM GEGEN GRIECHENLAND 107
    KAPITEL 9: DIE BÜRGERKRIEGE 121
TEIL DREI: DAS PRINZIPAT (27 V. CHR. - 235 N. CHR.) 142
    KAPITEL 10: DIE JULISCH – CLAUDISCHE DYNASTIE 143
    KAPITEL 11: DIE FLAVIER UND DIE ANTONINEN 160
    KAPITEL 12: DIE SEVERISCHE DYNASTIE 176
TEIL VIER: LETZTE JAHRE, SPALTUNG, UND UNTERGANG (235 - 476 N. CHR.) 190
    KAPITEL 13: EIN REICH IN DER KRISE 191
    KAPITEL 14: DIOCLETIAN UND KONSTANTIN DER GROßE 204
    KAPITEL 15: DIE KONSTANTINISCHE DYNASTIE UND DER FALL DES WESTENS 217
FAZIT 232

Einleitung

Er sollte die Säuglinge töten. Das war der Befehl des Königs gewesen - *die Babys sollten in den Fluss geworfen werden.* Stattdessen ließ der Wächter sie im Korb zurück und stieß ihn in den angeschwollenen Fluss.

„Lasst die Götter entscheiden", murmelte er bei sich und sah dann dabei zu, wie der aufgewühlte Tiber den Korb außer Sichtweite trug.

Wie durch ein Wunder überlebten die Zwillinge ihre Reise, der Korb trug sie den reißenden Fluss hinunter, und einer von ihnen gründete viel später die berühmte Stadt Rom. Die unglaubliche Geschichte dieser Stadt umspannt heute ganze 28 Jahrhunderte. Rom wurde von dem Dichter Tibullus auch die Ewige Stadt genannt und wuchs schließlich zu einem riesigen Reich heran, das sich von Britannien bis in den Nahen Osten und im Süden bis nach Afrika erstreckte. Roms Kultur und Institutionen beeinflussten die von ihm beherrschten Gebiete zutiefst und hinterließen ein dauerhaftes Erbe in Bezug auf Religion, Sprache, Regierungsstruktur, Recht, Philosophie, Architektur und Kunst zurück, das sich bis heute auf verschiedene Zivilisationen in aller Welt auswirkt.

In diesem Buch über die Geschichte Roms werden wir die faszinierenden Mythen über die Zwillinge und ihre Vorfahren enthüllen und dann die frühesten Aufzeichnungen über Rom erkunden. War der Gründer wirklich ein wildes Wolfskind? Wer war der Erfinder des einzigartigen römischen Senatssystems, und wie funktionierte es? Wie kam es zum Aufstieg der Stadt und zu ihrer Vormachtstellung über große Teile von drei verschiedenen Kontinenten? Waren einige Kaiser wirklich völlig wahnsinnig? Hatte Nero zwei seiner Ehefrauen ermorden lassen und später einen Jungen geheiratet? Was war die *Pax Romana*, und warum war sie so wichtig? Welche Faktoren beeinflussten den endgültigen Untergang des Römischen Reiches?

Der zweite Tempel der Hera wurde auch Poseidons Tempel genannt und steht in Paestum, Kampanien, in Italien. Er ist ein hervorragendes Beispiel für die für das alte Rom typischen dorischen Säulen.
Norbert Nagel / Wikimedia Commons, License: CC BY-SA 3.0.
https://commons.wikimedia.org/wiki/File:Hera_temple_II_-_Paestum_-_Poseidonia_-_July_13th_2013_-_08.jpg

Unsere ausführliche und umfassende Erläuterung des antiken Roms zeigt Ihnen auf verständliche Weise, wie sich all die Dramen, die Politik und der Aufbau des Imperiums entwickelt haben. Es wird beschrieben, was dieses beeindruckende Reich auszeichnete, was es außergewöhnlich machte und wie die römische Kultur die heutige Gesellschaft beeinflusste. Unsere Leserinnen und Leser erfahren, wie Rom das Rechtssystem beeinflusste und die Kultur und Sprache Europas prägte. Wir werden untersuchen, wie die lateinische Sprache, das ausgedehnte und hervorragende Straßennetz des Reiches und die *Pax Romana* die Verbreitung des Christentums förderten - selbst als die Kaiser die Christen den Löwen zum Fraß vorwarfen.

Und warum haben wir noch ein weiteres Buch über das antike Rom geschrieben, wo doch schon so viele Bücher zu diesem

Thema veräffentlicht wurden? Es ging uns darum, Ihnen einen möglichst fesselnden und gleichzeitig umfassenden Überblick zu geben, der alle wichtigsten Informationen über diese fesselnde Zivilisation zusammenfasst, dabei aber nicht langweilig wird. Dieser faszinierende und leicht verständliche Ansatz soll den Leser dazu bringen, das Buch gar nicht mehr weglegen zu wollen. Statt trockener Fakten bietet unsere Erläuterung Ihnen all die fesselnden Geschichten der Menschen, die Rom aufgebaut und zu dem berühmten Reich gemacht haben, das die Region so lange dominierte. Einige dieser Menschen waren vorbildlich und einfach genial, andere wiederum waren chaotisch und zerstörerisch. Dennoch spielten sie alle eine Rolle bei den Intrigen und internen Konflikten, die Rom prägen sollten.

Ein besseres Verständnis der Geschichte des antiken Roms bietet Ihnen mehrere Vorteile. Wir Menschen benötigen ein gutes Verständnis der Vergangenheit, um weise Entscheidungen für unsere Gegenwart und Zukunft zu treffen. Aus dem Aufstieg und Fall außergewöhnlicher Zivilisationen lassen sich wertvolle Lehren ziehen. Welchen Einfluss hatten die antiken Reiche auf unsere heutige Realität, inwiefern können wir ihr Erbe noch heute spüren? Einige Geschichten inspirieren und motivieren uns, andere dienen als abschreckende Beispiele.

Ein ausgezeichnetes Verständnis der Geschichte Roms wird den Lesern und Leserinnen dabei helfen zu verstehen, wie die heutigen politischen Systeme entstanden sind, wie sich der griechisch-römische Polytheismus entwickelte und Rom beeinflusste, bis ein Zimmermann und einige Fischer das Reich und die Welt veränderten. Die Leser erfahren, wie ein sicherer und effizienter Transport Handel, Reichtum, Information, Religion und kulturelle Vermischung beeinflusst. Durch die Untersuchung der Führer und Kaiser Roms können wir die Höhen, die gute Führer einer Zivilisation bescheren können, und die Tiefen, in die schlechte Führer sie stürzen können, wirklich schätzen lernen.

Aeneas flieht aus Troja, seinen Vater auf dem Rücken tragend, begleitet von seiner Frau und seinem Sohn.
Töpferarbeit, ungefähr 510 - 500 v. Chr.
https://commons.wikimedia.org/wiki/File:Aeneas_fleeing_from_Troy,_olpe,_Greek,_Attic,_525-500_BC,_terracotta,_black_figure_-_Sackler_Museum_-_Harvard_University_-_DSC01697.jpg

Werfen wir nun also einen genaueren Blick auf den Anfang unserer Reise in die Vergangenheit! Die Einführung in die Geschichte des antiken Roms ist in vier Abschnitte unterteilt. Der erste Teil erforscht die mythologischen Grundlagen Roms und beginnt mit Aeneas, der aus dem brennenden Troja flieht und seinen Vater dabei auf dem Rücken trägt. Wir folgen dem berühmten Überlebenden der Schlacht von Troja auf seiner langen Reise über Land und Meer bis nach Italien. Wie konnte eine Vestalin auf mysteriöse Weise schwanger werden, und warum wurden ihre kleinen Söhne, die Thronfolger, dem Fluss geopfert? Wir werden erfahren, wie Rom zunächst als Monarchie gegründet wurde, wie der Machtmissbrauch tyrannischer Könige zu der Gründung einer demokratischen Republik führte und wie schließlich eine von Kaisern geführte Autokratie entstand.

Während wir diese antiken römischen Mythen untersuchen, sollten wir auch darüber nachdenken, dass Mythen keine bloße Fantasie sind. In Zivilisationen, die ihre Geschichte noch nicht in Büchern dokumentierten, die also noch keine schriftlichen geschichtlichen Aufzeichnungen pflegten, oder deren Aufzeichnungen durch eine Katastrophe verloren gegangen sind, kann die mündliche Überlieferung antiker Ereignisse mit der Zeit mythologische Züge annehmen. Historische Berichte verwandeln sich oft in Mythen, weil die Geschichten nacherzählt und ausgeschmückt werden. Echte Menschen, insbesondere große Kriegshelden und vorbildliche Führer, werden im Laufe der Jahrhunderte mythologisiert und als Götter oder Halbgötter verehrt.

Dionysius von Halicarnassos schrieb „Römische Altertümer", eine Sammlung von 20 Büchern, die die Geschichte Roms von Aeneas bis zum Ersten Punischen Krieg schildert.
https://commons.wikimedia.org/wiki/File:Dionigi_di_Alicarnasso.jpg

Bei der Untersuchung der Ursprungsmythen Roms, also die Geschichten von Aeneas, Romulus und Remus, sind mythische Erzählungen unsere wichtigsten antiken Quellen. Zu diesen zählen beispielsweise die *Aeneis* von Vergil (erstes Jahrhundert v. Chr.), die *Römischen Altertümer* von Dionysius von Halicarnassos (erstes Jahrhundert v. Chr.), die *Moralia: Fortuna Romanorum von Plutarch* (erstes Jahrhundert n. Chr.) und die *Römische Geschichte* von Cassius Dio (drittes Jahrhundert n. Chr.). Vergil, Dionysius, Plutarch und Dio stützten sich bei ihren Werken auf mündliche Überlieferungen und ältere, zu ihrer Zeit verfügbare Handschriften.

Zu den drei ältesten Quellen gehören die *Hymne an Aphrodite* (siebtes Jahrhundert v. Chr.), ein Bericht über Aeneas' Empfängnis, Homers *Ilias* (achtes Jahrhundert v. Chr.), die von Aeneas' Heldentaten im Trojanischen Krieg erzählt, sowie mehrere antike Kunstwerke und Töpferwaren, auf denen Aeneas dargestellt ist, wie er seinen Vater aus Troja trägt, und die aus dem sechsten Jahrhundert v. Chr. stammen.

Der zweite Teil, die Römische Republik, befasst sich mit der Gründung der neuen Republik, deren immenser Expansion und inneren Unruhen. Wir werden genauer untersuchen, wie Rom die benachbarten Stadtstaaten eroberte und dann von den Kelten überfallen und geplündert wurde. Wie erhob sich Rom aus der Asche, um die Vormachtstellung in der Region wiederzuerlangen und sich dann im Pyrrhischen Krieg gegen Kriegselefanten zu behaupten? Wir werden die römischen Eroberer durch die unglaublichen Punischen Kriege gegen die Phönizier des antiken Karthago begleiten, als Rom Gebiete an der Mittelmeerküste, der Adria und in Nordafrika eroberte. Wir werden gemeinsam analysieren, wie es Rom gelang, erfolgreich Kriege in Griechenland, der damaligen imperialen Macht, zu gewinnen und Griechenland schließlich die Vorherrschaft über das makedonische Königreich und den Achäischen Bund in Korinth zu ermöglichen. Schließlich werden wir uns mit den brutalen Bürgerkriegen und den sozialen Unruhen in Rom, dem großen Sklavenaufstand unter Spartacus, dem Ersten Triumvirat und der Diktatur und Ermordung Cäsars befassen.

Der dritte Teil, das Prinzipat, beginnt mit Octavian, der sich überwältigende Macht erkämpfte und die Republik in ein weitreichendes Imperium verwandelt, was ihm den Titel *Augustus* einbrachte. Während seiner Herrschaft wurde in der römischen Provinz Judäa ein Kind geboren, das Rom und die Welt verändern sollte. Auf Augustus folgten einige der berüchtigtsten Kaiser Roms, wie etwa der verrückte Caligula, der sein Pferd zum Priester ernannte, und Caligulas Neffe Nero, der seinen Garten mit Christen beleuchtete, die in menschliche Fackeln verwandelt wurden. Was unternahm Rom gegen den Großen Jüdischen Aufstand? Welche klugen Strategien führten zur Eroberung Britanniens, und wie brachten die fünf großen Kaiser Rom auf den Höhepunkt seiner Macht und seines Wohlstands? Welche Faktoren trugen zum Niedergang Roms während der Severer-Dynastie bei?

Der vierte Teil befasst sich mit den letzten Jahren des antiken Roms – es geht darum, wie sich das Römische Reich spaltete und schließlich zusammenbrach. Wie haben Kriege, internes Chaos, Barbareneinfälle und Bauernaufstände Rom geschwächt, bis es schließlich unter vier Kaisern aufgeteilt wurde? Wir werden sehen, wie Konstantin der Große zur Herrschaft aufstieg, alleiniger Kaiser wurde, die Christenverfolgung beendete und sich auf dem Sterbebett taufen ließ. Wir werden erfahren, wie sich das Christentum im gesamten Reich ausbreitete. Wir werden erörtern, warum sich das Reich in eine östliche und eine westliche Fraktion aufspaltete und wie die wiederholten Invasionen der Westgoten, Vandalen, Hunnen und Sachsen Rom in die Knie zwangen, was mit der Abdankung von Romulus im Jahr 476 n. Chr. endete.

Lassen Sie uns nun in die Vergangenheit reisen, zu dem Moment, als eine einsame Göttin einen bescheidenen Hirten begehrte. Nach dieser Einigung wurde etwas später Aeneas geboren, der große Sieger von Troja, dessen Nachkommen das riesige und atemberaubende Römische Reich gründeten.

TEIL EINS: DIE GRÜNDUNG ROMS UND DER MONARCHIE
(753 bis 509 v. Chr.)

Kapitel 1: Die Ersten Romanischen Mythen

Aphrodite, die Göttin der Liebe und des Lächelns, verführte die Götter dazu, sich in sterbliche Frauen zu verlieben. Zeus rächte sich, indem er sie mit Verlangen nach dem schönen Anchises erfüllte, der auf dem Gipfel des Berges Ida sein Vieh hütete. Voller Begierde hüllte sich Aphrodite in ein goldenes Gewand und kam zu Anchises, während er auf seiner Lyra spielte.

Überwältigt von ihrer Schönheit, schwor Anchises, dass weder ein Mensch noch ein Gott ihn davon abhalten könne, sie sofort zu nehmen. Aphrodite, die sich als Jungfrau und Sterbliche ausgab, erlaubte ihm, mit ihr zu schlafen. Aus dieser Verbindung wurde Aphrodite schwanger und brachte Aeneas zur Welt. Als der Junge fünf Jahre alt war, brachte Aphrodite ihn zu seinem Vater Anchises, der ihn in Troja aufzog.

In der *Ilias* wird erzählt, wie Aeneas im Trojanischen Krieg als erster Leutnant seines Cousins Hektor, des ältesten Sohnes von König Priamos, tapfer kämpfte. Seine Mutter, die Göttin, wachte aufmerksam über den Kampf und griff gelegentlich ein, um ihn vor dem Tod zu bewahren. Selbst die Götter, die die Griechen unterstützten, halfen ihm, da sie erkannten, dass er später zum König der Trojaner werden sollte. Ein König der Trojaner, aber kein König von Troja, denn Troja sollte kurz darauf in Flammen aufgehen.

„Aeneas! Wach auf! Wach sofort auf!"

Als Aeneas erwachte, sah er den grausigen Geist seines Cousins Prinz Hektor, der nach seiner Ermordung blutüberströmt war. „Steh sofort auf, Aeneas! Die Griechen stürmen die Stadt. Fliehe jetzt sofort - mit deiner Familie! Es gibt nichts, was du tun kannst. König Priamos und Troja sind verloren. Aber du kannst ein neues Troja schaffen. Du musst jetzt gehen! Baue anderswo eine neue Stadt!"

Aeneas griff sofort zu seinen Waffen und stürzte hinaus, um Troja zu verteidigen. Er kämpfte mit Eifer, doch nachdem er den Tod von König Priamos miterlebte, erkannte er, dass die Schlacht verloren war. Schließlich eilte er nach Hause, um seine Familie zu retten. Mit seinem Vater Anchises auf dem Rücken, seinem Sohn Ascanius an der Hand und seiner Frau Creusa im Schlepptau entkamen Aeneas und seine Familie nur knapp den griechischen Kriegern, die die Straßen von Troja überrannten. Nachdem er aus den Stadttoren hinausgelaufen war, blickte Aeneas zurück und stellte mit Entsetzen fest, dass seine Frau nicht mehr da war. Sie war zurückgeblieben! Er eilte zurück in die Stadt und begegnete dort dem Geist von Creusa - sie war von den griechischen Kriegern getötet worden.

Der Geist von Creusa führt Aeneas auf seinem Weg. Giuseppe Maria Mitelli, Teil von Carracci's Frescos im Palazzo Fava, in Bologna.
https://commons.wikimedia.org/wiki/File:Enea_e_l%27ombra_di_Creusa.jpg

„Beeilt euch! Flieht nach Italien!" drängte Creusa ihn. „Du hast eine lange Reise vor dir, aber in Italien wirst du ein König sein und mit einer Königin verheiratet."

Weinend stolperte Aeneas aus der brennenden Stadt und entkam nur knapp den Griechen, um sich seinem Vater und seinem Sohn sowie den anderen Überlebenden anzuschließen, die rechtzeitig aus der Stadt geflohen waren. Als der Morgen graute, führte Aeneas die Flüchtlinge zum Gipfel des Berges Ida. Sie blickten hinunter und sahen schwarzen Rauch aus ihrer geliebten Stadt Troja aufsteigen. Wohin sollten sie von hier aus gehen?

Die Trojaner bauten eine Flotte von 20 Schiffen und stachen in See. Sie überquerten das Ägäische Meer und landeten in Thrakien, wo sie eine Siedlung namens Aeneadae errichteten. Eines Tages fand Aeneas die Leiche von Prinz Polydorus, dem Sohn von König Priamos von Troja. Der Geist des Polydorus warnte Aeneas: „Verlasse diesen Ort! Der König von Thrakien hat mich ermordet! Er hat seine Bündnisse mit den Griechen betrogen. Du bist hier nicht länger sicher."

Nachdem sie Polydorus die gebührenden Begräbnisriten hatten zukommen lassen, segelten die Trojaner weiter und erreichten die Insel Delos, wo sie einen Apollo-Tempel entdeckten. Aeneas betete zu Apollon und fragte, wohin sie gehen sollten. Apollo antwortete ihm kryptisch: „Suche das Land deiner Vorväter – das deiner alten Mutter."

Aeneas deutete dies als Aufforderung, zu der Insel Kreta zu gehen, dem Geburtsort von Teucer, dem ersten König von Troja. Sie segelten nach Kreta und bauten dort eine Stadt namens Pergamon, doch dann wurden die Verbannten von einer Seuche heimgesucht, die die Trojaner dezimierte und sogar ihre Ernte vernichtete. Aeneas war verwirrt; er war sich so sicher, dass Kreta seine neue Heimat sein sollte. In dieser Nacht erschienen ihm die *Penaten* - die Hausgötter, die sie aus Troja mitgebracht hatten - in einem Traum und sagten: „Kreta ist der falsche Ort! Das ist nicht der Ort, den Apollo für dich vorgesehen hat."

Aeneas besprach seine Vision mit seinem Vater Anchises, der ihn an die vergessene Prophezeiung seiner Frau Creusa erinnerte: „Geh nach Italien!"

Eine Harpyie ist ein räuberisches Monster mit dem Kopf einer Frau und dem Körper eines Vogels mit Flügel und Klauen.

https://commons.wikimedia.org/wiki/File:Harpi.PNG

Aeneas und die Trojaner segeln von Kreta aus los. Ein wilder Sturm verschlang sie drei katastrophale Tage lang, bis sie schließlich in der Inselgruppe der Strophaden einen Hafen fanden. Die hungrigen Trojaner sahen eine Rinderherde und schlachteten sie sofort, um sie zu essen, als sie plötzlich von Harpyien angegriffen wurden. Die Harpyie Celaeno befahl ihnen: „Verlasst meine Insel! Geht und sucht nach Italien. Wenn ihr euer Ziel erreicht, werdet ihr so hungrig sein, dass ihr eure Tische essen werdet!"

Ihre Tische essen? Auf dieses seltsame, aber alarmierende Omen hin verließen die Trojaner schnell die Insel und segelten weiter. In Buthrotum (im heutigen Albanien) angekommen, freuten sie sich über ein Wiedersehen mit einem der anderen Söhne des Königs Priamos, Prinz Helenus, der sich als Prophet entpuppte. Er regierte mit seiner Schwägerin Andromache, die noch immer um ihren Mann, Prinz Hektor, trauerte.

Helenus warnte Aeneas vor den bevorstehenden Herausforderungen: „Hüte dich vor dem Seeungeheuer Skylla und dem Strudel von Charybdis! Du solltest die Sibylle [Priesterin] von Cumae befragen". Dann prophezeite Helenus: „Wenn du eine weiße Sau mit 30 Ferkeln findest, bist Du am richtigen Ort! Errichte dort deine Stadt. An diesem Ort werden deine Nachkommen gedeihen und eines Tages die ganze bekannte Welt beherrschen."

Nachdem sie Geschenke ausgetauscht und sich von ihren alten Freunden verabschiedet hatten, segelten Aeneas und seine trojanischen Gefährten nach Sizilien, wo der Ätna Feuer und Rauch spuckte. Ein Mann in zerrissenen Kleidern kam auf sie zu: Achaemenidēs, der vom Schiff des Odysseus kam. Er war im Trojanischen Krieg einer ihrer Feinde gewesen. Achaemenidēs war versehentlich zurückgelassen worden, als seine Mannschaftskameraden vor dem einäugigen Zyklopen geflohen waren. „Bitte! Ich flehe euch an. Tötet mich jetzt, oder nehmt mich mit! Mein Leben auf der Flucht vor den Zyklopen ist unerträglich!"

Achaemenidēs bettelt um seinen Tod oder Schutz vor den Zyklonen. Gravierung von Giuseppe Zocchi.
https://commons.wikimedia.org/wiki/File:Achaemenides_and_Polyphemus.jpg

In diesem Augenblick erschienen die Zyklopen, und die Trojaner eilten zu ihren Schiffen und nahmen Achaemenidës mit. Sie umsegelten die Küste Siziliens und kamen nach Drepanum, wo Anchises verstarb. Nachdem er seinen Vater betrauert hatte, segelte Aeneas in Richtung des italienischen Festlandes. Doch erneut wurden sie von einem heftigen Sturm vom Kurs abgebracht, der sie von Italien weg und nach Süden in Richtung Nordafrika trieb. Schließlich kamen sie an einem friedlichen Strand an. Aeneas entsandte Kundschafter, um die Gegend zu erkunden, in der Hoffnung, dass die 12 im Sturm verlorenen Schiffe den Weg zu diesen Küsten gefunden hatten, aber er fand keine Spur von ihnen.

Am nächsten Tag, als er die Küste weiter erkundete, traf Aeneas auf Männer, die mit dem Bau einer neuen Stadt beschäftigt waren, die ihn an einen Bienenstock erinnerte. Aeneas erfuhr, dass sie vor kurzem aus Tyrus (im Libanon) gekommen waren. Sie waren auf der Flucht vor dem Bruder ihrer Königin, Pygmalion, der den Thron an sich gerissen und ihren Mann Sychaeus getötet hatte. Der Name der Königin war Dido, und die Stadt, die gebaut wurde, war Karthago.

Aeneas beschrieb den Fall von Troja und dessen Wanderungen zur Königin Dido. Von Jacopo Amigoni.
https://commons.wikimedia.org/wiki/File:Jacopo_Amigoni_(c.1682-1752)_-_Aeneas_and_Achates_Wafted_in_a_Cloud_before_Dido,_Queen_of_Carthage,_with_Cupid_at_Her_Feet_-_772276_-_National_Trust.jpg

Auf seinem Weg durch die Stadt betrat Aeneas einen neu errichteten Juno-Tempel und weinte, als er ein Wandgemälde sah, das den Trojanischen Krieg darstellte und den Tod seines Freundes Hektor zeigte. In diesem Moment trat Königin Dido ein und lud Aeneas und seine Gefährten zu einem Festmahl ein, das sie an diesem Abend veranstalten wollten. Aeneas erzählte ihr, wie sehr ihn das Wandgemälde bewegte, und die Königin erinnerte sich an die gemeinsame Geschichte von Troja und Tyrus. Sie versprach Aeneas, dass er und die anderen Flüchtlinge in seinem Gefolge ihre Erlaubnis hatten, sich mit ihrem Volk in der neuen Stadt Karthago niederzulassen.

Als Aeneas den Tempel verließ, war er noch begeisterter, als er seine verloren geglaubten Schiffe in den Hafen einlaufen sah. Sie hatten es geschafft! Ilioneus, einer seiner Lotsen, erinnerte Aeneas an ihr Ziel, Italien zu erreichen, und sagte, er wolle bald dorthin aufbrechen. Beim Festmahl am selben Abend erzählte Aeneas Dido alles über ihre Flucht aus Troja. Die Königin war von Aeneas Geschichten entzückt und wiederholte ihre Aufforderung an die Gruppe, sich in Karthago niederzulassen. Die attraktive Dido zog Aeneas in ihren Bann, der seinen ursprünglichen Auftrag, ein Königreich in Italien zu errichten, schnell vergaß.

Eines Tages waren Aeneas und Dido gemeinsam auf der Jagd, als plötzlich ein Sturm aufzog und sie dazu zwang, sich in eine nahe gelegene Höhle zu flüchten, wo sie miteinander schliefen. Für Dido bedeutete dies, dass sie nun verheiratet waren, und Aeneas wollte gerne mit der schönen Königin in Afrika bleiben. Die Trojaner arbeiteten mit den Bewohnern von Tyrus zusammen, um Karthago weiter aufzubauen. Schließlich sah sich der Gott Jupiter dazu gezwungen, Merkur zu Aeneas zu schicken, um diesen an sein vorbestimmtes Schicksal zu erinnern: er sollte der zukünftige Herrscher von Italien werden.

Aeneas konnte den Gedanken nicht ertragen, Dido zu verlassen, aber er wagte es nicht, den Göttern ungehorsam zu sein. Als Dido sah, wie Aeneas' Leute die Schiffe für die Abreise vorbereiteten, war sie erschüttert und schwor, dass sie Selbstmord begehen würde, falls Aeneas sie tatsächlich verließ und weiter nach Griechenland reiste. Die Schiffe des Aeneas fuhren noch vor Sonnenaufgang ab, und als Königin Dido erwachte, war er verschwunden. Sie ließ einen Scheiterhaufen errichten, legte sich darauf und erdolchte sich selbst, nachdem sie einen ewigen Streit zwischen Aeneas' Volk und Karthago prophezeit hatte.

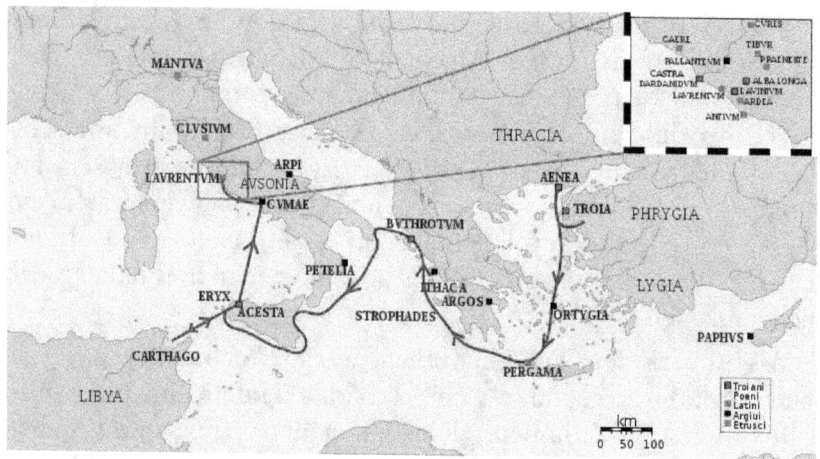

Aeneas floh aus Troja, segelte zunächst nach Thrakien, und dann um die griechische Küste herum nach Sizilien, dann nach Karthago in Afrika und schließlich nach Italien.
Rcsprinter123, CC BY 3.0 <https://creativecommons.org/licenses/by/3.0>, via Wikimedia Commons https://commons.wikimedia.org/wiki/File:Aeneae_exsilia.svg

Als die trojanische Flotte in Richtung Italien segelte, wies Aeneas' Steuermann Palinurus auf schwarze Wolken in der Ferne hin. Ein weiterer Sturm braute sich zusammen! Man entschied sich dazu, den Kurz zu ändern und in Richtung Sizilien zu segeln, um den Sturm auf offener See zu umgehen. Zu Ehren des Todestages seines Vaters rief Aeneas zu einer Feier zu Ehren des Lebens von Anchises auf. Doch während die Männer sich mit Spielen vergnügten, schmiedeten die Frauen heimliche Pläne.

Was führten die Frauen im Schilde? Sie hatten genug von endlosen Wanderungen, Stürmen auf dem Meer, Harpyien, Zyklopen und Vulkanen. Sie waren bereit, sich endgültig niederzulassen, genau dort, wo sie waren. Sie hielten es für das Beste, die Schiffe loszuwerden, und steckten sie in Brand. Aeneas eilte zum Hafen und betete zu Jupiter. Der Gott erhörte seine Gebete und schickte einen plötzlichen Regenguss, um das Feuer zu erlöschen. Aeneas verkündete, dass jeder, der sich in Sizilien niederlassen wolle, zurückbleiben könne. In dieser Nacht erschien ihm der Geist seines Vaters und forderte Aeneas dazu auf, ihn in der Unterwelt zu besuchen, bevor er weiterreiste.

Endlich! Nachdem sie das Tyrrhenische Meer überquert hatten, kamen die Trojaner in Cumae an der Westküste Italiens an. Aeneas ersuchte die Sibylle (Priesterin) in den Höhlen um ihren Rat, die ihm daraufhin prophezeite: „Aeneas! Du und deine trojanischen Gefährten werden in Latium großen Widrigkeiten ausgesetzt sein. Ihr werdet einen weiteren Krieg, der dem Trojanischen Krieg ähneln wird, erleben."

Aeneas und die Sybille von Cumae betreten die Unterwelt. Zeichnung von Giovanni Francesco Romanelli.
Giovanni Francesco Romanelli, CC0, via Wikimedia Commons
https://commons.wikimedia.org/wiki/File:Aeneas_and_the_Cumaean_Sibyl_Entering_the_Infernal_Regions_MET_DP811379.jpg

Aeneas drängte die Sibylle dazu, ihn in die Unterwelt zu führen. Dort traf er im Land der gefallenen Liebenden auf die Königin Dido, aber sie blickte ihn nur aus kalten Augen an. Im Land der gefallenen Krieger sah er sowohl griechische als auch trojanische Krieger, die im Trojanischen Krieg gefallen waren. Auf den grünen Feldern von Elysium wurde Aeneas mit seinem Vater Anchises wiedervereint. Sein Vater zeigte ihm eine Reihe von Seelen, die darauf warteten, auf die Erde zurückzukehren.

„Siehe, Aeneas! Diese Männer werden deine Nachkommen sein! Sie werden als die Herrscher deiner Stadt wiedergeboren werden. Dort! Das ist Silvius - eines Tages wird er als dein Sohn geboren werden. Und das ist Romulus; er wird zum Gründervater Roms werden. Das ist Pompeius der Große - er wird dein Reich in ein Imperium verwandeln. Dort drüben sind Augustus Cäsar und Julius Cäsar - sie werden große Kaiser sein."

Nach ihrem Treffen mit Anchises in der Unterwelt führte die Sibylle Aeneas zurück ins Land der Lebenden, und die Trojaner segelten weiter nach Norden entlang der Küste Italiens. Als sie den Tiber erreichten, segelten sie flussaufwärts. Sie reisten durch die Ländereien des Königs Latinus, der keine Söhne hatte, aber eine schöne Tochter mit vielen Verehrern besaß. Während einer Opfergabe erhielt Latinus eine plötzliche Prophezeiung: Er sollte seine Tochter Lavinia mit einem Fremden verheiraten - dieser Mann sollte seinen Familiennamen berühmt machen.

Während dies geschah, ging die Flotte des Aeneas vor Laurentum vor Anker, wo die Reisenden ihre Zelte am Strand aufschlugen und Früchte sammelten, um sie zu essen. Bevor sie sich niederließen, legten sie wilde Petersilie und trockene Weizenkuchen auf den Sand, um das Obst sauber zu halten. Nachdem sie das Obst gegessen hatten, knabberten sie an der Petersilie und den Weizenkuchen und wollten mit dem Essen gar nicht mehr aufhören, bis jemand laut ausrief: „Seht alle her! Wir haben sogar unseren Tisch aufgegessen!"

Die Prophezeiung der Harpyie Celaeno hatte sich erfüllt! Aber der Grund dafür war nicht so schrecklich, wie sie ursprünglich erwartet hatten. Sie lachten und schrien vor Freude - sie hatten ihr Ziel erreicht! Aeneas kündigte ein Opfer für die Götter an. Tanzend und singend holten sie ihre Götzen aus dem Schiff und machten sich bereit, ein Schwein zu opfern. Doch die große weiße Sau riss sich plötzlich los und rannte in den Wald. Aeneas erinnerte sich an die Prophezeiung des Helenus und verfolgte das Schwein aus der Ferne, bis es sich erschöpft auf einer Bergkuppe niederließ.

Als Aeneas (und sein Sohn Ascanius) die weiße Sau mit 30 Ferkeln vorfand wusste er, dass er sein Ziel erreicht hatte.
© Marie-Lan Nguyen / Wikimedia Commons
https://commons.wikimedia.org/wiki/File:Aeneas_Latium_BM_GR1927.12-12.1.jpg

Als Aeneas sich umsah, stellte er fest, dass das Gebiet für den Bau einer großen Stadt nicht geeignet war. Es war ein wenig zu weit vom Meer entfernt und in der Nähe eines riesigen Sumpfes. Doch am nächsten Morgen brachte die Sau 30 Ferkel zur Welt und erfüllte damit die Prophezeiung des Helenus. Dies war der richtige Ort! Hier sollten die Trojaner ihre Stadt errichten.

Sie machten sich auf die Suche nach anderen Menschen, die auf dem Gebiet lebten und kamen in die Stadt Latium. Aeneas schickte Gesandte in die Stadt, die dem König Latinus Geschenke brachten und ihm versicherten, dass die Trojaner in Frieden gekommen waren. Sie erzählten dem König vom Trojanischen Krieg und versprachen ihm, für ihn zu arbeiten und sein Reich zu schützen, sofern er ihnen erlaube, in seinem Reich zu leben. König Latinus erinnerte sich an die Prophezeiung über die Heirat seiner Tochter Lavinia mit einem Fremden und hieß Aeneas mit offenen Armen willkommen. Er schloss einen Vertrag mit den Neuankömmlingen: Die Trojaner bekamen das nötige Land für ihre Stadt, und im Gegenzug mussten sie den Lateinern im Kampf gegen alle ihre Feinde zur Seite stehen.

Nachdem der Vertrag geschlossen war, bauten die Trojaner eine Stadt auf dem Land, auf dem die Sau 30 Ferkel geboren hatte. Die

Lateiner halfen beim Bau der Stadt, die Aeneas Lavinium nannte, nach Lavinia, die König Latinus ihm zur Frau versprochen hatte. Als Königin Amata hörte, dass Latinus ihre Tochter mit einem Fremden verheiraten wollte, flehte sie ihren Mann an, diese Heirat nicht zu erzwingen, aber Latinus blieb hartnäckig. Amata wurde sehr zornig. Sie teilte ihre Empörung den anderen Frauen mit, was zu großem Aufruhr führte. Amata entschloss sich außerdem dazu, ihre Tochter sicherheitshalber in den Bergen zu verstecken.

Königin Amata war nicht die Einzige, die von den Heiratsplänen des Königs verärgert war. König Turnus aus dem Königreich Rutuli hatte seit langem vor, Lavinia zu heiraten und wollte nicht, dass sie sich mit einem anderen vermählte. Als er erfuhr, dass Latinus sie einem anderen Mann versprochen hatte, erklärte er den Trojanern den Krieg. Währenddessen war Aeneas Sohn Ascanius auf der Jagd im Wald und verwundete dabei einen Hirsch. Er wusste nicht, dass es sich bei dem Hirsch um das Haustier eines lateinischen Hirten handelte. Der Hirsch taumelte nach Hause, wo er kurz darauf starb, was die Lateiner erzürnte und die Situation für alle Beteiligten noch prekärer machte.

Die lateinischen Hirten griffen Ascanius an, die Trojaner eilten ihm zu Hilfe und töteten dabei viele Lateiner. Die trauernden Hirten trugen ihre Toten zum Palast, legten sie König Latinus zu Füßen und baten ihn, die Trojaner aus ihrem Land zu vertreiben. Latinus wollte sich nicht auf eine Schlacht mit den Trojanern einlassen – er hatte schließlich gerade erst einen Vertrag mit deren Anführer geschlossen! Aber alle schrien nach Krieg, und die lautesten Befürworter waren Königin Amata und die anderen einflussreichen Frauen. Unfähig, sein Volk zu beruhigen - und das Schicksal der Götter ahnend - zog sich der König in seine Gemächer zurück.

In der Zwischenzeit hatte Turnus ein riesiges Heer aufgestellt und marschierte auf die Trojaner zu, die sich in einer schwierigen Lage befanden. Allein waren sie nicht stark genug, um den Rutuli zu widerstehen, und obwohl sie einen Vertrag mit den Lateinern geschlossen hatten, erklärten diese ihnen den Krieg. Aeneas machte sich schnell daran, sich mit Turnus' Feinden zu verbünden. König Evander (ein Grieche aus Arkadien, der sich vor kurzem in Italien niedergelassen hatte) bot Hilfe gegen den gemeinsamen Feind an und entsandte seine Armeen unter der Führung seines Sohnes, Prinz Pallas. König Evander rief auch die befreundeten Nachbarkönigreiche zusammen, und sie alle marschierten gemeinsam in Richtung Latium.

Es kam zu einem epischen Krieg zwischen den Trojanern und ihren Verbündeten gegen König Turnus und die Lateiner. Aeneas und Prinz Pallas wurden in diesem Kampf enge Freunde. Pallas war ein großer Krieger und tötete jeden Mann, dem er begegnete, bis Turnus Pallas mit seinem Speer aufspießte und ihm den Gürtel als Trophäe abriss. Als Aeneas vom Tod seines Freundes Pallas erfuhr, geriet er in Rage und schwor Vergeltung. Er tötete viele seiner Feinde, doch ihr Anführer Turnus sprang in den Tiber und entkam dem rachsüchtigen Aeneas.

Die Lateiner erlitten in diesem Krieg einen großen Verlust an Einwohnern. Sie errichteten Scheiterhaufen, um ihre Toten zu verbrennen, weinten und klagten und verfluchten Turnus und den Krieg. König Latinus erinnerte sein Volk daran, wie unklug es war, gegen die Trojaner zu kämpfen; sie hätten sich an den Vertrag halten sollen, den sie geschlossen hatten.

Am nächsten Tag ritten König Latinus, König Turnus, Aeneas und sein Sohn Ascanius auf das Schlachtfeld. Aeneas schwor einen Eid: Sollte Turnus siegreich sein, würden die Trojaner Italien verlassen. Sollte Aeneas siegen, wollten die Trojaner friedlich mit den Lateinern zusammenleben. König Latinus erneuerte seinen Vertrag mit Aeneas. Turnus schlug vor, den Krieg mit einem Zweikampf zwischen ihm und Aeneas zu beenden, um das Leben der anderen Krieger zu schonen.

King Turnus bettelt im Kampf mit Aeneas um sein Leben. Gemälde von Luca Giordano, 17 Jahrhundert n. Chr., Palazzo Corsini, Florenz.
https://commons.wikimedia.org/wiki/File:Aeneas_and_Turnus.jpg

Daraufhin standen sich die beiden Männer auf dem Schlachtfeld allein gegenüber. Turnus ergriff einen riesigen Felsen und schleuderte ihn auf Aeneas, verfehlte diesen aber knapp. Aeneas warf seinen Speer nach seinem Feind, der Turnus' Schild durchbohrte und ihn in den Oberschenkel traf. Turnus fiel zu Boden, und als Aeneas drohend über ihm stand, flehte Turnus um Gnade und versprach Aeneas, dass er Lavinia haben könne. Aeneas hielt einen Moment inne und überlegte, dann sah er den Gürtel seines Freundes Pallas an Turnus' Hüfte. Wütend stieß Aeneas sein Schwert in Turnus' Herz und beendete damit den Krieg.

Endlich Frieden! Die Trojaner und die Lateiner vereinigten sich zu einer einheitlichen Macht. Lavinia und Aeneas heirateten, und die Trojaner nahmen die Sprache und die Bräuche der Lateiner an. Sie vermischten sich frei, bis sich die Einwohner Trojas schließlich nicht mehr Trojaner, sondern Lateiner nannten.

Zwei Jahre später starb König Latinus, und Aeneas wurde König der Lateiner. Nachdem er drei Jahre lang regiert hatte, verschwand Aeneas während einer Schlacht gegen die Rutuli. Niemand wusste, was mit ihm geschah, aber alle nahmen an, dass er gestorben war. Er hinterließ seine Frau Lavinia, die mit ihrem ersten Kind schwanger war.

Nach dem Tod seines Vaters trat Aeneas ältester Sohn Ascanius sein Erbe an. Dreißig Jahre nach seiner Ankunft in Italien errichtete König Ascanius eine neue Stadt, die er *Alba Longa* (lange weiße Stadt) nannte. Die Stadt lag zwischen einem hohen Berg und einem tiefen See, der den Anwohnern von beiden Seiten Schutz bot. In den Ebenen unterhalb der Stadt lag fruchtbares Land für den Anbau des besten Weins und der besten Früchte in ganz Italien.

Kapitel 2: Alba Longa, die Stammesstadt Roms

Lavinia steckte in einem Dilemma. Ihr Mann, König Aeneas, war im Kampf gegen den etruskischen König Mezentius verschwunden. Manche Menschen glaubten, er sei umgekommen. Aber wo war sein Leichnam? Andere sagten, er sei zu einem Gott geworden und behaupteten, dass er schon immer ein Halbgott gewesen war. Die Königin stand vor einem Rätsel, sie war außerdem hochschwanger und sollte bald ein Kind bekommen – und es war kein Ehemann in Sicht. Die Stadt brauchte einen Herrscher, und ihr Stiefsohn Ascanius, der Sohn ihres Mannes aus dessen erster Ehe, hatte den Thron bestiegen.

Was sollte nun mit ihr geschehen? Und was noch wichtiger war, was sollte mit ihrem ungeborenen Kind geschehen? War ihr Stiefsohn dazu bereit, ihr Schutz zu gewähren? Oder sollte er ihre Macht und ihre Abstammung fürchten? Sollte er sich von ihrem ungeborenen Kind bedroht fühlen? Würde er sich um die Ansprüche des Kindes auf den Thron sorgen und ihr Kind als Bedrohung für die Erbrechte seiner eigenen Kinder einschätzen? Je mehr die Königin über die Situation nachdachte, desto besorgter wurde sie.

Sie vertraute ihre Befürchtungen Tyrrhenus an, einem der ältesten Freunde ihres Vaters und dem erfahrensten Hirten der königlichen Schweineherde. Die Hirten hegten keine große Sympathie für die Trojaner und schon gar nicht für Ascanius - sie hegten noch immer einen Groll darüber, dass er ihren Lieblingshirsch getötet hatte. Als sie ihre Befürchtungen erklärte, nickte Tyrrhenus zustimmend. "Meine Herrin, wir haben keine Ahnung, was diese Trojaner als nächstes tun werden. Am klügsten ist es, sich zu verstecken. Ich werde Euch helfen und Euch beschützen, bis Ihr und Euer Kind in Sicherheit seid."

Am nächsten Tag führte Tyrrhenus Lavinia in bürgerlicher Kleidung aus der Stadt. Niemand bemerkte, dass es sich bei der bescheiden gekleideten Frau um die Königin handelte. Er führte sie in den Wald und dann tief in die Berge, wo er ein Haus für sie baute, von dessen Existenz nur wenige Menschen wussten. Lavinia gebar einen Jungen, und Tyrrhenus nannte ihn Silvius - nach dem Wald, in dem er geboren wurde. Tyrrhenus half bei der Aufzucht des Jungen, und als Silvius alt genug war, schloss er sich den Hirten des Königs an. Nur wenige unter den Bewohnern der Stadt kannten seine wahre Identität. 38 Jahre lang lebte Silvius mit seiner Mutter im Wald.

Währenddessen sah sich sein älterer Halbbruder Ascanius als neuer König von Lavinium mit einer ersten Krise konfrontiert. König Mezentius von den Etruskern, der ewige Feind der Lateiner, setzte seinen Vorteil und seine überlegene Kampferfahrung gegen den neuen König der Lateiner ein und marschierte direkt auf Lavinium zu! Innerhalb weniger Tage hatte Mezentius die Stadt mit seinen Truppen umzingelt. Den Bewohnern von Lavinium gingen bald die Lebensmittel und das Trinkwasser aus. In seiner verzweifelten Lage hatte Ascanius keine andere Wahl, als sich Mezentius zu ergeben und ihm einen jährlichen Tribut zu zahlen.

Es gelang Ascanius erst viele Jahre später, sich von den etruskischen Oberherren zu befreien. Ascanius fiel über König Mezentius und seine Armee her und überraschte sie mit seinem plötzlichen Angriff. Er tötete Lausus, den Sohn des Mezentius, und besiegte das etruskische Heer. Nun war der Spieß umgedreht, und Mezentius musste Ascanius Tribut zahlen. Doch dazu sollte es erstmal noch nicht kommen.

König Ascanius stand auf der Mauer von Lavinium, die sein Vater fünf Jahre zuvor auf dem Hügel errichtet hatte. Er blickte auf den dichten Lorbeerwald im Norden - die Silva Laurentina - und ahnte nicht, dass sein jüngerer Bruder dort versteckt war. Ascanius wandte sich nach Süden, wo das Feuchtgebiet der Pontinischen Sümpfe lag.

Er wurde dabei von einer Mücke gestört, die er kurzer Hand erschlug. Der König runzelte die Stirn. Die *Miasmen* (Dämpfe), die von den stehenden Gewässern ausgingen, verursachten bei seinem Volk häufig ein schlimmes Fieber, an dem jeder Fünfte starb. Er verfluchte die *malus aria* (schlechte Luft) dieses Ortes. Er verfluchte die große weiße Sau, die auf diesem Hügel ihre Ferkel geboren und seinen Vater dazu veranlasst hatte, eine Stadt an einem solch ungesunden, unfruchtbaren Ort zu errichten.

Ex-voto Statuen in Lavinium. Von Contewiki - es handelt sich um Eigenaufnahmen Contewiki, CC BY-SA 3.0 <https://creativecommons.org/licenses/by-sa/3.0>, via Wikimedia Commons, https://commons.wikimedia.org/w/index.php?curid=12683615

Was hätte Ascanius wohl gedacht, wenn er in diesem Moment gewusst hätte, dass Lavinium die nächsten dreitausend Jahre ohne nennenswerte Unterbrechung bewohnt bleiben sollte? Heute ist die Stadt unter dem Namen *Pratica di Mare* bekannt und verfügt bis heute über ein antikes römisches Tor. Die heutige Stadt ist noch immer von den Ruinen der antiken Stadt umgeben. Im Laufe der Jahrtausende wurden mehrere Versuche unternommen, das malariaverseuchte Feuchtgebiet zu entwässern und das Gebiet stattdessen mit Erde aufzubauen; diese Pläne wurden erst 1939 n. Chr. von den Ingenieuren von Benito Mussolini in die Tat umgesetzt, die die Pontinischen Sümpfe in Pontinische Felder verwandelten.

Während der 38 Jahre, die Ascanius regierte, wuchs die Bevölkerung von Lavinium weiterhin schnell an, aber der Stadt fehlte es an Ackerland, um eine große Bevölkerung zu ernähren. Die Lateiner verschmähten die von Moskitos verseuchten Sümpfe, so dass Ascanius eine neue Hauptstadt an einem besseren Ort errichtete. Er errichtete die neue Stadt am Hang des *Mons Albanus* (Berg Alba), etwa 12 Meilen südöstlich des heutigen Rom, und siedelte 1151 v. Chr. 600 Familien um. Manche sagen, der Name der Stadt *Alba Longa* (lange weiße Stadt) rühre von der großen, weißen Sau her, die Aeneas einst an diesem Ort gefunden hatte. Andere sagen, der Name habe seinen Ursprung in dem langen, schmalen Bergrücken mit weißen Mauern und Häusern, der sich zwischen dem Berg und dem See erstreckte.

Auf der linken Seite dieser silbernen Denarius Münze, die in Rom im Jahre 106 v. Chr. produziert wurde, sind die Penaten Götter abgebildet. Die Rückseite zeigt die weiße Sau aus der Prophezeiung.
Johny SYSEL, CC BY-SA 3.0 <https://creativecommons.org/licenses/by-sa/3.0>, via Wikimedia Commons
https://en.wikipedia.org/wiki/Lavinium#/media/File:AR_serrate_denarius_of_C._Sulpicius_C._f._Galba.jpg

Nach dem Bau von Alba Longa durch Ascanius ereignete sich ein merkwürdiger Vorfall. Als seine Familie aus Troja geflohen war, klammerte sich sein Großvater Anchises an die altbekannten griechischen Hausgötter (die sogenannten *Penaten)*. Diese galten als die Hüter der trojanischen Kultur und des Familienlebens und waren für ihn ein Symbol der Vergangenheit und seiner alten Heimat. Als der Geist von Prinz Hektor zu Aeneas kam, um ihn zu warnen und ihn zur Flucht aus Troja aufforderte, riet er ihm, seine Familie und die Penaten mitzunehmen.

Die Götzenbilder hatten im Traum zu Aeneas gesprochen und ihn nach Italien geführt. Aeneas trug sie während seiner Wanderschaft bei sich, bis er in Lavinium ankam. Dionysios zufolge errichtete Aeneas auf dem höchsten Punkt des Hügels von Lavinium ein Heiligtum für seine trojanischen Hausgötter, was bedeutete, dass sie nicht mehr nur als Familienidole galten, sondern zu den Göttern der gesamten trojanischen Restbevölkerung wurden. Indem die Trojaner sie nach Italien brachten, wurden die Penaten zum Symbol von Aeneas Heimatort Troja und verankerten die Traditionen seiner Vorfahren in der neuen Stadt, die er an diesem Ort gegründet hatte.

Fünfundzwanzig Jahre nach Aeneas' angeblichem Tod brachte Ascanius die Penaten in die neu erbaute Stadt Alba Longa. Eines Morgens wachte er auf und stellte fest, dass die Bildnisse verschwunden waren. Wer hatte sie wohl mitgenommen? Und dann erhielt er die verblüffende Nachricht, dass die Penaten wieder in Lavinium aufgetaucht waren! Erneut brachte er die Statuen der Hausgötter zurück nach Alba Longa, und das Gleiche geschah - sie kehrten (vermeintlich eigenständig) nach Lavinium zurück.

Daraufhin ließ Ascanius die Penaten in Lavinium zurück, in dem Heiligtum, dass Aeneas zu ihren Ehren errichtet hatte. Obwohl Alba Longa zur politischen Hauptstadt wurde, blieb Lavinium das heilige religiöse Zentrum der Trojaner, sogar nachdem Alba Longa an Rom gefallen war. Dem römischen Schriftsteller Symmachus aus dem vierten Jahrhundert zufolge galt Lavinium noch bis 391 n. Chr. als heilige Stätte, an der neue römische Prätoren und Konsuln bei ihrem Amtsantritt üblicherweise den Penaten und der Vesta Opfer darbrachten. Dies zeigt, wie wichtig die Penaten für die Beziehung der Römer zu ihren trojanischen Vorfahren waren; sie blieben mindestens 1500 Jahre lang erhalten.

Die Verehrung der *Vesta* begann in Lavinium (ein weiteres Überbleibsel aus) und wurde in Alba Longa fortgesetzt, nachdem die Stadt gegründet worden war. Die Vesta war die jungfräuliche Göttin des Herdes und der Familie. Sie wurde selten durch Gemälde oder Statuen dargestellt – stattdessen wurde sie durch das Feuer, dass in ihrem Tempel brannte, verkörpert. Die Vesta-Verehrung war eine der langlebigsten heidnischen Traditionen Roms und war bis 391 n. Chr. üblich, aber schließlich wurde ihr Tempel geschlossen und ihre heilige Flamme von Kaiser Theodosius I. gelöscht.

Vesta galt als die reinste der römischen Götter, die nicht in Streitereien und Dramen mit den anderen Gottheiten verwickelt war; es gab nur wenige Mythen über sie. Ihr Tempel durfte nur von den Vestalinnen, ihren weiß gekleideten Priesterinnen, betreten werden, die im Zölibat lebten und die ewige Flamme am Brennen hielten. Neben dem Heiligtum der Vesta, das Aeneas in Lavinium errichtete, baute Ascanius auch einen Vesta-Tempel in Alba Longa.

Ascanius errichtete ein Heiligtum für Jupiter auf dem Gipfel des Berges Alban, der Alba Longa überragt. Jedes Jahr lud er alle Städte des Lateinischen Bundes dazu ein, sich in Alba Longa zu versammeln, um Jupiter zu verehren und einen weißen Stier zu opfern und zu essen. Jupiter, der Gott des Himmels und des Donners, war in der lateinischen, griechischen und römischen Mythologie der König der Götter. Er wurde oft mit dem Symbol eines mächtigen Adlers assoziiert, der einen Blitz in seinen Klauen hält. Der Adler wurde später zu einem wichtigen Emblem des römischen Militärs.

Von Alba Longa sind heute nur noch die Reste der alten Stadtmauern übrig. Die Stadt wurde auf einem Bergrücken erbaut, der sich vom Fuße des Berges Alban aus nach Norden erstreckt. Die dem See zugewandte Seite des Bergrückens war steil und bot einen guten natürlichen Schutz gegen Wind und Unwetter. Das örtliche Peperino Vulkangestein war ein wichtiges Baumaterial für die Bewohner der Stadt. Im Tal zwischen Alba und Marino kann man noch heute die alten Steinbrüche sehen.

Nachdem er 38 Jahre lang von Lavinium (und später von Alba Longa) aus regiert hatte, starb Ascanius schließlich. Aber wer sollte sein Nachfolger werden? Viele nahmen an, dass es Iulus, Ascanius' ältester Sohn, sein sollte. Doch die Lateiner fragten sich, was mit Königin Lavinia, der Tochter des Königs Latinus und Ehefrau des Aeneas, geschehen war. Niemand hatte sie gesehen, seit Ascanius seinem Vater auf den Thron gefolgt war. Und war sie nicht schwanger gewesen, als Aeneas verschwand? Wo war das Kind? Sollte das Kind ein Junge sein, hätte er dann nicht einen größeren Anspruch auf den Thron als ein Sohn der lateinischen und trojanischen Königslinie?

Alle machten großes Aufheben um die Suche nach Lavinia. Es kursierten Gerüchte darum, dass Ascanius seine Stiefmutter und ihr

Kind ermordet hatte. Schließlich meldete sich der Hirte Tyrrhenus zu Wort und erklärte, was er zum Schutz der Königin und ihres Kindes getan hatte. Er sagte, dass Königin Lavinia und ihr Sohn, Prinz Silvius, beide unversehrt waren. Sie hatten sich all die Jahre lang im Wald neben der Stadt versteckt. Er holte sie aus dem Wald heraus und brachte sie nach Alba Longa.

Prinz Iulus, der älteste Sohn von König Ascanius, bestritt Silvius' Anspruch auf den Thron. Aber die Lateiner hielten Wahlen ab, und Silvius gewann die Volksabstimmung. Er hatte einen doppelten Anspruch auf den Thron, er war sowohl der Enkel des König Latinus von den Lateinern und Sohn von König Aeneas von den Trojanern. Seine Mutter Lavinia war die Erbin des lateinischen Königreichs, da König Latinus keine Söhne hatte. Silvius vertrat sowohl die lateinische als auch die trojanische Seite des Königreichs.

Nachdem er 38 Jahre lang als Hirte im Wald gelebt hatte, bestieg Silvius den Thron von Alba Longa und regierte 29 Jahre lang über die Lateiner und Trojaner. Er ernannte seine Mutter zur Königin von Lavinium, der Stadt, die von ihrem verstorbenen Mann einst Lavinia genannt worden war. Silvius nannte seinen Sohn Aeneas, nach seinem Vater, und herrschte 31 Jahre lang über das Volk der Lateiner.

Ascanius' anderer *Sohn Iulus* (oder Julus), ein Neffe von Silvius, wurde Priester. Sein Clan wurde als die *Gens Julia* (oder Julier) bekannt, eine der wichtigsten Patrizierfamilien im alten Rom, aus der auch Julius Cäsar stammte. Dionysius dokumentierte, dass diese Familie nach Rom umgesiedelt wurde, nachdem der dritte römische König, Tullus Hostilius, Alba Longa hatte zerstören lassen. Einige Julier lebten jedoch von Anfang an in Rom, da Senator Proculus Julius verkündete, dass Romulus nach seinem Tode zum Gott Quirinus geworden war.

Die Nachkommen des Aeneas regierten durch seinen jüngsten Sohn Silvius für den Rest von Alba Longas Geschichte über die Stadt, wobei Silvius zum Familiennamen dieser Sippe wurde. Einer seiner Nachkommen, Romulus Silvius (auch bekannt als Aremulus oder Alladius), war durch seine Tyrannei und Arroganz berüchtigt. Er machte sich bei den Göttern unbeliebt, indem er das Volk dazu zwang, ihn als Gottheit zu verehren, und indem er technische Mittel einsetzte, um Blitze und Donnerschläge zu imitieren, um sein Volk zu erschrecken und zum Gehorsam zu zwingen. Schließlich hatten die

Götter genug von den Schikanen dieses Heuchlers und ließen Regen und Blitze auf seinen Palast in Alba Longa niederregnen. Der See stieg höher als je zuvor, überflutete den Palast, tötete alle Bewohner und setzte ihn für immer unter Wasser. Selbst heute kam man, wenn der See klar und das Wasser still ist, auf den Grund tauchen und dort die Ruinen der antiken Säulengänge in der Tiefe des Sees sehen.

Tiberinus' Enkel, König Proca, hatte zwei Söhne: Numitor und Amulius. Und mit der Tochter des Numitor gelangen wir von der Geschichte der Lateiner in Lavinium und Alba Longa zur Erzählung von der Entstehung Roms. Als König Proca starb, folgte ihm sein ältester Sohn Numitor auf den Thron, aber sein jüngerer Bruder Amulius plante, den Thron stattdessen an sich zu reißen. So kam es während eines Jagdausflugs zu einem „tragischen Unfall", bei dem Numitors einziger Sohn Aegestes getötet wurde. Nachdem es keinen männlichen Erben des Herrschers mehr gab, organisierte Amulius einen Staatsstreich und stahl seinem Bruder den Thron. Er entschied sich dazu, Numitor nicht zu töten, sondern schickte ihn stattdessen ins Exil. Allerdings fühlte sich Amulius auch durch die Tochter seines Bruders, Rhea Silvia, bedroht.

Er wollte nicht, dass Rhea Silvia heiratete und womöglich selber einen Sohn gebar. Könnte dieser Sohn den Thron beanspruchen, den er von Numitor gestohlen hatte? Und es gab noch eine zweite Angelegenheit, die ihm Sorgen bereitete - das Orakel. Er hatte eine Prophezeiung erhalten, die seinen Tod durch einen der Nachkommen Numitors vorhersagte. Deswegen hatte er zunächst Aegestes aus dem Weg geräumt, und er glaubte nicht, dass Rhea Silvia vorhatte, ihn zu töten. Aber sollte sie einen Sohn gebären, könnte dieser später zur Bedrohung für ihn werden und womöglich die unheilvolle Prophezeiung des Orakels erfüllen.

Um das zu verhindern, zwang Amulius seine Nichte dazu, Vestalin zu werden - eine Priesterin der Göttin Vesta. Die Vestalinnen gelobten 30 Jahre lang Jungfräulichkeit; es war ihnen nicht gestattet, sexuelle Beziehungen zu einem Mann zu pflegen, taten sie dies doch, wurden sie zu Tode gesteinigt oder lebendig begraben, und jeder Mann, der eine Vestalin entehrte, wurde zu Tode geprügelt. So sollte Silvia Rhea kinderlos bleiben, und Numitor sollte keine weiteren Nachkommen haben, die Amulius den Thron streitig machen oder ihn töten konnten. Aber würde dieser Plan aufgehen?

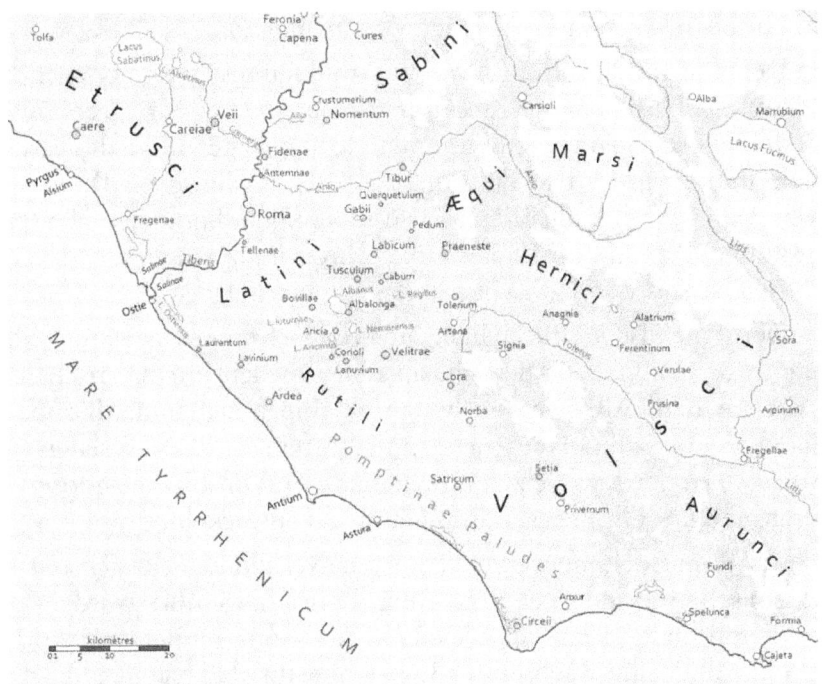

Karte der Städte und Gemeinden des Lateinischen Bundes. Im Norden, an der Küste, liegt das Volk der Etrusker (Estruci), die seit langem mit den Lateinern verfeindet waren. Im Süden, an der Küste, liegt das Volk der Rutuler (Rutili), das unter der Führung von Turnus mit den Lateinern gegen die Trojaner kämpfte, aber besiegt wurde. Südlich von Rutili lebten die Volsci (der Stamm der Kriegerin Camilla), die sich mit den Lateinern verbündeten, später aber zu erbitterten Feinden Roms wurden. Alba Longa liegt am See nordöstlich von Rutili, und Laurentum und Lavinium liegen näher an der Küste. Die Städte in der Umgebung von Alba Longa - Lanuvium, Aricia, Bovillae, Tusculum, Tiber (nördlich am Fluss), Cora (südlich) und Ardea an der Küste - gehörten zu den 30 Städten, die sich später dem Lateinischen Bund anschlossen.

Cassius Ahenobarbus, CC BY-SA 3.0 <https://creativecommons.org/licenses/by-sa/3.0>, via Wikimedia Commons, https://commons.wikimedia.org/w/index.php?curid=26875434

Lassen Sie uns zunächst die Lateinische Konföderation oder den Lateinischen Bund untersuchen. Während der 500 Jahre, in denen die Nachkommen des Aeneas über die Lateiner und Trojaner herrschten, gründeten sie den Lateinischen Bund, wahrscheinlich im siebten Jahrhundert vor Christus. Der Lateinische Bund war ein Zusammenschluss von etwa 30 Städten und Gemeinden in der Region um Latium, Lavinium und Alba Longa. Die meisten Städte gehörten den lateinischen Stämmen oder den lateinischen Trojanern an, aber auch Cora und Pometia, die laut Livius volskische Städte waren, sowie Ardea, das in der Aeneis als Hauptstadt der Rutuli beschrieben wird, waren Teil der Vereinigung.

Der Lateinische Bund war ein multiethnischer, aus mehreren Stämmen bestehender Zusammenschluss, der zur gegenseitigen Verteidigung gegen gemeinsame Feinde – in erster Linie die Etrusker – gegründet wurde. Die Führungsstadt des Lateinischen Bundes war Alba Longa, in der alljährlich Feste stattfanden, bei denen alle Städte zusammenkamen, um Jupiter zu verehren und gemeinsam zu feiern, was ein starkes Band zwischen den Städten schuf.

Der Lateinische Bund hielt außerdem Konferenzen im heiligen Hain der Göttin Ferentina ab, an den Quellen im malerischen Tal zwischen dem Albaner See (wo Alba Longa lag) und Marino. Die Stämme versammelten sich, um Streitigkeiten zwischen den Mitgliedern der Liga beizulegen, gemeinsame Probleme zu lösen und Strategien im Kampf gegen ihre Feinde zu entwickeln.

Als Rom noch eine junge Stadt war, verbündete sie sich mit dem Lateinischen Bund, der von Alba Longa angeführt wurde. Diese Beziehungen gerieten ins Wanken, als Rom immer mehr Macht gewann und eine wachsende Bedrohung für die Lateiner darstellte. Um 534 v. Chr. rief Tarquinius Superbus, der letzte König Roms, die lateinischen Führer zusammen, um sie davon zu überzeugen, das Bündnis zwischen dem Lateinischen Bund und Rom zu erneuern.

Turnus Herdonius, ein führender lateinischer Bürger und Staatsmann, warnte den Bund jedoch davor, Tarquinius zu vertrauen. Um ihn loszuwerden, bestach Tarquinius Turnus' Diener, damit er in Turnus' Zelt Schwerter anhäufte, und behauptete dann, dass Turnus versucht hatte, einen Staatsstreich zu inszenieren. Als alle den „Beweis" für den Besitz der Schwerter sahen, richteten sie ihn durch Ertränken hin. Die Versammlung wurde fortgesetzt, und die Lateiner entschlossen sich dazu, ihre Truppen mit den römischen Truppen militärisch zu vereinigen.

Im Jahr 509 v. Chr. lehnten sich die Römer gegen ihre Monarchie auf, schickten König Tarquinius ins Exil und begannen damit, sich als eigenständige Republik selbst zu regieren. Der Lateinische Bund verbündete sich mit dem verbannten König Tarquinius gegen Rom in der Schlacht am Regillus-See. Die Römer gewannen die Schlacht, und 493 v. Chr. schlossen Rom und die 30 Städte des Lateinischen Bundes einen Vertrag (*Foedus Cassianum*), der den Frieden zwischen den beiden Mächten, eine römisch-lateinische Truppenkoalition gegen gemeinsame Feinde und eine gegenseitige Aufteilung der Beute aus den gemeinsam ausgetragenen Schlachten vorsah. Die römischen Generäle sollten gemeinsame Feldzüge leiten.

Gemeinsam schlug der Lateinische Bund und die römische Koalition die Stämme der Aequi und Volsci im Apennin zurück, besiegte die Etrusker und wehrte die aus Gallien eindringenden Kelten ab. Allerdings kam es zwischen den Römern und den Lateinern häufig zu Streitigkeiten, die sich meist um die Beute aus den gemeinsamen Schlachten drehten. Rom kämpfte gegen einzelne lateinische Städte und manchmal sogar gegen den gesamten Lateinischen Bund. Die lateinischen Städte fühlten sich durch den Machtzuwachs Roms zunehmend bedroht.

Im Jahr 343 v. Chr. brach der Lateinische Krieg zwischen den Lateinern und Rom aus. Rom errang in diesem Konflikt den Sieg und löste 338 v. Chr. den Lateinischen Bund auf. Die lateinischen Städte kamen als Kolonien der Römischen Republik unter die volle Kontrolle Roms. Die Lateiner galten als römische Bürger, hatten aber kein Wahlrecht. Doch all das lag noch in der Zukunft. Für den Moment kehren wir zu Silvia Rhea, der Priesterin der Vesta, zurück und erfahren, was mit ihren Babys geschah.

Kapitel 3: Von der Gründung Roms bis zum letzten König

Die vestalische Jungfrau - Prinzessin Rhea Silvia - war schwanger. Doch wer war der Vater? Die Geschichte besagt, dass sie Wasser holen gegangen war und in der Dunkelheit einer Sonnenfinsternis von dem Gott Mars vergewaltigt worden war. Ihr Onkel, König Amulius, befahl seinem Diener, die Babys zu töten, da er sich an die Vorhersage seines Orakels erinnerte: Er sollte eines Tages von einem Nachkommen seines Bruders getötet werden. Und so wurden die Säuglinge von seinem Diener in einem Korb in den Fluss Tiber geworfen und den reißenden Fluss hinuntergetrieben.

Romulus und Remus werden von einer Wölfin gesäugt.
Trougnouf, CC BY 4.0 <https://creativecommons.org/licenses/by/4.0>, via Wikimedia Commons
https://commons.wikimedia.org/wiki/File:Maison_de_la_Louve_(DSC_0377).jpg

Nachdem die Fluten des Tiber den Korb lange den Fluss entlang trugen, stieß der Korb schließlich an das Ufer, und eine Wölfin, die in der Nähe war, hörte die Schreie der Babys. Ihre Jungen waren gestorben, und ihre Zitzen waren schmerzhaft angeschwollen und voller überschüssiger Milch. Und so kam die Wölfin auf die schreienden Kinder zu, hob die Babys aus ihrem Korb und säugte sie. Ein Hirte namens Faustulus wurde auf diese bizarre Szene aufmerksam. Als die Wölfin sich kurz darauf ins Unterholz verkroch, hob er die Babys auf und trug sie zu seiner Frau, die gerade ihr eigenes Kind verloren hatte. Diese nahm beide Kinder an ihre Brust und zog sie auf.

Romulus und Remus wuchsen in völliger Unkenntnis ihrer königlichen Herkunft auf und hüteten mit ihrem Ziehvater die Schafherden. Eines Tages gerieten sie in einen Streit mit anderen Hirten und töteten in der Auseinandersetzung einige von Numitors Hirten. Daraufhin nahm Numitor Remus fest, und Romulus eilte zu Faustulus, um ihn über das geschehene zu informieren. Faustulus ging zu Numitor und erzählte ihm die merkwürdige Geschichte davon, wie er die Zwillingsjungen 18 Jahre zuvor an der Brust einer Wölfin am Flussufer gefunden hatte. Numitor erkannte, dass die Zwillingsjungen kurz nach der Schwangerschaft seiner eigenen Tochter gefunden worden waren. Es musste sich um seine Enkel handeln!

Nach einem emotionalen Wiedersehen mit seinen langen vermissten Enkeln erzählte ihnen Numitor, wie sein rücksichtsloser Bruder Amulius den Thron an sich gerissen hatte. Die Jungen töteten daraufhin Amulius, wodurch sich die Prophezeiung erfüllte. Nachdem sie ihren Onkel ermordet hatten, setzten sie erneut ihren Großvater auf dessen rechtmäßigen Thron. Dann reisten Romulus und Remus zurück zu den sieben Hügeln, wo sie aufgewachsen waren, etwa 12 Meilen nördlich von der Stadt ihres Vaters, und planten, dort ihre eigene Stadt zu errichten, an dem Ort, an dem Faustulus sie als Kleinkinder gefunden hatte. Doch sie waren sich uneins darüber, wo sie die Stadt errichten sollten und wer ihr oberste Herrscher sein sollte. Im Eifer des Gefechts und voller Wut tötete Romulus seinen Zwillingsbruder während dieser Auseinandersetzung.

Romulus baute die Stadt auf dem Palatinhügel und begann mit dem Bau seiner Befestigungsanlagen. Mit einer kleinen Gruppe von Anhängern nahm er alle willigen Menschen aus den umliegenden Regionen als Bürger in seiner neuen Stadt auf - auch ehemalige Sklaven und Angehörige der unteren Schichten.

In der Gegend um die sieben Hügel gab es bereits Siedlungen. Dionysius, Virgil und Ovid berichten, dass Evander von Arkadien (der sich einst mit Aeneas gegen Turnus verbündet hatte) seine griechischen Mitbürger Jahrhunderte zuvor zur Gründung der Stadt Pallantium geführt und die griechischen Götter, Gesetze und das Alphabet nach Italien gebracht hatte. Virgil sagte, die römischen Bürger seien eine Mischung aus Lateinern und Trojanern aus Alba Longa und Griechen aus Pallantium. Die Sabiner und Etrusker lebten ebenfalls in der unmittelbaren Umgebung. Die Etrusker waren ein besonders mächtiges Volk, das einst die Oberherrschaft über die Lateiner und Trojaner innehatte, bis Ascanius sie stürzte und sie seiner Stadt Alba Longa unterwarf und tributpflichtig machte.

Nachdem Romulus einen Rat einberufen hatte, um eine Regierung zu bestimmen, setzten die Bürger Romulus mit einem 100-köpfigen Senat an die Spitze. Es gibt einige Begriffe, die für die Herrschaftsstrukturen dieser Gesellschaft wichtig waren: eine sogenannte *gen (Sippe)* war eine Großfamiliengruppe, die von einem *pater* (Vater) - dem Patriarchen der Sippe - angeführt wurde. Die ersten Senatoren waren die *patres* - oder die Familienoberhäupter der gens. Die Nachkommen dieser Patres bildeten die Klasse der Patrizier, die wiederum den Senat bildeten und das Volk befehligten.

Und welche Aufgaben hatte der Senat? Seine Hauptaufgabe bestand darin, neue Könige zu wählen. Wenn ein König starb, übernahm der Senat vorübergehend die Regierungsgewalt, während ein neuer König ernannt und gewählt wurde. Die zweitwichtigste Aufgabe bestand darin, als Berater des Königs zu fungieren. Der Senat diente auch als gesetzgebende Instanz, die das römische Volk vertrat. Der König war der Einzige, der Gesetze erlassen konnte, aber er tat dies in enger Abstimmung mit dem Senat.

Als Romulus Rom gründete, hatte er ein entscheidendes Problem - einen Mangel an Frauen. Rom hatte etwa 3.000 unverheiratete Männer, die Frauen brauchten, um die neue Stadt durch eine jüngere Generation zu erhalten. Seine neue Stadt wurde von ihren Nachbarn verachtet, die sich weigerten, den Bürgern Roms ihre Töchter als Ehefrauen anzubieten. Romulus entschied sich für eine einfallsreiche Taktik, um Ehefrauen für seine Männer zu gewinnen.

Die Römer entführen die Frauen der Sabiner, um sie sich als Ehefrauen zu nehmen. Gemälde von Nicolas Poussin.
https://commons.wikimedia.org/wiki/File:The_Abduction_of_the_Sabine_Women.jpg

Die Römer luden den benachbarten Stamm der Sabiner dazu ein, mit ihnen ein religiöses Fest zu feiern. Bei dem Fest tranken die Römer verdünnten Wein, gaben den sabinischen Männern aber hochprozentigen Alkohol. Die Römer taten so, als würden sie sich betrinken, und als die Sabiner sich mit dem stärkeren Gebräu unter den Tisch getrunken hatten, nahmen die Römer alle unverheirateten weiblichen Gäste gefangen und machten sie zu ihren Frauen. Als die Sabiner wieder nüchtern wurden und ihre jungen Frauen zurückforderten, weigerte sich Romulus, ihre Ehefrauen zurückzugeben.

Empört griffen zwei sabinische Städte fast sofort an und versuchten, ihre jungen Frauen zurückzuerobern, doch die Römer besiegten sie alle. Schließlich schlossen sich die Sabiner unter der

Führung von König Tatius zu einer Streitmacht zusammen und griffen Rom an. Als sich die Römer und Sabiner in zwei gegnerischen Truppen aufstellten, rannten die sabinischen Frauen, von denen viele schwanger waren, zwischen die feindlichen Armeen und riefen den Sabinern zu: „Warum tut ihr das, Väter? Warum tut ihr das, Brüder?"

Dann wandten sie sich an die Römer: „Warum tut ihr das, ihr Männer? Wann werdet ihr damit aufhören, sinnlos zu kämpfen?"

Die Frauen wandten sich wieder an die Sabiner und riefen: „Verschont eure Enkelkinder! Und wenn ihr da nicht tun wollt, dann tötet uns, denn wir sind der Grund, warum ihr kämpft!"

Tief bewegt brachen die Krieger auf beiden Seiten in Tränen aus, legten ihre Waffen nieder und hielten eine Friedenskonferenz ab. Sie schlossen sich zu einem vereinten Königreich zusammen, in dem sowohl Romulus als auch Tatius als Mitregenten fungierten. König Tatius wurde fünf Jahre später auf mysteriöse Weise in Lavinium ermordet, so dass Romulus nun der alleinige König war und sowohl die Lateiner als auch die Sabiner beherrschte.

Rom führte außerdem Krieg mit den Etruskern, den alten Feinden der Lateiner und verbannten Trojaner. Während Romulus' Herrschaft versuchten die Fidenaten, ein etruskischer Clan, Rom zu vernichten, da sie es als zukünftige Bedrohung ansahen. Romulus marschierte zu der feindlichen Stadt, doch anstatt sie direkt anzugreifen, plante er einen Hinterhalt - er versteckte die meisten seiner Männer im Dickicht und schickte eine kleine Truppe von Soldaten vor die Stadttore, um die Etrusker herauszulocken. Als die Fidenaten sie bis in die Stadt verfolgten, sprangen die Römer aus ihrem Versteck heraus, überraschten sie und besiegten sie auf diese Weise.

Dies beunruhigte die etruskischen Bürger des nahe gelegenen Veii. Sie starteten einen Präventivangriff auf das römische Gebiet und eilten mit ihrer Kriegsbeute nach Hause. Doch Romulus nahm mit seinen Männern ihre Verfolgung auf und holte die Veienter gerade so ein, als sie drauf und dran waren, in ihre Stadt zurückzukehren. Anstatt die Stadt zu belagern, verwüsteten die Angreifer ihre Ländereien, bis die Veienter kapitulierten, sich mit einem 100-jährigen Friedensvertrag einverstanden erklärten und

Rom einen Teil ihrer Ländereien überließen.

Während der Regierungszeit von Tullus, Roms drittem König, starteten die Fidenaten und Veienter einen koordinierten Angriff auf Rom. Zu diesem Zeitpunkt war Rom bereits Teil des Lateinischen Bundes, so dass König Tullus König Mettius von Alba Longa dazu aufforderte, sich mit ihm zu verbünden. Mettius und das albanische Heer trafen widerwillig und langsam ein, aber die Etrusker flohen trotzdem.

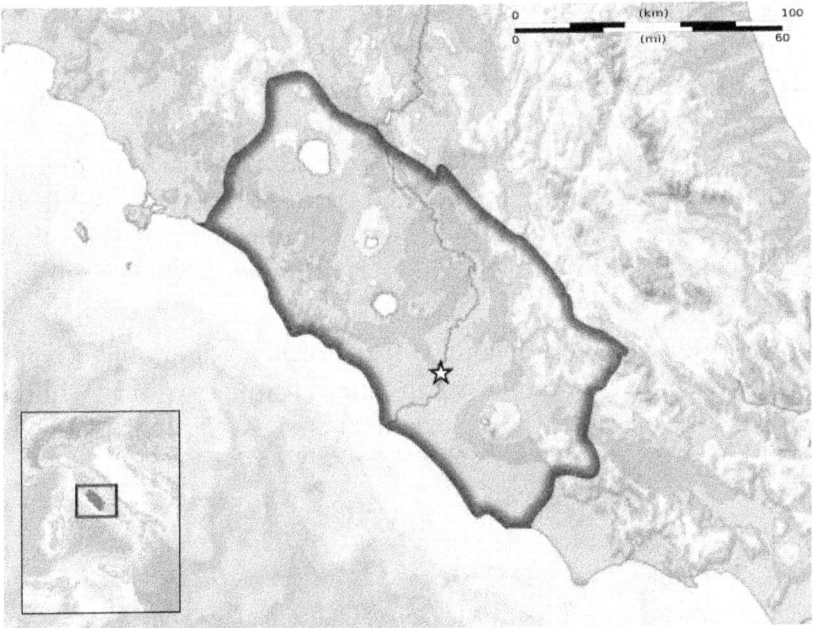

Diese Karte zeigt die Expansion des römischen Territoriums während des Endes der monarchischen Führung in Rom.
© Sémhur / Wikimedia Commons
https://commons.wikimedia.org/wiki/File:Late_Roman_kingdom_map-blank.svg

Romulus und seine Nachkommen erweiterten die Grenzen Roms, indem sie sich zunächst mit dem Lateinischen Bund verbündeten, um ihre gemeinsamen Feinde wie beispielsweise die Etrusker zu besiegen, und später den Lateinischen Bund eroberten, sowie die lateinischen Städte Rom unterwarfen. Indem sie die Sabinerinnen entführten, verschmolzen sie außerdem mit dem sabinischen Volk und standen folglich unter gemeinsamer Herrschaft. Nach und nach baute Rom seine Machtbasis in Mittelitalien aus.

Romulus war ein geschickter Krieger - aber ein schlechter Politiker. Er war hart und tyrannisch gegenüber dem Senat und hochmütig gegenüber seinen Bürgern. Dionysius berichtet, dass die verärgerten Senatoren so zornig wurden, dass sie in einem Wutanfall förmlich explodierten und ihn in Stücke rissen. Genau in diesem Moment kam es zu einer Sonnenfinsternis (wie zur Zeit seiner Empfängnis) und zu einem heftigen Windsturm. Die Senatoren versteckten den Leichnam schnell und behaupteten danach, dass der Sturm ihn fortgetragen habe.

Während die Bürger verzweifelt nach Romulus suchten, steckten seine Mörder im Senat in einer Zwickmühle. Sie konnten keinen neuen König wählen, solange Romulus nicht tot war, aber sie wollten ihre Schuld nicht preisgeben. Schließlich stürzte ein Senator in die Mitte des Volkes und rief: „Trauert nicht! Ich habe gerade gesehen, wie Romulus in den Himmel aufgestiegen ist! Er ist zum Gott Quirinus geworden. Er hat uns befohlen, unverzüglich einen neuen König wählen."

Das Volk glaubte ihm und hörten folglich damit auf, sich um Romulus zu sorgen. Sie erbauten einen Tempel zu seinen Ehren und begannen mit der Aufgabe, einen neuen König zu wählen.

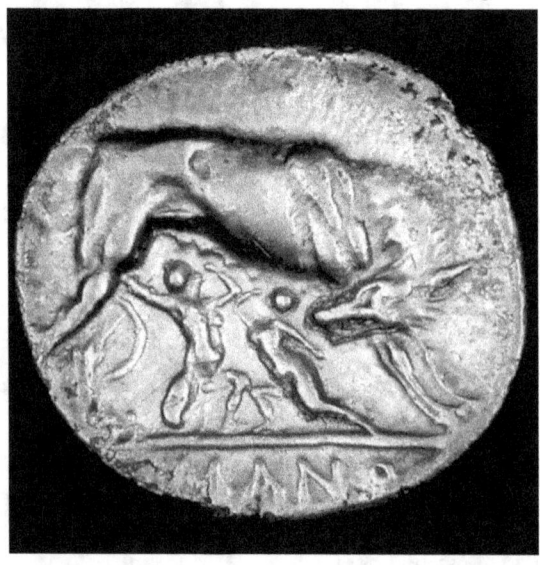

Diese silberne römische Münze von 269 v. Chr. zeigt die Wölfin dabei, wie sie Romulus und Remus säugt.
Curtius, CC BY-SA 3.0 <http://creativecommons.org/licenses/by-sa/3.0/>, via Wikimedia Commons https://commons.wikimedia.org/wiki/File:Cr_20-1-Reverse.jpg

War Romulus eine echte Person? Der römische Historiker Marcus Terentius Varro (erstes Jahrhundert v. Chr.) behauptete, sein Grab befinde sich unter dem Forumsgebäude seiner Stadt. Im November 2019 legten Archäologen unter den Stufen der Kurie in der nordwestlichen Ecke des Forums ein Grab aus dem sechsten Jahrhundert mit einem Votivaltar frei, der Romulus gewidmet gewesen sein soll. Der steinerne Sarkophag des Grabes ist leer, aber das passt, denn die Senatoren hatten ja nicht wirklich die Leiche des Romulus zu begraben – sie wollten entweder seine zerstückelte Leiche verbergen oder es gab keine Leiche, da der Herrscher leibhaftig in den Himmel aufgestiegen war. Neben der bronzenen kapitolinischen Wolfsskulptur in Rom, die aus dem fünften Jahrhundert v. Chr. stammt, zeigen außerdem auch zahlreiche römische Münzen, die mindestens auf das Jahr 269 v. Chr. zurückgehen, die Wölfin, die die beiden Zwillinge säugt.

Der römische König wurde nicht durch die Erbfolge bestimmt, sondern wurde auf Lebzeit gewählt – oder bis er plötzlich zum Gott wurde. Da Romulus nun nicht mehr lebte, erinnerten die Sabiner alle daran, dass ein sabinischer König gemeinsam mit einem römischen König regieren musste, und da König Tatius Jahrzehnte zuvor ermordet und nie ersetzt worden war, sollte nun ein Sabiner über Rom herrschen. Die Römer stritten sich mit den Sabinern ein ganzes Jahr lang darüber, ob dieser Anspruch legitim sein. Da es keinen König gab, der regieren konnte, sprang der Senat in diesem Zwischenjahr (dem *Interregnum*) ein, und jeder der angesehensten Senatoren regierte abwechselnd für je fünf Tage.

Schließlich setzten sich die Sabiner durch, und Numa Pompilius wurde zum König gewählt. Er brachte Recht und Ordnung nach Rom und sicherte den Frieden mit den umliegenden Staaten. Er lebte ein diszipliniertes und einfaches Leben mit wenig Luxus. Numa ist noch heute dafür bekannt, dass er einen 12-monatigen Kalender einführte und den Januar als ersten Monat benannte – nach Janus, dem Gott mit den zwei Gesichtern, von denen das eine die Vergangenheit und das andere die Zukunft repräsentiert.

Der nächste König war Tullus Hostilius, ein gewalttätiger Mann des Krieges, der die Götter verhöhnte. Während seiner Herrschaft marschierte er gegen Alba Longa, die Mutterstadt Roms, aber keine der beiden Seiten wollte einen langen Krieg gegen ihre Verwandten führen. Nach ausführlichen Verhandlungen einigten sich die beiden Völker auf eine gemeinsame Führung - aber wer sollte dabei die Oberhand haben? Alba Longa oder Rom?

Um dies zu entscheiden, veranstalteten sie eine kleine Schlacht. Jede Seite stellte eine Reihe von Drillingen auf, die zu den Champions der beiden Seiten erklärt wurden – diese kämpften dann drei gegen drei. Sie kämpften gegeneinander, bis alle drei Albaner verwundet und zwei der Römer tot waren. Dem überlebenden Römer, Horatius, gefiel das Verhältnis von drei zu eins nicht, und er floh vom Schlachtfeld, woraufhin die Albaner ihn verfolgten und auf der Flucht über das Feld aber, verlangsamt durch ihre Verletzungen, voneinander getrennt wurden. Horatius drehte sich nach den Angreifern um und töte erst den ersten, danach schnell den zweiten und schließlich auch den dritten. So wurde Rom zum Herrscher über Alba Longa.

Obwohl die Albaner nun mit Rom verbündet waren, heuchelten sie ihren Oberherren gegenüber lediglich ihren Gehorsam. Als König Tullus sie später aufforderte, gegen die Etrusker zu kämpfen, hielten sie sich sehr zurück, weil sie eigentlich lieber mit den Etruskern gegen Rom kämpfen wollten. Rom gewann die Schlacht trotzdem, und Tullus ließ König Mettius hinrichten und Alba Longa wegen der Doppelzüngigkeit der Menschen zerstören.

Ein weiterer Sabiner, namens Ancus Marcius, wurde zum vierten König Roms gewählt. Wie sein Großvater, König Numa, vor ihm, war er friedfertig veranlagt, sah sich aber trotzdem dazu gezwungen, sich auf das einzulassen, was er „Krieg als Mittel zum Frieden" nannte. Er kämpfte gegen die Lateiner, die die römischen Siedlungen plünderten, ihre Städte eroberten und viele von ihnen in Rom ansiedelten. Er belagerte die etruskischen Fidenaten, die seit langem Feinde Roms waren, und unterwarf die Sabiner. Marcius baute die erste Brücke über den Tiber und dehnte das römische Territorium bis zum Meer hin aus, wodurch Rom seinen ersten Hafen erhielt.

Der fünfte König von Rom, Lucius Tarquinius Priscus, war ein Außenseiter. Sein Vater war ein Exilant aus Korinth, der sich in Tarquinii, einer etruskischen Stadt, niedergelassen und eine etruskische Frau geheiratet hatte. Tarquinius wuchs in großem Reichtum auf, doch da er zur Hälfte Grieche war, blieben seine politischen Ambitionen in Tarquinii unerfüllt. In der Hoffnung auf eine bessere Zukunft ging er nach Rom.

In Rom gewann er durch seine Großzügigkeit, Intelligenz und Vielseitigkeit die Bewunderung einflussreicher Leute, insbesondere König Marcius war von dem jungen Mann beeindruckt. Tarquinius bot jedem, der Hilfe brauchte, bereitwillig seine Hilfe an, sagte oder tat nie etwas Unfreundliches und war schnell dazu bereit, anderen zu verzeihen. Marcius war davon so beeindruckt, dass er Tarquinius in den Patrizierstand erhob, ihn zum Senator ernannte, ihm die Aufsicht über seine Kinder anvertraute und ihn zum zweitwichtigsten Mann im Reich machte. Durch seine Klugheit und seinen Ruf, der ihm Weisheit und Ehrenhaftigkeit nachsagte, beherrschte Tarquinius Marcius und die Senatoren.

Als König Marcius starb, planten die Senatoren, einen (oder beide) von Marcius' Söhnen auf den Thron zu setzen. Tarquinius schlug sich selbst als vorübergehenden Monarchen vor, bis Marcius' Söhne volljährig waren. Er war so beliebt, dass fast alle diese Idee für ausgezeichnet hielten.

Tarquinius erbaute den Circus Maximus, um darin Pferde- und Wagenrennen, Gladiatorenkämpfe und Festspiele zu veranstalten.
Rabax63, CC BY-SA 4.0 <https://creativecommons.org/licenses/by-sa/4.0>, via Wikimedia Commons
https://commons.wikimedia.org/wiki/File:CircusMaximusS%C3%BCdtrib%C3%BCne.JPG

Tarquinius vergrößerte das römische Territorium durch erfolgreiche Eroberungen auf den Gebieten der Lateiner, Etrusker und Sabiner. Er feierte seine militärischen Triumphe, indem er in einem goldenen Streitwagen durch die Stadt fuhr und eine purpurne Toga mit Goldstickerei und eine Krone aus Gold, die mit Edelsteinen besetzt war, trug. Diese beiden Gegenstände blieben als Symbole der römischen Könige und Kaiser erhalten. Er erbaute das große Kolosseum, den *Circus Maximus*, für Spiele, Wagenrennen und Gladiatorenkämpfe. Er legte die sumpfigen, tief liegenden Gebiete Roms trocken und sicherte die Abwasserbeseitigun mit einem der ersten Abwassersysteme der Welt - der *Cloaca Maxima*.

Tarquinius war ein erfolgreicher König, aber die beiden Söhne des Marcius, die nie ihre versprochene Krone erhielten, schmiedeten ein Komplott gegen den Herrscher. Tarquinius machte Servius Tullius (wahrscheinlich seinen unehelichen Sohn) zu seinem Stellvertreter und ernannte ihn zu seinem Erben, was nicht gut ankam: Tullius war der Sohn eines Sklaven und gehörte nicht zur Patrizierschicht. Die Söhne des Marcius verschworen sich mit einigen Patriziern und schickten zwei Männer in den Palast, die Tarquinius mit Äxten und Sicheln ermordeten.

Die Abstammung des sechsten römischen Königs, Servius Tullius, war ein Rätsel. Seine Mutter war Ocrisia, eine lateinische Sklavin von Tarquinius' Frau Tanaquil. Eine Geschichte besagt, dass ein Mann aus den Flammen des Herdes aufstieg, als Ocrisia Opfergaben in Form von Essen und Wein darbrachte. Verängstigt lief Ocrisia zu ihrer Herrin, und Königin Tanaquil entschied, dass es sich um einen Gott gehandelt haben müsse. Sie kleidete Ocrisia in ein Hochzeitskleid, schickte sie zurück in den Raum und schloss die Tür. Ocrisia wurde schwanger, und Tullius' Halbgott-Identität zeigte sich gelegentlich, wenn Feuer aus seinem Kopf entsprang. Allerdings ist es aus heutiger Sicht wahrscheinlicher, dass es sich um den unehelichen Sohn des Tarquinius handelte, da der König ihn zu einem hohen Stand erhob und zu seinem Erben ernannte.

Lassen Sie uns nun über Tullius bizarre Thronbesteigung sprechen. Tarquinius war ermordet worden, aber Königin Tanaquil versuchte, die Macht trotzdem zu behalten, indem sie so tat, als sei er noch immer am Leben. Vom Balkon des Palastes rief sie dem Volk zu: „Mein Mann hat das Attentat überlebt! Ihr werdet ihn bald sehen. Er bittet Tullius, seine Angelegenheiten zu übernehmen, während er sich erholt."

Das Volk glaubte seiner Königin und Tullius übernahm die Herrschaft und tat dabei so, als erhalte er Anweisungen von Tarquinius. Die Attentäter wurden festgenommen und exekutiert.

Königin Tanaquil tat so, als kümmere sie sich um ihren Ehemann, und erklärte sich damit einverstanden, dass Tullius regierte, bis ihr eigener Sohn alt genug war, um selbst den Thron zu besteigen. Aus Angst, in Tarquinius Ermordung verwickelt zu werden, flohen die Söhne von König Marcius währenddessen in das Reich der Volsci.

Da es keine anderen ernsthaften Anwärter auf den Thron gab, überbrachten Tullius und Tanaquil dem Volk die traurige Nachricht, dass Tarquinius seinen Wunden erlegen war. Tullius blieb Regent, während Tarquinius Söhne heranwuchsen. Er veranlasste die Bürger dazu, ihn als König zu akzeptieren, indem er ihnen Land zuteilte (unter der Voraussetzung, dass sie ihm zugunsten abstimmten, versteht sich). Er plante außerdem, die Sklaven zu befreien und ihnen das Bürgerrecht zu geben, vielleicht weil seine eigene Mutter selbst eine Sklavin war.

Dieser Plan verärgerte die Patrizier sehr. Sie wollten weder ihre günstigen Arbeitskräfte verlieren, noch riskieren, dass die befreiten Sklaven Tullius Anspruch auf die Krone unterstützten. Sie erhoben Einspruch und warfen Tullius vor, dass er ohne die offizielle Zustimmung des Senates regiere. Tullius versammelte daraufhin sein Volk und hielt eine mitreißende Rede, in der er alle Gründe dafür darlegte, warum er die beste Wahl für das Amt des Königs war. Sofort wählten ihn die Bürger Roms zu ihrem Monarchen.

Tullius führte die erste Volkszählung in Rom durch, bei der etwa 80.000 Bürger zählte. Er verheiratete seine Töchter mit den beiden Söhnen des Tarquinius und versprach ihnen, die Monarchie wiederherzustellen, wenn die Zeit reif sei. Aber der älteste Sohn des ehemaligen Herrschers, namens Tarquin, erkannte, dass sein Schwiegervater den Thron niemals aufgeben wollte, und plante eine gewaltsame Machtübernahme. Als sein jüngerer Bruder sich weigerte, ihn bei diesem Vorhaben zu unterstützen, gab er seiner Schwägerin ein Gift, um ihn zu töten. Als seine Frau diesen Plan kritisierte, vergiftete er auch sie und heiratete danach seine Schwägerin. Seine neue Frau verschwor sich mit ihm gegen ihren Vater.

Lucius versammelte eine Gruppe von Patriziern und Senatoren, die mit König Tullius unzufrieden waren, und lobte die herausragenden Führungsqualitäten seines verstorbenen Vaters

Tarquinius, während er Tullius lächerlich machte. Als Tullius dies hörte, eilte er zum Senat, brachte aber nur ein paar Worte heraus, bevor Tarquin ihn aus dem Gebäude trieb und die Treppe hinunterwarf. Der fassungslose König saß auf dem Bürgersteig und wunderte sich, warum niemand kam, um ihm zu helfen.

Nachdem sie ihrem Ehemann zu dessen erfolgreicher Machtübernahme gratulierte, überfuhr Tullia ihren eigenen Vater mit ihrem Pferdewagen. Gemälde von Jean Bardin.
https://commons.wikimedia.org/wiki/File:Bardin_Tullia.jpg

Der Senat stimmte sofort für Tarquin als König. Seine erste Handlung war der Befehl zum Tod des Tullius, der von seinen Wachen verlassen nach Hause stolperte. Tarquins Frau beglückwünschte ihren Mann mit einer Umarmung, nannte ihn ihren rechtmäßigen König und stürmte dann mit ihrem Wagen davon, um ihren eigenen Vater zu überfahren.

Als Lucius Tarquinius Superbus den Thron bestieg, umgab er sich aus Angst vor dem, was seinem Vater widerfahren war, mit Leibwächtern. Er wollte sich aller Senatoren entledigen, die den Mord an Tullius geplant hatten oder seinen Anspruch auf den Thron infrage stellen könnten, und dezimierte ihre Zahl: Er ließ diejenigen hinrichten, gegen die er glaubhafte Anschuldigungen vorbringen konnte, ermordete einige heimlich und verbannte andere offen aus seinem Reich.

Er beließ es bei den Verfolgungen nicht bei den Anhängern des Tullius, sondern tötete sogar dessen enge Freunde, die sich mit ihm verschworen hatten, weil er auch von ihnen befürchtete, dass sie sich später gegen ihn wenden könnten. Er ernannte keine neuen Senatoren, um die toten zu ersetzen, denn er wollte den Senat machtlos machen. Er leitete die Geschäfte des Staates und ließ sich dabei nur von seinen Söhnen unterstützen, da er nicht wollte, dass jemand anderes seiner Macht gleichkam. Er war sowohl für die Bürger als auch für die Senatoren nicht ansprechbar und legte eine schockierende Brutalität und Arroganz an den Tag. Tarquin tötete nicht nur seinen Bruder und seine erste Frau, sondern auch den Mann und den Sohn seiner Schwester. Der zweite Sohn von Tarquins Schwester, Lucius Junius Brutus, täuschte eine geistige Behinderung vor, um zu überleben.

Tarquin erweiterte die Grenzen und die Macht Roms durch geschickte Verhandlungen mit den Lateinern, eine triumphale Eroberung der Gebiete Volsker und eine List mit der Stadt Gabii. Er schloss Frieden mit den Aequi und erneuerte Roms Vertrag mit den Etruskern und Sabinern. Außerdem führte er die Bauprojekte seines Vaters für das Stadion und die Kanalisation fort.

Tarquin wurde schließlich durch einen Staatsstreich seines Neffen Brutus gestürzt, derjenige, der bis dahin so getan hatte, als sei er geistig behindert. Der Angriff auf Tarquins Macht begann, als Tarquins Sohn Sextus eine schöne Frau namens Lucretia, die Gemahlin eines angesehenen Senators, vergewaltigte. Danach erzählte Lucretia ihrem Ehemann und ihrem Vater, was geschehen war, und bat beide darum, die Gewalt, die man ihr angetan hatte zu rächen, dann zog sie einen Dolch unter ihrem Kopfkissen hervor und brachte sich um.

Dies löste einen Aufruhr gegen die tyrannische Herrschaft der Familie Tarquin aus. Brutus überredete das Militär dazu, sich ihm bei einer Revolte anzuschließen. König Tarquin und seine Söhne flohen aus Rom, und es gelang Tarquin, einige etruskische und lateinische Städte auf seine Seite zu ziehen. Tarquin versuchte dreimal, Rom zurückzuerobern, doch er verlor jedes Mal und starb schließlich im Exil. Nachdem Tarquin abgesetzt worden war, gründeten die Bürger Roms 509 v. Chr. die Römische Republik.

Sie führten ein neues politisches System ein, mit jährlich gewählten Magistraten, repräsentativen Versammlungen, der Gewaltenteilung und einer Verfassung, die ein System der gegenseitigen Kontrolle unter den Mächten, die mit der Führung des Staates beauftragt waren, vorsah.

TEIL ZWEI: DIE RÖMISCHE REPUBLIK (509 bis 27 v. Chr.)

Kapitel 4: Die Gründung der Republik

Die Römische Republik, die fünf Jahrhunderte lang andauerte, ermöglichte Rom eine erstaunliche Verwandlung, von einem bescheidenen Stadtstaat zu einem weitreichenden Herrschaftsgebiet, das sich rund um das Mittelmeer herum erstreckte. Die Römer verfügten über eine unglaubliche Fähigkeit dazu, die Organisationsmethoden, das Wissen und die Bauverfahren der anderen Mächte, auf die sie trafen, in ihr eigenes Repertoire aufzunehmen und diese anschließend bei der raschen Ausweitung ihrer Grenzen und der Entwicklung ihres Regierungssystems einzusetzen.

Die Römische Republik hinterließ ein beeindruckendes Erbe, das die Organisation neuer Regierungen auf der ganzen Welt - wie etwa die Regierung der heutigen Vereinigten Staaten - ganze zwei Jahrtausende später maßgeblich beeinflusste. Die Republik trug den offiziellen Namen *Senat und Volk von Rom (Senatus Populusque Romanus)* und wurde so von den Geschichtsschreibern der Zeit bezeichnet. Die Republik führte im Jahre 509 v. Chr. eine Herrschaft des Volkes ein, als sie den tyrannischen König Tarquinius Superbus von seinem Posten vertrieben hatte. Die Römer erkannten, dass sie keinen König brauchten - sie wollten ihre staatlichen Angelegenheiten lieber selber entscheiden. Und das taten sie auch - bis in das Jahr 27 v.

Chr., als Octavian (Augustus Cäsar) zum ersten römischen Kaiser wurde.

Die Entstehung der Republik bedeutete für die Römer eine steile Lernkurve; sie mussten erst einmal herausfinden, wie man eine Republik führte, denn das hatte zuvor noch niemand getan. Die Idee imitierte das griechische Ideal einer Herrschaft der Vielen (also der Mitglieder des gemeinen Volkes) über die Wenigen (in diesem Fall reiche Senatoren oder Aristokraten). Allerdings wurde die römische Republik anfangs mit dem Konzept einer Herrschaft der elitären Patrizier über die plebejischen Massen des einfachen Volkes gegründet.

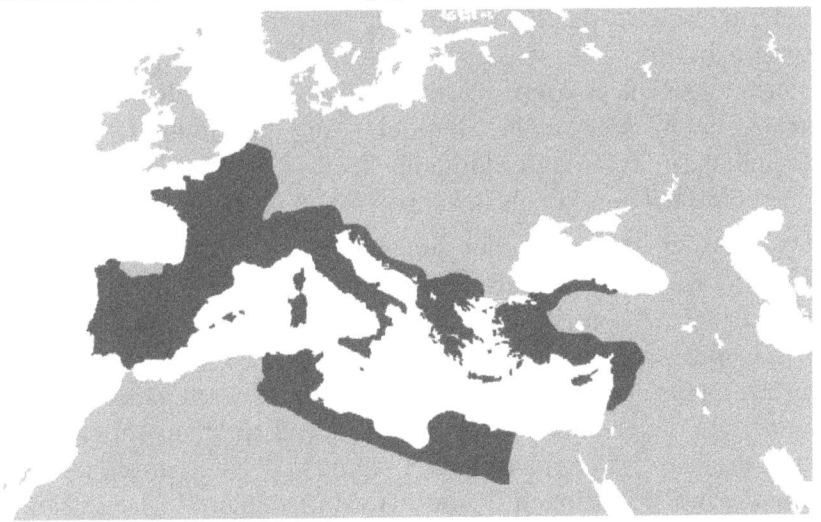

Diese Karte zeigt das Ausmaß der Gebiete, die Rom im Jahre 44 v. Chr. eingenommen hatte. Sie zeigt die Region kurz vor dem Ende der Römischen Republik. Auf dieser Karte werden die Gewässer weiß dargestellt, so dass Sie gut sehen können, in welchem Ausmaß Roms Kontrolle große Teile des Mittelmeers umfasste.
english wikipedia, CC BY-SA 3.0 <http://creativecommons.org/licenses/by-sa/3.0/>, via Wikimedia Commons https://commons.wikimedia.org/wiki/File:Roman_Republic-44BC.png

Die Römer mussten großes Einfallsreichtum und eine Menge Spontanität an den Tag legen - gerade als sie dachten, sie hätten das republikanische System fest im Griff, geschah etwas Unerwartetes. Den Menschen in Rom fiel plötzlich auf, dass sie so viele Gebiete mitsamt ihren Bewohnern erobert hatten, dass sie gar nicht mehr wussten, wo sie all diese Menschen unterbringen sollten. Sie hatten auch noch nicht entschieden, inwiefern diese

Menschen bei der republikanischen Regierung des Reiches mitwirken sollten? Sie wollten außerdem die Plebejer zurechtweisen, da sie die Dreistigkeit besaßen, eine gleichberechtigte Repräsentation in den Angelegenheiten der Republik zu fordern? Als ob das nicht schon genug wäre, revoltierten auch noch die Sklaven und verweigerten den Gehorsam! Die Römische Republik entwickelte sich ständig weiter und passte sich einer Krise nach der anderen an.

Roms größte Herausforderung war zu dieser Zeit der interne Konflikt, mit dem Rom seit dem Tag, an dem Romulus seinen Zwillingsbruder ermordet hatte, zu kämpfen hatte. Der Reichtum und die Macht, die Rom anhäufte, konnten die zerstörerische Zwietracht, die den Zusammenbruch der römischen Republik einleitete, nicht mildern. Trotzdem ist es den Römern hoch anzurechnen, dass sie die Republik fünf Jahrhunderte lang auf spektakuläre Weise zusammenhielten, während sie gleichzeitig einen Großteil der damals bekannten Welt eroberten.

Die Vergewaltigung der tugendhaften Lucretia löste eine Revolution aus, die die Monarchie, die Rom seit seinen Anfängen beherrschte, zu Fall brachte. Die darauffolgenden Verfassungsreformen führten Rom in eine neue Ära mit einer verbesserten Verfassung. Dieses politische System basierte noch immer auf hauptsächlich ungeschriebenen Richtlinien - aber es gab strukturelle Veränderungen und Neuerungen wie Amtszeitbeschränkungen, die Gewaltenteilung (gegenseitige politische Kontrolle), Amtsenthebungen, Verschleppungstaktiken, Vetos und regelmäßig angesetzte Wahlen. Die Verfassung wurde ständig weiterentwickelt, dabei stütze man sich hauptsächlich auf Präzedenzfällen und die Politik wurde daher in erster Linie durch Konflikte zwischen Bürgerlichen und Aristokraten vorangetrieben.

Die Konsuln ersetzten die frühere Position des Königs, es handelte sich dabei üblicherweise um zwei gemeinsam dienende Männer. Sie wurden nicht auf Lebenszeit gewählt, sondern von der militärischen Zenturienversammlung für jeweils ein Jahr. Die Römer waren der Ansicht, dass zwei Staatsoberhäupter besser seien als eines, denn wenn einer von ihnen katastrophale Entscheidungen traf, konnte der andere sein Vetorecht nutzen, um den potenziellen Schaden, den derartige Fehleinschätzungen anrichten könnten, weitestgehend zu minimieren. Ein Konsul konnte am Ende seiner einjährigen Amtszeit strafrechtlich verfolgt werden, falls er seine Befugnisse missbrauchte.

Die beiden Konsuln trugen weiße Togas mit einer breiten purpurnen Borte, was auf ihre Stellung und ihre Befehlsgewalt als höchste richterliche Instanz in der Republik hinwies. Die Konsuln ernannten neue Senatoren (zumindest in der frühen Zeit der Republik) und übten die oberste Autorität in militärischen und zivilen Angelegenheiten aus. Einer von ihnen leitete die Zenturiatsversammlung, der andere die Versammlung der Stämme. Auf militärischen Feldzügen befehligten sie jewels eine Armee mit nahezu absoluter Macht.

Die Idee, zwei Männer an die Spitze des Landes zu stellen, die von einem Senat unterstützt wurden, wurde auch von Karthago in Nordafrika schnell aufgegriffen. Nachdem Rom 509 v. Chr. eine Republik geworden war, schloss es einen Vertrag mit Karthago, das mit seiner mächtigen Flotte Nordafrika und das westliche Mittelmeer kontrollierte. Wie Rom richtete auch Karthago einen Senat ein, der sich aus 300 wohlhabenden Bürgern zusammensetzte und zwei Staatsoberhäupter hatte, die sie *Suffetes* oder „Richter" nannten.

„Der Schwur des Brutus," von François-Joseph Navez, zeigt Brutus dabei, wie er schwört, die Vergewaltigung der Lucretia zu rächen.
https://commons.wikimedia.org/wiki/File:Fran%C3%A7ois-Joseph_Navez001.jpg

Die ersten beiden Konsuln der römischen Republik waren Lucius Junius Brutus und Lucius Tarquinius Collatinus, die Revolutionäre, die die Monarchie gestürzt hatten. Brutus war der Enkel von König Lucius Tarquinius Priscus und der Neffe von Roms letztem König, Tarquinius Superbus. Die Männer trugen Lucretias Leiche gemeinsam zum Forum, wo Brutus rief: „Handelt wie Männer und Römer und greift zu den Waffen im Kampf gegen unsere unverschämten Feinde!"

Brutus war derjenige Thronanwärter, der vorgab, geistig behindert zu sein, damit sein Onkel - der König - ihn nicht töten würde. Nun musste er der Menge erklären, dass er die Behinderung nur vorgetäuscht hatte, weil sein böser Onkel seinen Vater und seinen Bruder getötet hatte und er nicht das gleiche Schicksal erleiden wollte. Er schlug vor, den König zu verbannen und stattdessen eine republikanische Regierung zu gründen. Das Volk war vom Anblick von Lucretias blutigem Leichnam entsetzt und unter diesen Umständen wurde abgestimmt: Der König musste abgesetzt, die Republik sollte eingeführt werden.

Der andere erste Konsul, Lucius Tarquinius Collatinus, war der Ehemann von Lucretia, der Neffe von König Lucius Tarquinius Priscus. Er war ein Cousin von sowohl Brutus als auch von Sextus Tarquinius, dem Vergewaltiger seiner Frau. Ironischerweise gehörten diese beiden Männer, die den Aufstand angezettelt hatten und als erste Konsuln dienten, der gleichen königlichen Familie an, die sie stürzen wollten. Als sich die Wogen geglättet hatten, murrte das Volk über Collatinus' Blutsverbindung zu dem Tyrannen von Tarquinus, so dass er von seinem Amt als Konsul zurücktrat.

Obwohl Brutus enger mit der ehemaligen Königsfamilie verwandt war als Collatinus, geriet er seltsamerweise nicht unter den gleichen Verdacht, vielleicht weil er seine eigenen beiden Söhne entschlossen hinrichtete, als er entdeckte, dass sie an einer Verschwörung zur Rückkehr von Tarquins auf den Königsthron beteiligt waren. Brutus starb vor dem Ende seiner einjährigen Amtszeit, als er und sein Cousin ersten Grades Arruns (Sohn des Tarquin) sich gegenseitig in der Schlacht von Silva Arsia töteten.

In Notfällen - wie etwa während einer militärischen oder internen Krise - konnte ein Konsul auf Empfehlung des Senats einen vorübergehenden Diktator ernennen, der von der Comitia Curiata bestätigt werden musste. Es wurde erwartet, dass der Diktator seine Befugnisse abgab, sobald die Krise überwunden war - oder nach Ablauf von sechs Monaten, je nachdem, was zuerst eintrat. In den späteren Jahren der Republik erlangten die Plebs die Macht, die exekutiven Maßnahmen des Diktators annullieren zu können, was seine Fähigkeit, in Krisenzeiten schnell handeln zu können, entschieden einschränkte; ab 202 v. Chr. wurde dieses Amt nicht mehr ausgeübt.

Die Zensoren und die Prätoren waren den Konsuln direkt unterstellt. Die Zensoren überwachten die Volkszählung und sorgten für die Aufrechterhaltung der öffentlichen Moral (daher kommt das englische Wort censor für einen Beamten, der Verhaltensweisen, Mitteilungen oder Gegenstände unterdrückt, die als obszön, politisch inakzeptabel oder als Bedrohung der Sicherheit angesehen werden).

Marcus Claudius Marcellus wurde fünfmal zum Konsul gewählt und wurde für die Tötung von König Viridomarus, dem Kommandeur der Gallier, im Zweikampf verehrt. Er hatte den König im Jahre 222 v. Chr. mit bloßen Händen besiegt.
https://commons.wikimedia.org/wiki/File:Print_Marcus_Claudius_Marcellus_Roman_Consul_Elect_Statue_Spolia_Opima_Rome.jpg

Roms gewählte Prätoren dienten als die Richter des römischen Rechts und als Armeegeneräle. Während die Führung in Rom immer mehr Gebiete eroberte, dienten die Prätoren als Statthalter der Provinzen. Wenn die beiden Konsuln auf Feldzügen unterwegs waren, wurde der Prätor Urbanus zum obersten Beamten der Stadt Rom. Er konnte Rom nicht verlassen, wenn die Konsuln nicht da waren, oder wenn, dann nur für sehr kurze Zeiträume. Er konnte den Senat einberufen und im Falle eines Angriffs auf die Stadt eine Verteidigungsstrategie anordnen. Jedes Jahr erließ der Prätor Urbanus ein Edikt, das die Rechte und Pflichten der Bürger regelte.

Die Menschen, die zur Zeit der Republik in Rom lebten, waren nicht automatisch Bürger - und selbst wenn sie es waren, gab es verschiedene Stufen der Staatsbürgerschaft. Menschen über 15 Jahren, die von den ursprünglichen 35 Stämmen Roms abstammten, hatten das Recht auf das Bürgerrecht - es sei denn, sie waren Sklaven, ehemalige Sklaven oder Frauen. Frauen konnten Eigentum besitzen, ein Geschäft führen und sich scheiden lassen, aber sie durften nicht wählen oder ein Amt in der Regierung bekleiden. Sklaven galten nicht einmal als Menschen. Freigelassene (ehemalige Sklaven) erhielten ein eingeschränktes Bürgerrecht. Die Stämme Roms waren keine ethnischen oder familiären Gruppen, sondern wurden auf der Basis ihrer geografischen Lage zusammengezählt - dieses Verfahren ist mit unseren modernen Stadt - und Landesbezirken vergleichbar.

Männer, die das volle Bürgerrecht mit allen damit verbundenen politischen und rechtlichen Rechten besaßen, trugen mit Stolz weiße Togas, um ihren Status als *Optimo Jure* (optimale Berechtigte) zu zeigen. Jeder Vollbürger gehörte zu einer der drei stimmberechtigten oder gesetzgebenden Versammlungen. Während der Monarchie hatten die Römer nur eine stimmberechtigte Versammlung - die *Comitia Curiata* (Kurienversammlung) -, aber die meisten politischen Befugnisse dieser Versammlung wurden auf die Comitia Centuriata (Versammlung der Zenturien) für die Militärs und die Comitia Tributa (Stammesversammlung) für die Mitglieder der patrizischen Führungsschicht übertragen. Diese Versammlungen wurden jeweils von einem der beiden Konsuln geleitet. Im Jahr 494 v. Chr. wurde das Concilium Plebis (Plebejer-Versammlung) für das einfache

Volk (Plebs oder Plebejer genannt) eingerichtet.

Jeder Bürger hatte das Recht, die Leiter seiner jeweiligen Versammlung zu wählen. Die Versammlungsleiter wählten die Magistrate, verabschiedeten Gesetze und führten Kapitalprozesse durch. Die Militärversammlung (Centuriate) war die einzige Macht, die einen Krieg ernennen und eine Volkszählung bestätigen konnte. Sie diente auch als oberstes Berufungsgericht für bestimmte rechtliche Fälle.

Die Tribunen bekleideten mehrere Ämter, vor allem die *Tribuni Plebis* und die *Tribuni Militum*. Die Tribuni Plebis, zu denen zwei bis zehn gewählte Tribunen gehörten, führten den Vorsitz in der plebejischen Versammlung, organisierten die Gesetzgebung für die Abstimmung und legten ihr Veto gegen die Gesetze des Senats ein, die das gemeine Volk missbilligte. Indem sie die Bürger als politische Waffe einsetzten, übten die Tribuni Plebis eine große Macht in Rom aus.

Die Militärtribunen organisierten die Befehlsgewalt in ihren Reihen, überwachten die Logistik und führten die Legionen in die Schlacht. Sie hatten den höchsten Rang in der römischen Armee und mussten mindestens fünf Jahre lang im Dienst sein. Zu den Tribunen gehörten außerdem die *Tribuni Aerarii*, die in der Schatzkammer dienten, Steuern eintrieben und die Gelder - meist an die römischen Legionen - verteilten.

Die Magistrate waren gewählte Beamte mit weitreichenden Befugnissen im öffentlichen und militärischen Bereich. Die beiden Konsuln waren die führenden Magistrate, und die einflussreichsten Adelsfamilien (*gentes*) beherrschten die mächtigsten Magistratsposten. Jeder Magistrat hatte eine *provincia* - einen Zuständigkeitsbereich für eine geografische Region oder eine bestimmte Verantwortung. Die Patrizier - später die Plebejer - wählten ihre Magistrate, dies entsprach einer Form der Volksvertretung. Magistrate sorgten für die Aufrechterhaltung des Friedens und konnten mit der Macht des *coercitio* (Zwang) Menschen für Verbrechen verurteilen. Sie sollten auch nach Omen Ausschau halten, eine Aufgabe, die die Römer sehr ernst nahmen.

Genauso wie es zwei Konsuln an der Spitze des Staates gab, gab es auch in den meisten Ämtern zwei Personen für dieselbe

Position - die so genannten *Collega* (Kollegialität) -, was einen Machtmissbrauch verhinderte. Die römischen Bürger waren vor dem Missbrauch der Zwangsgewalt durch die *Provokation* geschützt (diese stand für ein ordentliches Verfahren). Magistrate wurden für eine Amtszeit von einem Jahr gewählt und mussten zehn Jahre warten, bevor sie ihr Amt erneut ausüben konnten.

Der *Senat* bestand auch in der Republik fort, hatte allerdings eine andere gesellschaftliche Funktion. In der vorherigen Regierung bestand die Hauptaufgabe des Senats darin, neue Könige zu wählen und den König zu beraten. In der Republik übermittelte der Senat den Magistraten ihren *Senatus Consulta*, was so viel bedeutete wie Rat des Senates, aber die Magistrate befolgten ihn eher als eine Art Dekret. Der Senat konzentrierte sich vor allem auf die Außenpolitik, zumal ständig neue Provinzen in ganz Italien und schließlich im Mittelmeerraum hinzukamen. Der Senat hatte auch die ausdrückliche Macht über den Staatshaushalt, was sich auch als indirekte Macht über das Militär und viele andere Einrichtungen manifestierte. Der Einfluss des Senats wuchs mit, Gesetze zu verabschieden, der Zeit immens als die Kraft der gesetzgebenden Versammlungen schwand.

Die Senatoren wurden in den Anfangsjahren der Republik von den beiden Konsuln ernannt, und diese wählten wiederum Männer aus, die sie politisch unterstützen sollten. Um 312 v. Chr. gab die plebejische Versammlung den römischen Zensoren die offizielle Befugnis, die neuen Senatoren (auf Lebenszeit) aus einem Pool neu gewählter Magistrate zu ernennen, wodurch der Senat nicht länger der Macht der Konsuln unterworfen war. In Notfällen - zu Zeiten des Krieges oder während innerer Unruhen - wurden die neuen Senatoren vom vorübergehenden Diktatoren oder von den amtierenden Senatoren ausgewählt.

Die Via Appia, (Apianischer Weg) war Roms erste große Straße und wurde um ungefähr 312-264 v. Chr. erbaut. Sie erstreckte sich über eine Strecke von 241 Kilometern hinweg von Rom bis nach Benevento. Foto von Paul Vlaar.

Paul Vlaar.Neep at en.wikipedia.Later version (crop) were made and uploaded by Ali'i at en.wikipedia., CC BY-SA 3.0 <http://creativecommons.org/licenses/by-sa/3.0/>, via Wikimedia Commons, https://commons.wikimedia.org/w/index.php?curid=8767120

Zu Beginn der Republik bestand der Senat aus 100 Männern. Nach 312 v. Chr., als die Zensoren die Senatoren ernennen durften, erhöhte Appius Claudius Caecus die Zahl der Senatoren auf 300 und schloss die Plebs und die Nachkommen freigelassener Sklaven mit ein, was die Patrizier als skandalösen Sturz in den gesellschaftlichen Abgrund betrachteten. Während seiner einjährigen Amtszeit als Zensor initiierte Caecus den Bau der Aqua

Appia - des ersten römischen Aquädukts - und der Via Apia - der ersten großen römischen Straße, die sich 150 Meilen oder etwa 241 Kilometer lang von Rom nach Benevento im Süden erstreckte. Als sich die Römische Republik ihrem Ende näherte, stieg die Zahl der Senatoren unter Sulla auf 900 und unter Julius Cäsar sogar auf 1.000.

In Rom gab es drei gesellschaftliche Klassen, in die die Bewohner aufgeteilt wurden. Am unteren Ende standen die Sklaven, die weder Macht noch ein Recht auf Repräsentation in der Regierung hatten. An der Spitze standen die Patrizier - sie waren wohlhabende Bürger der Oberschicht aus adligen Familien, die erfolgreiche Geschäftsleute oder Großgrundbesitzer waren. Die Plebejer waren alle anderen - also die Arbeiterklasse.

In den Anfangsjahren der Republik beherrschten die Patrizier Politik und Gesellschaft und besetzten das Priesteramt, wichtige militärische Ämter und prestigeträchtige Magistrate. Die ursprünglichen Patrizier waren eine exklusive Gruppe von 50 angesehenen Großfamilien, *gentes* genannt, von denen die Cornelii gens die bedeutendste war. Zu den anderen angesehenen gentes der republikanischen Ära gehörten die Familien Aemilii, Valerii, Fabii und Claudii, die für ihren großen Landbesitz, ihren Reichtum und die Förderung ihrer *clientes* bekannt waren. Bei den *clientes* handelte es sich in der Regel um Bürgerliche, für die die Patrizier kleinere Aufgaben übernahmen: Sie boten rechtliche Vertretung vor Gericht, finanzielle Unterstützung, Heiratsvermittlung und andere Dienstleistungen an.

Die Plebejer oder Plebs bildeten das Rückgrat Roms: sie waren die Bauern, Handwerker, Kaufleute und andere Arbeiter, die die Stadt erhielten. Anfänglich hatten sie nur wenig politische Macht. Ihr Einfluss wuchs aber schnell, als sie eine interne soziale Organisation und eine gesetzgebende Versammlung entwickelten, so dass sie eigene Gesetze verabschieden konnten und ein Vetorecht gegenüber dem Senat besaßen.

Höhere Positionen in der Priesterschaft und in der Politik waren den Plebejern trotzdem verwehrt. Die Plebs beklagte sich unter anderem darüber, dass die Patrizier Gesetze verabschiedeten, die Plebs aber nicht darüber informierten und sie dann wegen Verstößen gegen Gesetze verfolgten, von denen sie nichts wussten. Ein weiterer Missstand war, dass Schuldner, die ihre Schulden nicht zurückzahlen konnten, verprügelt und ins Gefängnis geworfen wurden.

Wenn die Patrizier zu unverschämt wurden, streikten die Plebejer in einer *Secessio Plebis* (plebejischer Rückzug). Sie schlossen ihre Läden, legten ihre Werkzeuge nieder und verließen die Stadt, um auf einem nahegelegenen Berg ein wenig Urlaub zu machen, während die Patrizier sich selbst überlassen blieben. Nach ein paar Tagen ohne Geschäfte, in denen man Lebensmittel oder Waren kaufen konnte, ohne Bauarbeiter, Leibwächter, Soldaten und andere Dienstleistungen, die die Plebs zur Verfügung stellte, waren die Patrizier dann üblicherweise dazu bereit, sich an den Verhandlungstisch zu setzen.

Gaius Gracchus vertrat die Plebejer, er forderte umfangreiche Reformen, bis zu seinem Selbstmord im Jahr 121 v. Chr.
https://commons.wikimedia.org/wiki/File:Gaius_Gracchus_Tribune_of_the_People.jpg

Verschiedene Streiks führten zur Erleichterung von Schuldenstrafen, zum Zugang zu neuen Gesetzen und zum Erwerb einer eigenen gesetzgebenden Versammlung und eigener Tribunen für die Plebejer. Nach und nach erreichten die Plebejer die politische Gleichstellung mit der Oberschicht. Die Tribunen schützten die Plebejer vor Missbrauch und konnten *Intercession* (Fürsprache) einlegen, ein Veto gegen die Gesetze und Maßnahmen des Senats formulieren und jeden Magistrat oder sogar einen anderen Tribun, der die Interessen der Plebs nicht berücksichtigte, ausschließen. In der späten Republik konnten die Tribunen auch Mitglieder des Senats sein, was ihnen großen Einfluss auf die Gesetzgebung gab; sie erwarben sich den Ruf, Revolutionäre innerhalb des Systems zu sein.

Das Vetorecht (*intercessio*) war ein von den Römern geschaffenes mächtiges Instrument, das auch heute noch viele Regierungssysteme regelt. Jeder der beiden Konsuln konnte ein Veto gegen die Handlungen des anderen einlegen. Die Tribunen konnten ihr Veto gegen Senatsbeschlüsse oder Maßnahmen der Magistrate einlegen, um insbesondere die einfachen Bürger vor einer ungerechten Beherrschung durch die Aristokratie zu schützen. Der Senat konnte zwar immer noch ein Gesetz verabschieden, aber wenn ein Konsul sein Veto einlegte, war es machtlos.

Im Jahr 385 v. Chr. war Marcus Manlius Capitolinus, der Rom während der Plünderung durch die Gallier heldenhaft verteidigte, beunruhigt über die verheerenden Auswirkungen der Invasion auf die Plebejer. Durch den Verlust ihrer Lebensgrundlage - ihrer Geschäfte, Höfe und Werkzeuge - gerieten sie in eine albtraumhafte Verschuldung bei den Patriziern. Manlius sah zu, wie ein Zenturio, der Rom gegen die Gallier verteidigt hatte, wegen Schulden, die er nicht begleichen konnte, ins Gefängnis geworfen wurde. Plötzlich sprang Manlius vor und bot an, die Schulden des Mannes selbst zu bezahlen, und der Zenturio wurde als freier Mann nach Hause entlassen.

Manlius, der selbst Patrizier war, setzte sich für die Plebejer ein und verkaufte sogar seinen Besitz, um ihre Schulden zu begleichen. Er setzte sich unermüdlich für die Plebs ein und beschuldigte den Senat, öffentliche Gelder zu veruntreuen, die das schreckliche Elend der einfachen Arbeiter, die so viel zum Wohl der Stadt beitrugen, hätten lindern können. Seine Bemühungen um soziale Reformen kamen bei den Patriziern nicht gut an, die ihn schließlich vom Tarpeianischen Felsen herunter in den Tod stürzten.

Die bedrohlichen Unruhen zwischen den Patriziern und den Plebs setzten sich fort: Die Plebs erwirtschafteten Gewinne und verloren sie dann wieder, da ihre Rechte unterdrückt wurden. Im

Jahr 366 v. Chr. löste Diktator Camillus die Krise durch einen Kompromiss: Die Plebejer bekamen einen eigenen Konsul, während die Patrizier das Monopol auf die Ämter des Prätors und der *curule aediles* (formelle Magistrate) erhielten. Nachdem sie ihren eigenen Zensor bekommen hatten, dauerte es nicht mehr lange, bis auch die Ämter des Zensors und des Diktators von Plebejern besetzt wurden. Gaius Marcius Rutilus, ein Plebejer, diente viermal als Konsul, dann als Diktator und schließlich als Zensor.

Während die Plebejer bemerkenswerte Fortschritte in Politik und Gesellschaft erzielten, kam es zu einer internen Klassenspaltung. Einige der Plebejer entwickelten sich zu wohlhabenden Eliten, die wie die Patrizier die ärmeren Plebejer zu ihrem Vorteil ausnutzten. Sie hatten den Kontakt zur Arbeiterklasse verloren und vertraten deren Anliegen nicht mehr so, wie es ihre Aufgabe von ihnen verlangte. Der Machtverlust der Patrizier führte dazu, dass viele prominente Adelsgeschlechter verschwanden und durch die selbst geschaffenen neuen Aristokraten - zwanzig plebejischen Familien - ersetzt wurden, die sich mit den etwa ein Dutzend verbliebenen patrizischen Adelsgeschlechtern zu einer neuen Klasse zusammenschlossen, die als *Nobilitas* bekannt wurde.

Kapitel 5: Die Kriege Zentralitaliens

Seit den Anfängen der Republik im Jahr 509 v. Chr. herrschte in Rom fast ununterbrochen Krieg. Die ersten 200 Jahre der Eroberung und Verteidigung festigten die römische Macht in Mittelitalien und Teilen Süditaliens. Die Kriege dieser Epoche begannen mit der Tarquinischen Verschwörung, dann folgten die keltische Invasion und die Plünderung Roms sowie der Krieg mit den Samniten aus dem Apennin. In den epischen Schlachten bewiesen die Römer eine erstaunliche Widerstandsfähigkeit und überwanden katastrophale Verluste.

Tarquinius Superbus' heimtückische Versuche, den Thron zurückzuerobern, verwickelten Römer, Etrusker und Lateiner in eine Intrige, die als die Tarquinische Verschwörung bekannt wurde. Nachdem Tarquinius seine Frau, seinen Bruder und seinen Schwiegervater dreist ermordet hatte, um den Thron zu erlangen, versuchte er nun mit allen Mitteln, ihn zurückzuerobern. Zunächst schickte er Botschafter in den Senat, um die Rückgabe der persönlichen Gegenstände der königlichen Familie zu fordern. Während der Senat über den Antrag debattierte, zettelten Tarquins Botschafter heimlich einen Staatsstreich an und rekrutierten sogar die beiden Söhne von Brutus und die beiden Brüder seiner Frau (aus der Familie der Vitelii) als Hauptverschwörer, ebenso wie die Familie der Aquillii.

Diese jungen Männer trafen sich im Haus der Aquillii, wo sich die Botschafter Tarquins aufhielten, und schworen einen grauenvollen Eid, den sie mit dem Blut eines getöteten Mannes und der Berührung seiner Eingeweide besiegelten. Ein Sklave namens Vindicius betrat zufällig und unbemerkt von den anderen den abgedunkelten Raum. Als er die schreckliche Szene beobachtete und von den Plänen zur Ermordung der beiden Konsuln hörte, stahl sich Vindicius aus dem Haus und alarmierte die Konsuln. Die Verschwörer wurden auf das Forum geschleppt; da ihre Briefe an König Tarquin entdeckt worden waren, war ihre Schuld unbestritten. Brutus rief seinen Söhnen zu: „Kommt, Titus, kommt Tiberius, warum verteidigt ihr euch nicht gegen diese Anschuldigungen?"

Dreimal verlangte Brutus eine Antwort, aber seine Söhne schwiegen. Brutus wandte sich entschlossen an die Wachen: „Tut, was ihr tun müsst."

Brutus sah mit zorniger Miene zu, wie seine Söhne ergriffen, ihrer Toga beraubt und mit Ruten geschlagen wurden. Als sie zu Boden geworfen und enthauptet wurden, entfuhr dem bis dahin stoischen Brutus ein Stöhnen. Er erhob sich schweigend und ging hinaus, um die übrigen Verschwörer dem Urteil und der Hinrichtung zu überlassen.

Die Wachen transportieren die Leichen von Lucas Söhnen.
https://commons.wikimedia.org/wiki/File:David_Brutus.jpg

Tarquinius war nicht gewillt, sich eine Niederlage einzugestehen, und rief die Etrusker von Veii und die Stadt seiner Vorfahren, Tarquinii, zusammen, um sich Rom in einer erbitterten Schlacht bei Silva Arsia zu stellen. Sein Sohn Arruns und der römische Konsul Brutus wurden getötet, als die Cousins sich gegenseitig mit ihren Speeren aufspießten. Nachdem Tarquinius diese Schlacht verloren hatte, verbündete er sich mit Lars Porsena, dem König der mächtigen etruskischen Stadt, Clusium.

Im Jahr 508 v. Chr. marschierte König Porsena auf Rom zu und näherte sich der Pons Sublicius-Brücke über den Tiber. Drei furchtlose junge Männer - Horatius, Herminius und Lartius - stürzten über die Brücke und hielten die Etrusker tapfer auf, während die Römer die Brücke hinter ihnen zerstörten. Herminius und Lartius rannten gerade zurück, als die Brücke einstürzte, während Horatius es gerade so schaffte, von der Brücke zu springen, als sie einstürzte. Er schwamm unter einem Hagel etruskischer Pfeile und Speere zurück zum Ufer.

König Porsena belagerte Rom, blockierte den Flussverkehr und plünderte die umliegenden Bauernhöfe. Eines Nachts schlich sich ein außergewöhnlicher junger Mann namens Gaius Mucius in das etruskische Lager, um Porsena zu ermorden, tötete aber stattdessen versehentlich den Schreiber des Königs. Als er gefangen genommen wurde, erklärte er gegenüber König Porsena kühn, warum er dort war. „Ihr werdet uns niemals aufhalten! Ich bin nur der Erste von 300 römischen Jünglingen, die das Gleiche tun wollen!"

Er stieß seine Hand in die Flammen eines nahegelegenen Kohlenbeckens und rief: „Seht, wie billig unsere Körper für Männer sind, deren Ziel der große Ruhm ist!"

Gaius konfrontiert den etruskischen König Porsena, nach seinem erfolglosen Versuch, ihn zu ermorden.
https://commons.wikimedia.org/wiki/File:Matthias_Stomer_-_Mucius_Scaevola_in_the_presence_of_Lars_Porsenna_-_Google_Art_Project.jpg

König Porsena war entsetzt und bewunderte den Mut des jungen Mannes. Er ließ Gaius frei und schickte seine Botschafter, um mit Rom über den Frieden zu verhandeln. Die Römer lehnten seine Forderung nach der Wiedereinsetzung von Tarquinius als König entschieden ab, gaben jedoch das Land, dass sie zuvor erobert hatten, an die Veientes zurück. Kurz darauf kamen viele Etrusker nach Rom, um dort zu leben, und erhielten daraufhin sogar ihren eigenen Bezirk in der Stadt.

Um 496 v. Chr. unternahm Tarquinius Superbus als Anführer des Lateinischen Bundes einen letzten Versuch, die Krone zurückzuerobern, indem er die Schlacht am Regillus-See gegen Rom bestritt. Rom ernannte Aulus Postumius Albus zum vorübergehenden Diktator. Die Volsci hatten sich mit den Lateinern verbündet, doch die Römer stürmten, erzürnt über den Anblick ihres ehemaligen Königs, so schnell hinaus, dass sie die Schlacht gewannen, noch bevor die Volsci eintrafen.

Im Fabianischen Krieg von 483 v. Chr. nutzten die Veii die innere Unruhe Roms und eine Invasion der Aequi (eines Stammes im Osten) und marschierten auf die Stadt zu. Der römische Clan der Fabier bat um die Erlaubnis, gegen die Veienter zu kämpfen, und erhielt sie auch. 309 Soldaten ihrer gens marschierten nach Norden und zerstörten das Gebiet der Veier. Die Veienter lauernten jedoch in einem Hinterhalt und vernichteten alle Fabii-Männer. Rom schickte ein zweites Heer gegen die Veienter und verlor abermals. Im folgenden Jahr verbündeten sich die Veienter mit den Sabinern, wieder zum Kampf gegen Rom. Diesmal verbündeten sich die Römer im Gegenzug mit den Lateinern und triumphierten, und so wurde ein Waffenstillstand geschlossen, laut dem die Etrusker Rom Tribut zahlen mussten.

458 v. Chr. fand die Schlacht am Berg Algidus gegen die Aequi statt, die Roms Territorien zu einem ungünstigen Zeitpunkt angriffen: Roms Sklaven revoltierten, die Patrizier und Plebejer hatten sich in einer giftigen politischen Auseinandersetzung festgefahren, und einer der Konsuln war gerade gestorben. Trotz der internen Probleme besiegte Rom die Aequi, doch im folgenden Jahr griffen diese erneut an. Cincinnatus, der zum vorübergehenden Diktator ernannt wurde, besiegte die Aequi so schnell, dass er nach nur 16 Tagen von seiner Diktatur zurücktreten konnte.

Die Aequi und Volsci verbündeten sich 446 v. Chr. in der Schlacht von Corbio gegen Rom und waren den römischen Truppen diesmal zahlenmäßig überlegen. Die Römer teilten sich in zwei Armeen auf und griffen die Koalition aus Aequi und Volsci von beiden Seiten an. Die Aequi zogen sich zurück - technisch gesehen bedeutete dies einen Sieg für Rom - aber der im Kampf hatte die Stadt mindestens 6.000 römische Opfer gekostet. In etwas mehr als 60 Jahren hatte die Römische Republik die Vorherrschaft über ihre nahegelegensten Nachbarn - die Etrusker und die Lateiner - errungen und bereitete sich nun darauf vor, mit den bedrohlichen Bergstämmen des Apennins fertig zu werden, als plötzlich ein weiterer, unerwarteter Feind in ihr Gebiet einfiel.

Die Senonen waren ein gallischer Stamm des keltischen Volkes aus dem Seine-Becken in Nordfrankreich. Als ihre Bevölkerung wuchs, überquerte ein Teil dieses Stammes die Alpen, fiel in Norditalien ein und gründete das heutige Mailand. Im Jahr 387 v. Chr. stießen diese Kelten mit Rom zusammen. Die Senonen hatten von einem jungen Mann namens Aruns, der in der etruskischen Stadt Clusium lebte, vom reichen Ackerland Mittelitaliens erfahren. Als der Sohn des Königs seine Frau verführte, verließ der verbitterte Aruns seine Stadt, um in Norditalien Wein, Feigen und Oliven zu verkaufen, wo er auf die Senonen traf. Die Gallier waren von seinen Produkten fasziniert, und Aruns sah eine Möglichkeit, sich zu rächen. Er erzählte ihnen, dass er aus einem fruchtbaren Land stamme, das nur dünn besiedelt und von unfähigen Kämpfern bewohnt sei. Er sagte den Senonen, sie könnten das Land leicht für sich beanspruchen und diesen Wein und dieses Essen jeden Tag genießen.

So marschierten die Gallier auf Clusium zu, das Rom verzweifelt um Hilfe bat. Rom schickte drei Botschafter - die Brüder Fabii -, die die Senonen davor warnten, Clusium anzugreifen, es sei denn, sie wollten anschließend gegen Rom kämpfen. Es kam zu einem Handgemenge, bei dem ein Botschafter einen senonischen Häuptling tötete und damit gegen das *Völkerrecht* verstieß, das Botschaftern jegliche Gewalt untersagte.

Die Senonen schickten Botschafter nach Rom und verlangten von Rom die Auslieferung der drei Fabii-Brüder als Bezahlung für ihren Häuptling. Der Senat wollte die Gallier nicht vor den Kopf stoßen, aber die Gens Fabii war so mächtig, dass die drei Brüder gerade zu Militärtribunen gewählt worden waren. Empört durch die Verweigerung überbrachten die gallischen Gesandten die Nachricht nach Clusium, und die Senonen marschierten daraufhin gegen Rom.

Die Römer waren wie vom Donner gerührt, als die Senonen unter der Führung ihres keltischen Häuptlings Brennes in der Schlacht an der Allia (um 387 v. Chr.) erfolgreich gegen sie vorrückten. Rom war unvorbereitet und zahlenmäßig unterlegen. Das römische Heer marschierte aus, überquerte den Tiber und traf etwa zehn Meilen nördlich von Rom auf die Kelten.

Das Heer positionierte sich an zwei Flanken, wobei die unerfahrensten Krieger auf dem Hügel an der rechten Flanke standen. Der Häuptling der Senonen, Brennus, stellte seine stärksten Männer auf der dem Hügel zugewandten Seite auf. Als die beiden Streitkräfte aufeinandertrafen, wurde die schwächere römische Flanke auf dem Hügel zurückgedrängt, während die linke Flanke am Fluss feststeckte. Die Gallier griffen die spärlichen mittleren Reihen der Römer an und teilten das Heer in zwei Hälften.

In Panik zogen sich beide Flanken des römischen Heeres in ungeordneter Flucht zurück. Die linke Flanke versuchte hektisch, den Fluss zu überqueren, aber die unerfahrenen Schwimmer und die Kämpfer in schwerer Rüstung ertranken bei diesem Versuch. Die Überlebenden flohen nach Veii, während die Reste der rechten Flanke zurück nach Rom flohen. Mindestens die Hälfte des römischen Heeres kam ums Leben, während die Senonen nur wenige Verluste erlitten. Die Kelten waren über ihren schnellen und außergewöhnlichen Sieg erstaunt. Sie verbrachten zwei Tage mit der Plünderung des römischen Lagers und machten sich dann auf den Weg nach Rom. Als sie die Stadt kurz vor Sonnenuntergang erreichten, stellten sie zu ihrem Erstaunen fest, dass die Stadttore offen und unbewaffnet waren. Da sie nicht in der Nacht in unbekanntem Gebiet kämpfen wollten, schlugen sie ihr Lager in der Nähe von Rom auf.

Die Männer in Veii dachten, sie seien die einzigen Überlebenden und Rom sei verloren. In der Stadt waren die Menschen hysterisch, weil sie glaubten, dass der größte Teil ihrer Armee ausgelöscht worden war. Sie wussten nicht, dass ein Teil ihres Heeres in Veii Zuflucht gefunden hatte. Der Rest des Heeres, alle wehrfähigen Männer und ihre Anführer zogen mit Waffen, Lebensmitteln und so vielen Wertsachen und heiligen Gegenständen, wie sie tragen konnten, auf den Kapitolshügel. Sie sperrten den Hügel ab und verschanzten sich dort.

Das einfache Volk nahm mit, was es an Vorräten finden konnte, verbarrikadierte seine Häuser und Straßen und flüchtete sich in geeignete Verstecke. Als die Gallier zwei Tage später eintrafen, war der größte Teil der Stadt wie leergefegt. Doch viele Priester und die älteren Männer, die als Konsuln gedient hatten, blieben zurück. In ihren feierlichen Gewändern strömten sie auf das Forum, setzten sich auf ihre Elfenbeinstühle und warteten dort auf die Angreifer.

Die senonischen Gallier waren über die älteren römischen Priester und Politiker erstaunt, die stoisch auf ihren Elfenbeinstühlen sitzen blieben.
Internet Archive Book Images, No restrictions, via Wikimedia Commons
https://commons.wikimedia.org/wiki/File:The_story_of_Rome,_from_the_earliest_times_to_the_death_of_Augustus,_told_to_boys_and_girls_(1912)_(14773070063).jpg

Am dritten Tag trafen die Senonen ein und gingen vorsichtig durch das offene Tor, da sie einen Hinterhalt befürchteten. Da sie niemanden vorfanden, plünderten sie die Stadt. Als sie das Forum erreichten, fanden sie die alten Priester und ehemaligen Konsuln in ihren prächtigen Gewändern dabei vor, wie sie majestätisch auf ihren Elfenbeinthronen saßen. Die Gallier standen ehrfürchtig da, wussten nicht, was sie tun sollten, und fragten sich, ob diese Männer Götter waren. Schließlich streichelte einer von ihnen den Bart eines alten Patriziers, der ihm daraufhin empört mit seinem Elfenbeinstab auf den Kopf schlug. Auf diese Provokation hin schlachteten die Gallier die alten Männer auf dem Boden des Forums an und ermordeten auch alle anderen Menschen, die sie in der Stadt vorfanden.

Die Gallier plünderten und brannten die Stadt nieder, zerstörten wertvolle Dokumente der römischen Geschichte und hielten Rom sieben Monate lang fest. Sie konnten den Kapitolshügel nicht einnehmen - er war so steil, dass die kleine Truppe auf dem Gipfel sie erfolgreich aufhielt. In der Zwischenzeit versammelten sich die römischen Soldaten, die nach Veii geflohen waren, neu und legten Waffenvorräte an.

Die Senonen plünderten das Umland und die Städte auf der Suche nach Lebensmitteln und machten dabei den unglücklichen Fehler, die Bauernhöfe in der Nähe der Stadt Ardea zu überfallen. In Ardea lebte ein ehemaliger römischer Diktator, Camillus, der von seinen politischen Feinden ins Exil geschickt worden war. Als er erfuhr, dass die Gallier dazu neigten, sich nachts zu betrinken, griffen Camillus und die Männer von Ardea das keltische Lager bei Nacht an und töteten viele Männer.

Die Römer, die in die Städte und Dörfer der Gegend geflohen waren, baten Camillus darum, ihr Anführer zu werden. Der bestand darauf, dass dies offiziell entschieden werden müsse, und so schlich sich ein junger Mann zurück nach Rom, erklomm den steilsten Teil des Kapitolshügels und erhielt von den Senatoren die offizielle Genehmigung, Camillus erneut zum Diktator zu ernennen. Als offizieller Diktator versammelte Camillus ein 12.000 Mann starkes Heer aus den verbliebenen römischen Soldaten, den Männern von Ardea und Verbündeten aus Veii und anderen Städten.

In Rom bemerkten die Senonen die Stellen, an denen Felsen und Pflanzen weggerissen worden waren, als der junge Römer den Kapitolshügel erklommen hatte. In dieser Nacht folgte eine Gruppe demselben Weg den Hügel hinauf, unbemerkt von den schlafenden Wachen auf dem Gipfel. Doch die heiligen Gänse des Juno-Tempels auf dem Gipfel erwachten und stürzten sich auf die Gallier, schrien, pickten und schlugen mit den Flügeln. Das Geschrei weckte die Römer, die die Senonen erfolgreich abwehrten.

Den Römern auf dem Kapitolshügel war das Essen ausgegangen. Zu ihrem Trost erfuhren sie, dass ein Teil des Heeres in Veii noch am Leben war, aber sie wussten nicht, wie lange es dauern würde, bis Camillus ein Heer aufstellen konnte. Auch den Senonen ging es schlecht, sie waren umgeben von den Leichen der Römer, die sie getötet, aber nicht begraben hatten, litten unter der Hitze und wurden durch Malaria und Ruhr dezimiert. Ihr Häuptling Brennus und der römische Militärtribun Sulpicius trafen sich; die Römer kamen überein, den Galliern eintausend Pfund in Gold zu zahlen, wenn sie die Stadt und das umliegende Land sofort verließen.

Als die Römer das Gold abwogen, fühlten sie sich von der Waage des Senonen betrogen. Mit einem bösen Lachen zog Brennus seinen Schwertgürtel aus, warf sein Schwert und seinen Gürtel auf die Waage und erhöhte das Gewicht. „Wehe dem Besiegten!", grinste er.

Genau in diesem Moment erschien Camillus mit seinen Tausenden von Soldaten und marschierte direkt auf die Stelle zu, an der die Auseinandersetzung um das Gold stattfand. Er nahm das Gold von der Waage und übergab es seinen Dienern, dann befahl er den Galliern, ihre Waage zu nehmen und zu gehen. „Rom soll durch Eisen, nicht durch Gold befreit werden!"

Der römische Konsul Camillus konfrontiert den gallischen Anführer Brennus während der Auseinandersetzung um das Gold.
https://commons.wikimedia.org/wiki/File:Sebastiano_Ricci_-_Camillus_Rescuing_Rome_from_Brennus_-_27.537_-_Detroit_Institute_of_Arts.jpg

Brennus war empört, aber Camillus behauptete, der Vertrag sei nicht bindend: Als gewählter Diktator von Rom sei der Vertrag ohne seine Zustimmung geschlossen worden. Nach einem kleinen Scharmützel verließen Brennus und seine Männer Rom und lagerten etwa acht Meilen entfernt. Am nächsten Tag griff Camillus' Armee an; Livius zufolge wurden die Gallier abgeschlachtet, ohne dass auch nur ein Bote von dem großen Massaker berichtet hätte.

Samnitische Soldaten marschieren in den Krieg, Darstellung auf einer Grabbemalung in Nola, in der Kampanie, aus dem vierten Jahrhundert vor Christus.
https://commons.wikimedia.org/wiki/File:Samnite_soldiers_from_a_tomb_frieze_in_Nol a_4th_century_BCE.jpg

Nach dem Wiederaufbau von Stadt und Bevölkerung war Rom von 343 bis 290 v. Chr. in drei Kriege mit dem Stamm der Samniten im Apennin verwickelt. In den Kampf um die Kontrolle über Mittel- und Süditalien waren auch die Etrusker, Senonen, Umbri, Picentes und andere Stämme verwickelt. Rom besiegte schließlich alle etruskischen und lateinischen Stämme und festigte die Herrschaft über das Gebiet.

Der erste Krieg begann mit einem Angriff der Samniten auf Kampanien, das Rom daraufhin um Hilfe bat. Die Kampanier wollten einen Vertrag schließen, aber Rom konnte das nicht, da es bereits einen Vertrag mit den Samniten hatte. Also ergaben sich die Kampanier und machten sich zu einem Besitz Roms. Rom schickte daraufhin Gesandte zu den Samniten und bat sie, Kampanien nicht mehr zu belästigen, da es nun römisches Gebiet sei. Trotzig befahlen die Samniten ihren Armeen, sofort gegen Kampanien zu marschieren und es zu verwüsten. Als weitere Verhandlungen scheiterten, erklärte Rom den Samniten den Krieg und gewann die folgenden drei Schlachten, womit der erste Krieg beendet war.

Im Jahr 328 v. Chr. gründete Rom eine Siedlung in Fregellae auf den Ruinen einer von den Samniten zerstörten volskischen Stadt. Die nahegelegenen volskischen Städte Fabrateria und Luca baten Rom um Schutz vor den Samniten im Austausch gegen die Herrschaft über sie. Dies löste den Zweiten Samnitischen Krieg aus. Da die Spannungen zwischen den Samniten und Rom mehrere Jahre lang anhielten, schloss Rom eifrig Bündnisse mit den umliegenden Stämmen, wie den Lukanern und den Apuliern im südlichsten Teil Italiens. Inzwischen hatten sich die Samniten mit den Vestinern verbündet.

Im Jahr 321 v. Chr. verbreiteten die Samniten das Gerücht, sie würden einen Angriff auf die Stadt Lucera, einen römischen Verbündeten, vorbereiten. Ein römisches Heer marschierte daraufhin umgehend in diese Richtung und nahm den schnellsten Weg durch die Caudine-Gabelung im Apennin, wo sie eine enge Schlucht durchqueren mussten. Bevor sie dort ankamen, blockierten die Samniten das äußerste Ende der Schlucht mit Baumstämmen und Felsbrocken. Als die Römer in die Schlucht eindrangen, blockierten sie das andere Ende, so dass die römische Armee in der Schlucht gefangen war.

Gaius, der Befehlshaber der Samniten, befahl den Römern, sich zu ergeben, ihr Gebiet zu evakuieren und sich aus ihren neuen Kolonien zurückzuziehen. Die Römer wurden zur Kapitulation gezwungen und mussten sich unter das demütigende „Joch" begeben, bei dem ein Speer auf zwei anderen ruhte und sie sich einer nach dem anderen verbeugen mussten. Später stellte Rom fest, dass dieser Vertrag ungültig war, weil er nicht von den Konsuln geschlossen worden war, und der Krieg wurde wieder aufgenommen. Rom gründete trotzig Kolonien in samnitischen Gebieten, was für die römischen Kolonisten nicht gut ausging - die Samniten töteten die meisten von ihnen.

312 v. Chr. nutzten die Etrusker die Beschäftigung Roms mit Samnium und mobilisierten ihre Kräfte gegen die mit Rom verbündeten Städte. In einer Schlacht siegte Rom, und die Etrusker flohen in den dunklen und furchteinflößenden Ciminischen Wald, den die Römer aus Furcht nicht betreten wollten. Der Bruder des Konsuls, Marcus Fabius, sprach etruskisch und meldete sich freiwillig, um als vermeintlicher etruskischer Hirte in den Wald zu gehen. Er kam in die Stadt

Camerinum in Umbrien, wo ihm die Einheimischen Soldaten und Vorräte für den Kampf gegen die Etrusker zur Verfügung stellten. Gemeinsam durchquerten sie den Wald und dezimierten die Region um die Zimischen Berge.

Die wütenden Etrusker stellten das größte Heer ihrer Geschichte auf und marschierten gegen die Truppen von Quintus Fabius (Marcus' Bruder). Quintus startete im Morgengrauen einen Überraschungsangriff auf die Etrusker und schlug sie in die Flucht. Daraufhin schlossen drei etruskische Städte - Perusia, Cortona und Arretium - einen 30-jährigen Waffenstillstand mit Rom. Trotz großer Verluste errangen die Römer in der grausamen und langwierigen Schlacht am Vadimo-See einen entscheidenden Sieg über die Etrusker und brachten die etruskische Stärke zum Erliegen. Das gesamte etruskische Heer wünschte sich nun Frieden, stimmte einem einjährigen Waffenstillstand zu und bot jedem römischen Soldaten einen Tribut von zwei Waffenröcken und einem Jahresgehalt an.

Nun widmete Rom seine ganze Aufmerksamkeit den Samniten. Im Jahr 305 v. Chr. marschierten beide Konsuln in Samnium ein. In einer Reihe grausamer Schlachten besiegten ihre Armeen die Samniten, die daraufhin den Frieden verhandelten. Am Ende dieses Krieges übernahm Rom die Gebiete der Hernici und Aequi, die sich größtenteils mit Samnium verbündet hatten, sowie Teile der Volsci und des sabinischen Gebiets. Doch dieser Frieden währte nur einige Jahre lang.

Von 298 bis 290 v. Chr. tobte der Dritte Samnitische Krieg. Die Etrusker wurden kurzzeitig durch eine Invasion der Gallier abgelenkt, bestachen diese jedoch, damit sie Rom angreifen konnten. Als Gerüchte aufkamen, dass sowohl die Samniten als auch die Etrusker riesige Armeen aufstellten, verbündete sich Rom mit den Stämmen, die Samnium umgaben. Die Samniten verbündeten sich mit den Etruskern und heuerten die Gallier als Söldner an, aber sie waren Rom nicht gewachsen. Mit 15.000 Soldaten und 12.000 Verbündeten marschierte Rom gegen Etrurien und schlug deren Armee, wobei 8.000 Soldaten getötet wurden.

Währenddessen überfielen die Samniten römische Kolonien in Kampanien. In der Schlacht von Sentinum im Jahr 295 v. Chr. trat

Rom gegen die vereinten Streitkräfte der Samniten, Etrusker, Umbrer und Gallier an. In dieser tödlichen Konfrontation verlor Rom 8700 Männer, tötete aber im Gegenzug 20.000 Soldaten seiner Koalitionsgegner. In den folgenden Jahren sammelten die Samniten neue Truppen, wurden jedoch in waghalsigen Angriffen von den beiden römischen Konsuln besiegt, was den Untergang der Samniten endgültig besiegelte. Rom wandte sich daraufhin den Sabinern zu, zerschlug sie und annektierte ihr Gebiet. Rom eroberte danach auch die übrigen lateinischen Stämme oder verbündete sich mit ihnen. Die römische Kriegsmaschinerie war endlich dazu in der Lage, die Eroberung des Mittelmeerraums ins Visier zu nehmen.

Kapitel 6: Expansion in den Süden

Jeder Mensch genießt kleine und große Siege im Leben, aber ein sogenannter *Pyrrhussieg* kostet so viel, dass der hart erkämpfte Triumph beinahe bedeutungslos erscheint. Der Sieg ist nach Pyrrhus, dem König von Epirus, benannt, der Rom und Karthago in mehreren Schlachten besiegte, aber trotz dessen angeblich gesagt haben soll: „Wenn wir noch eine solche Schlacht gegen die Römer gewinnen, sind wir völlig verloren".

An der als Pyrrhischer Krieg (280-275 v. Chr.) bekannten Reihe von Schlachten waren Rom, die griechischen Staaten Italiens, Epirus, Ägypten, Sizilien, Karthago und die Stämme Mittel- und Süditaliens - hauptsächlich die Samniten und Etrusker - beteiligt.

Der Krieg begann, als Rom ein Seefahrtsabkommen mit der Stadt Tarent verletzte. Rom kontrollierte einen Teil Süditaliens, aber Tarent (im Absatz des italienischen Stiefels) war die wichtigste Stadt der Kolonien der *Magna Graecia* (Großgriechenland). Das von den Spartanern gegründete Tarent war ein kulturelles und wirtschaftliches Zentrum - der wichtigste Handelshafen für Süditalien. Mit etwa 300.000 Einwohnern gehörte sie zu dieser Zeit zu den bevölkerungsreichsten Städten der Welt zu.

Die wachsende Macht Roms beunruhigte die Tarentiner, insbesondere nachdem die Samniten - ihre früheren Verbündeten - besiegt worden waren. Da Tarent über die mächtigste Flotte Italiens verfügte, schloss es rasch ein Abkommen mit Rom, das römischen Schiffen die Einfahrt in den Golf von Tarent untersagte.

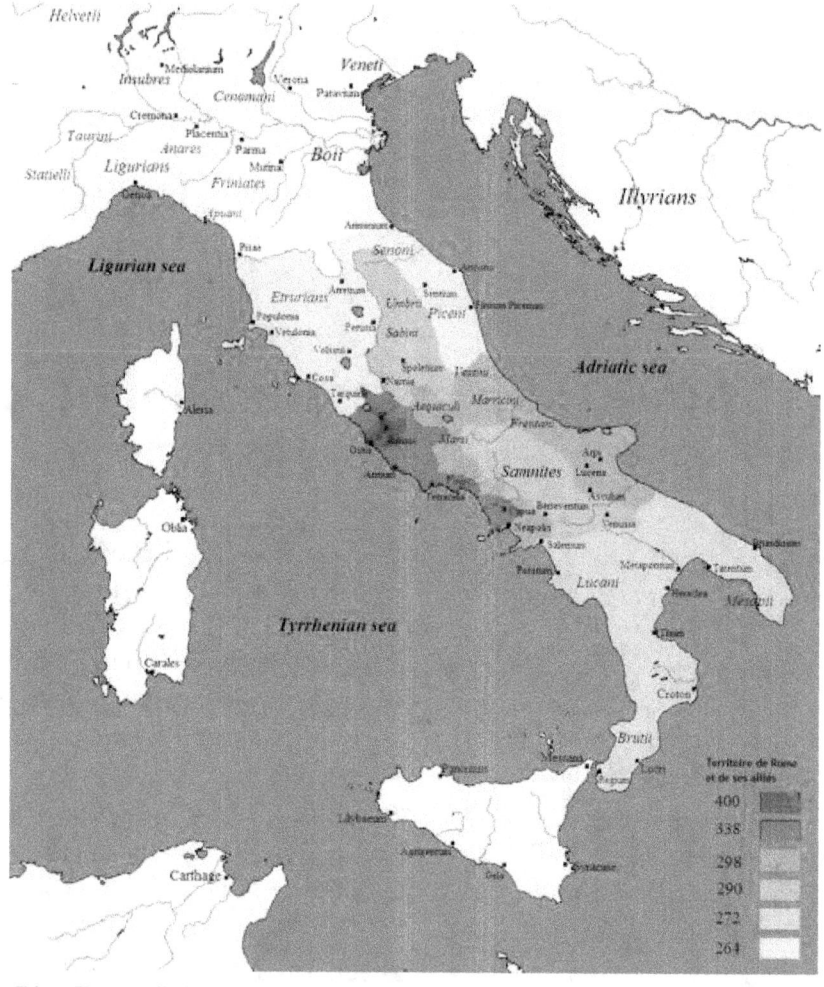

Diese Karte stellt die Ausweitung der römischen Macht auf der italienischen Halbinsel um 400 v. Chr. dar, kurz nach dem Ende des Pyrrhischen Krieges.
User:Javierfv1212, CC0, via Wikimedia Commons
https://en.wikipedia.org/wiki/Pyrrhic_War#/media/File:Conqu%C3%AAte_romaine_de_l Ítalie_(400-264).png

Im Jahr 282 v. Chr. transportierte eine römische Flotte Truppen zu einer Garnison in Thurii, welches auf der anderen Seite des Golfs von Tarent lag. Heimlich hatte Rom das Abkommen schon gebrochen, bevor ein Sturm zehn römische Schiffe in Richtung der Küste Tarentums trieb. Dies verärgerte die Tarentiner - sie hielten dies für einen absichtliche, aggressive Geste, die offen gegen den

Friedenspakt verstieß, und versenkten prompt vier römische Schiffe und nahmen ein weiteres gefangen. Die tarentinische Flotte segelte daraufhin über den Golf nach Thurii, half den Demokraten der Stadt, die Aristokraten zu besiegen und zu vertreiben, und zwang die römische Garnison in Thurii zum Rückzug.

Rom entsandte seine Diplomaten, um mit Tarent zu verhandeln, aber die feindseligen Tarentiner brachen die Friedensgespräche ab und beleidigten den römischen Botschafter. Als Vergeltungsmaßnahme erklärte der römische Senat den Tarentinern den Krieg, die sich daraufhin an einen alten Verbündeten wandten, der ihnen noch einen Gefallen schuldete. Pyrrhus war der König von Epirus (das größtenteils auf dem Gebiet des heutigen Albaniens lag), das jenseits des Ionischen Meeres an der „Ferse" Italiens lag. Tarent hatte König Pyrrhus bei der Eroberung der Insel Korkyra (Korfu) unterstützt, und nun war er an der Reihe, und sollte seinem Verbündeten helfen. Pyrrhus willigte ein und versprach, dass er Tarent helfen wollte. Er tat dies vor allem, weil er unbedingt in Italien Fuß fassen wollte - er hatte Ambitionen auf ein eigenes Reich wie sein Vetter Alexander der Große.

Nachdem er sich von seinem Schwager Ptolemaios II., dem Pharao von Ägypten, Krieger, Geldmittel, Pferde und Elefanten geliehen hatte, segelte Pyrrhus über die Straße von Otranto nach Italien. Im Jahr 280 v. Chr. erreichte er den Golf von Tarent mit 25.000 Soldaten, darunter 3.000 Elitesoldaten und 20 Kriegselefanten (geführt von ihren indischen Mahouts). Pyrrhus schickte Gesandte nach Rom, um ihnen mitzuteilen, dass er in Italien angekommen sei und ihnen bei der Schlichtung ihres Streits mit Tarent helfen wolle.

Die Römer machten sich darüber lustig und mobilisierten acht Legionen (etwa 80.000 Soldaten), die in vier Heere aufgeteilt waren. Sie schickten zwei Heere nach Vanusia und Etruria, um die Samniten, Lukaner und Etrusker zu bekämpfen und sie daran zu hindern, Pyrrhus zu unterstützen. Das dritte Heer blieb zu Hause, um Rom zu schützen, während das letzte Heer von 30.000 Mann unter der Führung von Publius Valerius Laevinus nach Tarent marschierte und auf dem Weg dorthin Lukanien plünderte.

Diese Terrakottapuppe aus Tarent stammt aus dem dritten Jahrhundert vor Christus, das war ungefähr die Zeit des Pyrrhischen Krieges.
Louvre Museum, CC BY 3.0 <https://creativecommons.org/licenses/by/3.0>, via Wikimedia Commons
https://commons.wikimedia.org/wiki/File:Terracotta_doll_Louvre_Cp4654.jpg

Bevor er in die Schlacht gegen die Römer zog, wurde Pyrrhus klar, dass die Tarentiner, die er retten wollte, tatsächlich in der Lage gewesen wären, sich selbst zu retten. Laut Plutarch waren sie froh, dass Pyrrhus für sie in den Krieg zog, während sie zurückblieben, um ihre Bäder und Feste zu genießen und ihre Stadt durch tapfere Reden zu verteidigen. Pyrrhus verbot Frivolitäten strengstens, da sie in

Kriegszeiten unangebracht waren: Er schloss die Gymnasien und Parks und verbot Trunkenheit, Feste und jegliche Art von Gelage. Dann rief er alle wehrfähigen Männer zum Militärdienst auf. Da sie es nicht gewohnt waren, herumkommandiert zu werden, verließen viele Männer die Stadt, da sie es als Sklaverei ansahen, nicht so leben zu können, wie sie wollten.

Als Pyrrhus erfuhr, dass der römische Konsul Laevinus sich mit einem riesigen Heer zügig auf den Weg nach Süden gemacht hatte, war er verärgert, dass die von ihm erwarteten Verbündeten noch nicht eingetroffen waren. Er beschloss, nicht auf sie zu warten, denn jede Verzögerung würde den Römern Zeit geben, noch weiter vorzurücken. Er schickte einen weiteren Gesandten zu den Römern und bot ihm seine Dienste als Vermittler für die griechischen Staaten in Italien an. Laevinus antwortete, dass sie weder einen Vermittler mit den Griechen brauchten noch den griechischen Feind oder seinen Vermittler fürchteten.

Pyrrhus hatte keine andere Wahl, als vorwärtszumarschieren und sein Lager auf der den Römern gegenüberliegenden Seite des Flusses Siris aufzuschlagen. Er ritt auf eine Klippe über dem Fluss, von der aus er das römische Lager überblicken konnte. Die Griechen benutzten das Wort *bárbaros* (Barbar), um jeden zu bezeichnen, der kein Grieche war - dem es an dem fehlte, was sie als zivilisierte Lebensweise betrachteten. Nachdem er die Disziplin und Ordnung der Römer beobachtet hatte, bemerkte er: „Diese Barbaren sind nicht barbarisch; wir werden sehen, was aus ihnen wird".

Die erste Schlacht fand in Herakleia (im Bogen des italienischen Stiefels) statt, etwa auf halber Strecke zwischen Thurii und Tarent. Zusammen mit seinen Verbündeten aus Tarent hatte Pyrrhus 35.000 Mann am linken Ufer des Flusses Siris positioniert, den die Römer vor der Schlacht überqueren mussten. Er beabsichtigte, die Schlacht mit einem Angriff seiner 3.000 berittenen Männer und 20 Elefanten zu beginnen.

Als die Römer im Morgengrauen den Fluss überquerten, gelang es Pyrrhus' Kavallerie, ihre Linien zu durchbrechen. Doch Pyrrhus sah sich einer Armee gegenüber, die stärker und disziplinierter war als alle, denen er je zuvor begegnet war. Im Eifer der wilden Schlacht tauschte Pyrrhus ängstlich seine Rüstung mit einem seiner Leutnants, damit er nicht erkannt und angegriffen werden konnte. Der Mann, der seine Rüstung trug, geriet ins Visier der römischen Truppen, die ihn töteten. Seine Männer glaubten, der Tote sei ihr König, gerieten in Panik und zwangen Pyrrhus, seinen Helm abzunehmen, damit sie sein Gesicht erkennen konnten. Als sie das Gesicht ihres Anführers erblickten jubelten die Griechen und warfen sich zurück in den Kampf.

Pyrrhus entsendet seine Geheimwaffe - Kriegselefanten! Von Helene Guerber - Story of the Romans,
https://commons.wikimedia.org/w/index.php?curid=32722047

Schließlich ließ Pyrrhus die mächtigen Kriegselefanten auf seine Gegner los. Die Römer hatten noch nie zuvor Elefanten in einer Schlacht gesehen; ihre Fußsoldaten taumelten beim Anblick der riesigen Tiere, während ihre Pferde vor Angst durchgingen. Pyrrhus schickte daraufhin seine Kavallerie auf die römischen Truppen los, schlug sie in die Flucht und errang so einen Sieg für die Griechen. Einer von Pyrrhus' Elefanten wurde jedoch verwundet, woraufhin das in Panik geratene Tier losstürmte und einen Teil von Pyrrhus' eigener Armee zermalmte.

Die Verluste waren auf beiden Seiten kolossal, auch wenn die Berichte über die Zahl der Toten an diesem Tag auseinandergingen: Sie schwankten zwischen 7.000 und 15.000 gefallenen Römern und 4.000 bis 13.000 gefallenen Griechen. Die Römer verloren mehr Männer, aber sie hatten noch drei weitere Armeen, die bereit waren, den Kampf gegen die Griechen anzutreten. Für Pyrrhus war es fast unmöglich, Tausende von Soldaten zu ersetzen. Zu seinem Glück schlossen sich mehrere italische Stämme - die Lukaner, Messapier und Bruttier - mit ihm zusammen, ebenso wie zwei griechische Städte in Süditalien - Croton und Locri. Auf seinem Vormarsch nach Norden verbündete er sich außerdem mit den Samniten, Roms früherem Feind.

Erneut machte Pyrrhus Rom das Angebot, Frieden mit den Griechen zu schließen, und wieder lehnte Rom ab. Pyrrhus versuchte daraufhin, Kampanien zu erobern, aber zu diesem Zeitpunkt hatten die Römer ihre Armee in dieser Region bereits verstärkt. In seiner Unverfrorenheit versuchte er sogar, Rom einzunehmen, stellte aber fest, dass dessen Befestigungsanlagen zu stark waren. In der Zwischenzeit hatten sich die Römer mit den Etruskern verbündet und dem anderen Konsul Curuncanius Nachricht zukommen lassen. Pyrrhus erkannte, dass drei Armeen rasch auf ihn zukamen: Roms Garnisonen, Konsul Laevinus aus dem Süden und Curuncanius aus dem Norden. Er zog sich zügig aus der Gegend zurück und überwinterte in Tarent.

König Pyrrhus verbrachte den Winter damit, seine Streitkräfte neu aufzustellen, indem er Truppen aus Makedonien und von seinen Verbündeten auf der Ionischen Halbinsel heranzog. Im Frühjahr 279 v. Chr. brach Pyrrhus erneut auf, um Italien mit einer 40.000 Mann starken Armee zu bekämpfen, die den römischen Streitkräften an den gegenüberliegenden Ufern eines Flusses gegenüberstand. Cassius Dio berichtet, dass der Fluss wegen seiner starken Strömung schwer zu durchqueren war. Die Römer fragten Pyrrhus höflich, ob er es vorziehen würde, für die Schlacht auf ihre Seite zu wechseln. Wenn ja, versprachen sie, sich zurückzuziehen und seine Truppen während der Überquerung nicht zu behindern. Pyrrhus bot den Römern wiederum an, sie könnten unbehelligt auf seine Seite wechseln, da er fest daran glaubte, dass seine Elefanten den Sieg davontragen würden.

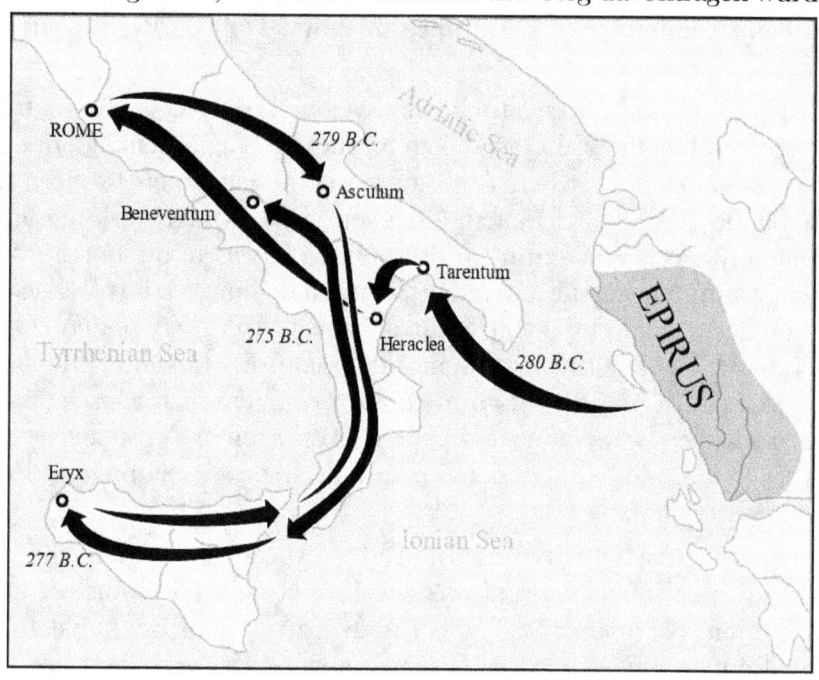

Diese Karte zeigt Pyrrhus Schlachten im Phyrrhischen Krieg: Die Schlacht bei Heraklea, Rom, Asculum, Sizilien und schließlich Maleventum (welches später Beneventum genannt wurde).
Piom, translation by Pamela Butler, CC BY-SA 3.0
<*http://creativecommons.org/licenses/by-sa/3.0/*>, *via Wikimedia Commons*
https://commons.wikimedia.org/wiki/File:Pyrrhic_War_Italy_en.svg

Zwei Tage lang kämpften die Römer und Griechen an einem Ort namens Asculum. Dieses Mal waren die Römer auf die Elefanten vorbereitet. So kam es, dass die Römer erstens den Kampf in bewaldetem Gelände auf unebenem Boden initiierten, was die angreifenden Elefanten und Pferde abschreckte. Zweitens hatten sie ausgeklügelte Ochsenwagen mit hohen Eisenträgern entwickelt, an denen Speere befestigt waren, die in alle Richtungen ragten; nebeneinander aufgereiht versperrten diese den Elefanten den Weg.

Mit kleinen Katapulten konnten sie von ihren 300 Anti-Elefanten-Wagen feurige Geschosse und andere Munition abschießen.

Zu Beginn der Schlacht hatten die Römer die Oberhand über die Griechen und drängten sie langsam, aber sicher zurück. Die Kämpfe waren heftig, und viele wurden getötet oder verwundet, bevor die Nacht die Schlacht unterbrach. Am Morgen holte Pyrrhus die Elefanten heraus, ließ sie aber an beiden Enden des Schlachtfelds eindringen, um die Wagen zu umgehen. Der Anblick der Elefanten erschreckte die Pferde der Römer, noch bevor sie sich ihnen näherten, und wieder einmal brach die römische Kavallerie auseinander, als die verzweifelten Pferde in Panik gerieten. Doch die unerschrockenen römischen Fußsoldaten hielten den bedrohlichen Gegnern gegenüber stand.

Am Ende der Schlacht lagen zwischen 6.000 und 8.000 Römer tot oder verwundet auf dem Feld, doch Pyrrhus hatte den Eindruck, dass Rom seine Streitkräfte wie eine sprudelnde Quelle neu auffüllen und dabei entschlossen und mutig bleiben konnte. Auch wenn die griechischen Verluste geringer waren - etwa 3.500 -, war Pyrrhus erschöpft und durch die wilde Schlacht entmutigt. Als die Kämpfe bei Sonnenuntergang zu Ende gingen, zerstörten die Römer auf dem Rückzug sein Lager, und er wurde von einem Speer verwundet. Die meisten seiner Befehlshaber waren tot, und seine italienischen Verbündeten zögerten und waren unschlüssig - sie fürchteten den Zorn Roms, sollte Pyrrhus verlieren. Pyrrhus verkündete daraufhin die berühmten Worte „Noch so ein Sieg, und wir sind erledigt!"

Pyrrhus forderte mehr Mittel und militärische Kräfte an und bereitete sich auf seinen nächsten Angriff vor. Während sich die Römer ebenfalls neu formierten, trat ein Mann namens Nikias, der zu den Verbündeten von Pyrrhus gehört hatte, an den römischen Konsul Fabricius heran und bot ihm an, König Pyrrhus zu ermorden. Fabricius empfand dies als unerhörte Beleidigung der römischen Ehre, da er stolz darauf war, den Feind durch Tapferkeit, militärische Stärke und Strategie besiegen zu können. Er schickte Gesandte zu Pyrrhus, um ihn über das Komplott zu informieren.

Erstaunt ließ Pyrrhus seine römischen Kriegsgefangenen frei und schickte sie mit neuen Friedensangeboten nach Rom zurück. Für seinen Verrat wurde Nikias hingerichtet und gehäutet - die aus seiner Haut geformten Bänder wurden zu einem Stuhl verarbeitet. Rom antwortete auf die Friedensangebote und forderte Pyrrhus auf, Italien zu verlassen. Rom erneuerte außerdem sein Bündnis mit Karthago aufgrund der gegenseitigen Besorgnis über Pyrrhus' mögliches Engagement in Sizilien, das die dortigen Kolonien Karthagos gefährden könnte. Dieses Bündnis war ein schwerer Schlag für Pyrrhus, der gehofft hatte, eine Nation gegen die andere ausspielen zu können, um sie von seinen Plänen für Italien und Sizilien abzulenken.

Pyrrhus segelte nach Sizilien, als ihm Syrakus und andere griechische Städte auf der Insel die Herrschaft über sie anboten, sofern er dazu bereit war, sie gegen Karthago zu verteidigen und sie von Tyrannen zu befreien. Auch die Makedonier machten ihm ein Angebot: den Thron ihres Landes zu besteigen - ihr König war gerade von den Galliern gefangen genommen und enthauptet worden. Pyrrhus gefiel Sizilien besser: Es lag näher an Afrika, und er hatte die Eroberung Karthagos im Visier.

Pyrrhus' abrupte Abreise aus Italien verärgerte die Tarentiner, die seiner tyrannischen Herrschaft über ihre Stadt überdrüssig geworden waren. Sie forderten ihn auf, entweder weiter gegen Rom zu kämpfen oder Italien für immer zu verlassen. Die Römer waren erstaunt über die plötzliche Unterbrechung des Krieges durch Pyrrhus, freuten sich aber über die Gelegenheit, die Samniten wieder auf Linie zu bringen und die Kontrolle über die Lukaner und Bruttianer zu erlangen, die sich mit Pyrrhus verbündet hatten.

Die Römer machten sich sofort an die Arbeit und eroberten Croton und Lokrami - griechische Städte, die sich mit Pyrrhus verbündet hatten. Nur Tarent und Regi blieben als unabhängige Stadtstaaten bestehen. Die römischen Konsuln Junius und Rufinus fielen in Samnium ein, verwüsteten die Bauernhöfe und eroberten einige verlassene Festungen. Während Junius in Samnium blieb, um weiter Verwüstung anzurichten, zog Rufinus weiter, um die Lukaner und Bruttianer zu schikanieren.

Dieses antike griechische Theater liegt in Syrakus, Sizilien, und wurde zwischen 450 und 400 v. Chr. gebaut. Es befand sich also schon an diesem Ort, als Pyrrhus dort ankam.
Zde, CC BY-SA 4.0 <https://creativecommons.org/licenses/by-sa/4.0>, via Wikimedia Commons https://commons.wikimedia.org/wiki/File:Ancient_Greek_theater,_450-400_BC,_Syracuse,_121541.jpg

Als Pyrrhus 278 v. Chr. in Sizilien ankam, fand er Syrakus bereits unter karthagischem Beschuss. Die Karthager erkannten, dass Pyrrhus' Streitkräfte bescheiden ausgestattet und nicht besonders stark waren, und griffen seine Armee wiederholt rücksichtslos an, um ihn aus Sizilien zu vertreiben. Pyrrhus eroberte zwar zwei sizilianische Städte - Panormus und Eryx -, verließ die Insel aber schließlich nach drei Jahren aufgrund der ständigen Belästigungen durch die Karthager wieder. Kaum war er weggesegelt, stürzten Panormus und Eryx seine Herrschaft.

Als Pyrrhus nach Süditalien zurückkehrte, wurde er von den wütenden Tarentinern empfangen, die es ihm übelnahmen, dass er sich mitten im Geschehen zurückgezogen und so die Samniten und Lukanier Rom ausgeliefert hatte. Die meisten der verärgerten Samniten hatten kein Interesse daran, sich in Zukunft mit ihm gegen Rom zu verbünden. Er verfügte nur noch über 20.000 Mann, aber er war fest entschlossen, in Italien Fuß zu fassen. Er entwarf eine Strategie für seinen dritten und letzten Angriff.

Pyrrhus teilte sein Heer in zwei Divisionen auf - jede von ihnen sollte gegen jeweils eine Armee der beiden römischen Konsuln kämpfen: Cornelius Lentulus und Manius Curius. Pyrrhus führte eine Division in Richtung Maleventum (was so viel wie *schlechte Ankunft* oder *böses Omen* bedeutet), wo Curius stationiert war, und marschierte durch die Nacht in der Hoffnung, dass ihm ein Überraschungsangriff gelingen könnte, bevor Lentulus dem anderen Konsul zur Hilfe kommen konnte. Diese Taktik ging für Pyrrhus und seine Männer nicht gut aus.

Anstatt die Hauptstraße zu nehmen, wählte Pyrrhus einen längeren Weg durch den Wald, wo sie ungesehen bleiben und das Überraschungsmoment wahren konnten. Doch nach einigen Stunden brannten ihre Fackeln aus, und sie verirrten sich in der Dunkelheit auf unbekanntem Terrain. Sie verließen die von Menschen benutzten Wege und folgten irrtümlich Ziegenpfaden, die sich hier und da bogen, über steile Felsen hinauf und in tiefe Schluchten hinab führten.

Die Truppen wurden voneinander getrennt, und als sie schließlich in Maleventum eintrafen, war die Verfassung der Armee bei ihrer Ankunft denkbar schlecht: Die Männer waren schwach und erschöpft, fast verdurstet, und die Elefanten waren nervös. Zu allem Überfluss stolperten sie im Morgengrauen aus dem Wald auf die Spitze eines Hügels, der von Curius' Truppen, die sich im Tal darunter versammelt hatten, schon von weitem gesehen werden konnte.

Innerhalb weniger Augenblicke griff Curius von seinem Lager aus Pyrrhus und sein Heer an und erbeutete dabei sogar einige Elefanten. Die Schlacht verlagerte sich in die Ebene, wo Curius einige der erschöpften Truppen des Pyrrhus niederwarf. Ein Elefantenangriff zwang die Römer, sich in ihr Lager zurückzuziehen, aber die Lagerwachen auf den Wällen warfen ihre Speere auf die Elefanten, die daraufhin umdrehten und davonstürmten. Die Römer hatten endlich gelernt, mit den Kriegselefanten auch im offenen Gefecht fertig zu werden. Sie mussten sie lediglich mit ihren Speeren an ihren Seiten erwischen - eine Taktik, die sie später im Kampf gegen Karthago einsetzten. Die außer Kontrolle geratenen Elefanten stürmten durch Pyrrhus' Reihen zurück, zermalmten Männer und versetzten die Truppen in Aufruhr. Die Schlacht war eine Katastrophe für Pyrrhus. Er brauchte so dringend einen Sieg, doch statt eines Pyrrhussieges erlitt er eine demütigende Niederlage gegen die Römer bei Maleventum.

Dann forderten auch noch die Samniten seine Hilfe ein. Sie hatten sich für Phyrrus eingesetzt, und nun machten ihnen die Römer das Leben schwer. Als Pyrrhus ankam, um den Samniten im Kampf gegen die Römer zu helfen, wurde ein junger Elefant verwundet. Er schüttelte seinen indischen Mahout (Treiber) ab und stürmte los, um nach seiner Mutter zu rufen. Als die aufgeregte Elefantenmutter ihn hörte, stachelte sie die anderen Elefanten auf, und schon bald war alles in Aufruhr - eine weitere Katastrophe. Die Römer errangen einen außerordentlichen Sieg: Sie fingen acht Elefanten, töteten viele Soldaten und besetzten die Schanzen der Samniten.

Pyrrhus entkam mit nur wenigen Reitern nach Tarent und segelte schnell nach Epirus, wobei er eine kleine Truppe Soldaten in Tarent zurückließ. Seine Siege in Italien und Sizilien blieben langfristig erfolglos; er kehrte mit leeren Händen nach Hause zurück. Die Tarentiner, die ihn ursprünglich eingeladen hatten, hofften sehr, dass er in Zukunft ihrem Land fernbleiben würde, denn ihre Lage war viel schlechter als vor seinem Hilfsversuch. Als Abschiedsgeschenk überließ Pyrrhus den Tarentinern einen Stuhl, der aus der Haut des Nikias gefertigt war.

Pyrrhus kehrte nie mehr nach Italien zurück, obwohl er dies ursprünglich geschworen hatte. Drei Jahre später, während er in Argos in Südgriechenland kämpfte, warf eine alte Frau, die auf einem Dach stand, einen Ziegelstein nach ihm, der ihn am Hals traf und vom Pferd warf. Er lag gelähmt auf der Straße, bis ihm ein makedonischer Soldat den Kopf abschlug. Als sich dies in Italien herumsprach, kapitulierten die Tarentiner vor Rom und blieben auf diese Weise eine selbstverwaltete Stadt, allerdings mit römischen Gesetzen und einer römischen Garnison, die sie kontrollierte. Die griechischen Stadtstaaten in Italien folgten zügig diesem Beispiel.

Die Beharrlichkeit der Römer hatte sich durchgesetzt. Die Römer feierten ihren Sieg über Pyrrhus mit der Umbenennung der Stadt von Maleventum (*schlechte Ankunft* oder *böses Omen*) in Beneventum (*willkommenes* oder *gutes Omen*). Schon bald sollte die Via Appia die Stadt mit Rom verbinden. Im Jahr 272 v. Chr. wurden die Lateiner, Etrusker, Samniten und andere italische Stämme vollständig unterworfen, so dass Rom mit Ausnahme der Gallier im äußersten Norden die Herrschaft über ganz Italien übernahm.

Rom war nun bereit, weiter vorzurücken und die Zivilisationen rund um das westliche Mittelmeer zu erobern. Der einzig nennenswerte Konkurrent, der in der Region verblieben war, war Karthago.

Kapitel 7: Die Punischen Kriege

In einem fesselnden Kampf um die Vorherrschaft standen sich Rom und Karthago in drei epischen Kriegen gegenüber, die sich über acht Jahrzehnte hinweg, zwischen 264 und 146 v. Chr. abspielten. Zu den legendären Heldentaten der Punischen Kriege gehörten der Bau von 120 Schiffen in 60 Tagen, die Überquerung der Alpen durch Hannibal mit seinen Kriegselefanten und die geniale Ablenkung eines Elefantenangriffs durch Scipio, der die Karthager in die Flucht schlug und ihre Reihen zerschlug. Sowohl Rom als auch Karthago hatten schreckliche Verluste zu beklagen, und das Ergebnis beeinflusste die westliche Welt noch Jahrhunderte später.

Doch warum wurden sie die *Punischen Kriege* genannt? *Punicus* ist das lateinische Wort für Phönizier - das Volk von Tyrus, das mit Königin Dido nach Nordafrika geflohen war, wo sie die neue Stadt Karthago errichteten. Als ein Sturm die Schiffe des Aeneas an ihre Küste wehte, entbrannte eine leidenschaftliche Romanze zwischen den beiden Anführern - bis Aeneas Dido verließ, um nach Italien zu segeln. Kurz bevor Dido Selbstmord beging, prophezeite sie ewigen Krieg zwischen ihren Nachkommen, und den Nachkommen des Aeneas – und nun fanden diese Kriege endlich statt.

Alles begann mit Messana (Messina) auf Sizilien, gleich jenseits der Straße von Messina, an der Stiefelspitze Italiens. Die Stadt hatte den Mamertinern - italienischen Söldnern - Zuflucht gewährt, die sich dafür revanchierten, indem sie die gesamte Bevölkerung angriffen und töteten und nur die jüngeren Frauen verschonten, die sie zu ihren Ehefrauen machten. Diese Eindringlinge verwandelten das friedliche Messana in das Zentrum ihrer Piratenüberfälle zu Land und zu Wasser.

Nachdem die mamertinischen Piraten 20 Jahre lang die sizilianische Küste verwüstet hatten, beschloss ein verärgerter Hiero II, König von Syrakus - 100 Meilen von Messana entfernt -, Sizilien von den Plünderern zu befreien. Er marschierte nach Norden, schlug den größten Teil der mamertinischen Streitkräfte nieder und näherte sich dann der Stadt Messana. Zufälligerweise lag eine karthagische Flotte in Messana vor Anker, und die Mamertiner baten diese um Unterstützung im Kampf gegen Hiero. Da er sich nicht mit Karthago einlassen wollte, zog sich Hiero zurück.

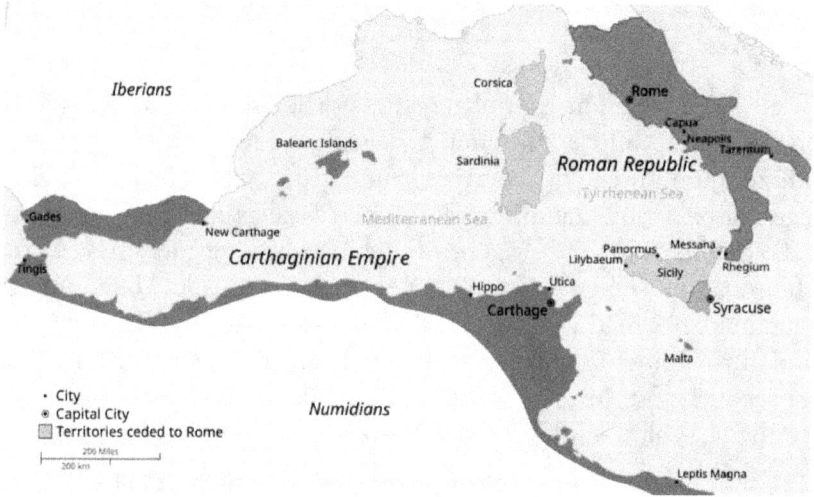

Die Karte zeigt die Territorien Roms und Karthagos kurz vor dem Ersten Punischen Krieg.
GalaxMaps, CC BY-SA 4.0 <https://creativecommons.org/licenses/by-sa/4.0>, via Wikimedia Commons https://commons.wikimedia.org/wiki/File:First_Punic_War_237_BC.png

Die Mamertiner erwarteten, dass sich die Karthager nach ihrem gescheiterten Angriff aus der Region zurückzogen, aber die Angreifer errichteten stattdessen eine Garnison in Messana. Die Mamertiner waren darüber nicht sehr erfreut, da sie dadurch in ihren Piratengeschäften behindert wurden. Vier Jahre später griff Hiero erneut an; dieses Mal baten die Mamertiner Rom um Schutz. Rom war zwar misstrauisch gegenüber den Piraten, wollte aber nicht, dass

Karthago seine Macht in Messana ausbaute, das nur sechs Meilen entlang der Straße von Messina von Italiens Stiefelspitze entfernt lag. Rom willigte ein, sich mit den Mamertinern zu verbünden, die daraufhin die karthagische Garnison zum Abzug überredeten.

Rom entsandte 16.000 Mann nach Sizilien – es war das erste Mal, dass sein Militär die italienische Halbinsel verließ. Syrakus war dadurch alarmiert und bat Karthago um Schutz. Hanno, der Befehlshaber der karthagischen Truppen, ließ zunächst den Kommandanten der Garnison kreuzigen, der Messana ohne Befehl verlassen hatte. Anschließend marschierten ihre verbündeten syrakusanischen und karthagischen Armeen nach Messana, wo sie von den Römern brutal besiegt wurden.

Anschließend griff Rom Syrakus an. Hiero kapitulierte und verbündete sich mit Rom, wodurch er weiterhin an der Macht bleiben konnte. Im Jahr 262 v. Chr. schickte Karthago neue Truppen nach Acragas (Agrigent) im Südosten Siziliens. Die beiden römischen Konsuln, die vier Legionen anführten, griffen Acragas brutal an, plünderten die Stadt und verkauften die Bevölkerung in die Sklaverei. Dies veranlasste Segesta im Nordosten Siziliens dazu, sich gegen Karthago aufzulehnen und sich mit Rom zu verbünden, was andere Städte ebenfalls dazu brachte, sich von Karthago abzuwenden.

Nach mehreren Gefechten mit der karthagischen Flotte - der damals größten Flotte der Welt - erkannte Rom, dass es eine große Seestreitmacht brauchte, um es mit der karthagischen Kriegsmaschinerie aufzunehmen. In rasender Geschwindigkeit baute Rom in nur zwei Monaten eine Flotte von 100 schweren Kriegsschiffen auf, wobei ihnen ein schiffbrüchiges karthagisches Quinquereme als Vorbild diente. Die rudergetriebenen, 50 Meter langen Quinqueremes konnten 420 Matrosen und Soldaten befördern und boten Kraft, Geschwindigkeit und angemessene Manövrierfähigkeit in Seeschlachten. Außerdem bauten sie 20 kleinere Triremen, die von Rudern und Segeln angetrieben wurden.

Als Neulinge in der Seefahrt konnten die Römer nicht mit der erfahrenen karthagischen Seetaktik konkurrieren, also mussten sie sich etwas einfallen lassen, um ihre überlegenen Kampffähigkeiten ins Spiel bringen zu können. Daher entwickelten sie einen 11 Meter langen *corvus* - eine Gangplanke, die sich am gegnerischen Schiff festhaken ließ - und die es den Römern ermöglichte, an Bord zu gehen und den Nahkampf aufzunehmen, in dem sie hervorragend waren. Die Schiffe trugen auch Katapulte, mit denen sie (oft brennende) Raketen abschießen konnten, die die gegnerischen Schiffe zerschmetterten.

Dieses römische Mosaik aus Tunesien zeigt ein trierisches Schiff – diese waren während der Zeit des Römischen Reiches in Gebrauch.
Mathiasrex, CC BY-SA 3.0 <http://creativecommons.org/licenses/by-sa/3.0/>, via Wikimedia Commons https://commons.wikimedia.org/wiki/File:Romtrireme.jpg

Die brillante Entertaktik des Corvus führte 260 v. Chr. in der Schlacht von Mylae (Milazzo) und 258 v. Chr. in der Schlacht von Sulci, in der die Karthager den unterlegenen Kommandanten kreuzigten, zum sofortigen Sieg über die 130 Schiffe Karthagos. Gestärkt durch diese außergewöhnlichen Erfolge segelten die Römer von Italien aus in Richtung Afrika, um die Hauptstadt ihrer Gegner, das mächtige Karthago, direkt anzugreifen. Dazu fühlten sie sich allerdings erst in der Lage, nachdem sie ihre Flotte auf 330 Schiffe mit 140.000 Mann aufgestockt hatten.

Die Karthager brachten 350 Schiffe auf und fingen die Römer vor der Küste Siziliens in der unvergesslichen Schlacht von Kap Ecnomus ab – der größten Seeschlacht der Geschichte mit 680 Schiffen und 300.000 Mann in den beiden Flotten. Nach einem langen Tag mit verwirrenden Auseinandersetzungen errangen die Römer einen entscheidenden Sieg über Karthago, versenkten 30 ihrer Schiffe und nahmen 64 Kämpfer gefangen, während 24 römische Schiffe verloren gingen. Etwa 10.000 Römer wurden dabei getötet, während die Karthager drei- bis viermal so viele Opfer zu beklagen hatten.

Nach diesem überwältigenden Seesieg segelten die Römer zuversichtlich weiter nach Afrika und gewannen eine Landschlacht nur 10 Meilen südlich von Karthago, wo das unwegsame Gelände die Elefanten des Feindes behinderte. Zum großen Pech der Römer setzten die Karthager unter der Führung des spartanischen Generals Xanthippus mit 100 Elefanten und 4.000 Soldaten zum Gegenangriff an, umzingelten und vernichteten 12.000 Römer und nahmen 500 gefangen. Die 2.000 Römer, die dem Massaker entkamen, wurden von der römischen Flotte aufgenommen und so gerettet, die gerade aus Italien zurückgekehrt war, doch eine weitere Katastrophe bahnte sich an. Als sie auf See waren, versenkte ein heftiger Sturm alle bis auf 80 ihrer 400 Schiffe und ertränkte bis zu 100.000 Männer - der größte Verlust an Menschenleben bei einem einzigen Schiffsunglück in der Geschichte.

Die unbeugsamen Römer kehrten nach Sizilien zurück und eroberten 254 v. Chr. Panormus (Palermo), wo sie alle Bürger versklavten, außer denen, die eine Gebühr von 200 Drachmen zahlen konnten. In der Zwischenzeit besiegte Karthago Acragas und zerstörte es. Rom erlitt einen weiteren vernichtenden Verlust, als 150 weitere Schiffe auf der Rückkehr von einem Raubzug in Nordafrika in einem Sturm versenkt wurden. Zwei karthagische Angriffe auf Sizilien in den Jahren 251 und 250 v. Chr. scheiterten. Beim zweiten Angriff erbeuteten die Römer sogar die Kriegselefanten und schickten sie zur Unterhaltung der Bürger zurück nach Rom.

Doch im folgenden Jahr gewann Karthago eine Seeschlacht, in der 93 der 120 römischen Schiffe gekapert wurden. Die Römer beschuldigten ihren Konsul Claudius Pulcher, ihnen Unglück gebracht zu haben - er hatte seine heiligen Hühner über Bord geworfen, als sie ihm kein gutes Omen gaben, und wurde nach seiner Rückkehr nach Rom wegen Gotteslästerung vor Gericht gestellt. Dann versenkte ein weiterer verheerender Sturm 800 römische Versorgungsschiffe. Inzwischen gingen beiden Seiten die Vorräte, Schiffe und Männer aus. Der ägyptische Pharao Ptolemaios II. lehnte Karthagos Bitte um Hilfe mit 2.000 Männer zur Unterstützung seiner Truppen entschieden ab.

Hamilcar (Hannibals Vater) galt zu dieser Zeit als bemerkenswerter neuer Flottenkommandeur, er war gerade von Karthago befördert worden. Er unternahm brutale Raubzüge an der italienischen Küste und begab sich dann 244 v. Chr. nach Sizilien, um die römischen Streitkräfte zu bedrängen. Für seine schnellen Guerillataktiken, die es ihm ermöglichten, Eryx zu erobern und zu seinem Stützpunkt zu machen, erhielt er den Spitznamen *Barca* (Blitz). Innerhalb von zwei Jahren baute Rom seine Flotte auf 200 Schiffe aus, mit denen es die karthagische Flotte auf sensationelle Art und Weise besiegte: 50 Schiffe wurden versenkt, 70 gekapert und dabei 10.000 Kriegsgefangene gemacht. Nach zwei Jahrzehnten des Krieges war das gedemütigte Karthago gezwungen, 241 v. Chr. um Frieden zu bitten - es zog sich vollständig aus Sizilien zurück und zahlte Rom 3.200 Talente Silber. Damit wurde Sizilien zur ersten römischen Provinz vor der Küste.

Dieser Sieg bedeutete auch den Gewinn der großen Insel Sardinien im Osten Italiens, die von den seefahrenden Phöniziern aus dem Libanon etwa zu der Zeit besiedelt worden war, als sie Karthago gründeten. Später hatte Karthago die Kontrolle über diese Kolonien übernommen und neue Kolonien errichtet. Nach dem Ende des Ersten Punischen Krieges revoltierten diese Kolonien und ermöglichten es Rom, die gesamte Insel ohne Widerstand zu besetzen.

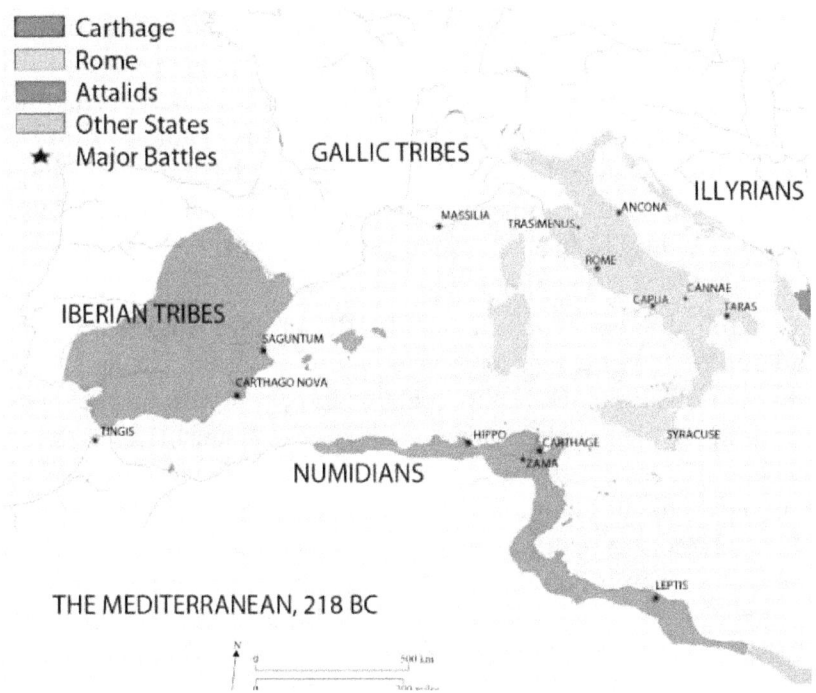

Diese Karte zeigt die Territorien, die Rom und Karthago kurz vor dem Zweiten Punischen Sieg besaßen.
https://commons.wikimedia.org/w/index.php?curid=93770825

Der Zweite Punische Krieg begann in Spanien, wo Karthago bereits seit mehreren hundert Jahren Kolonien gegründet hatte. Der Sieger Hamilcar Barca dehnte die karthagische Herrschaft über fast die Hälfte der Iberischen Halbinsel aus, und sein Sohn Hannibal wurde 221 v. Chr. zum Oberbefehlshaber Iberiens. Auf Anraten Roms widersetzte sich die Stadt Saguntum an der Ostküste Spaniens der karthagischen Kontrolle. Hannibal schlug 219 v. Chr. brutal zurück und belagerte Saguntum, während Rom durch einen illyrischen Aufstand abgelenkt war. Trotz einer schweren Speerwunde eroberte Hannibal Saguntum in acht Monaten und tötete jeden Erwachsenen in der Stadt.

Rom war wütend und erklärte Hannibal den Krieg. Der Zweite Punische Krieg (auch Hannibalischer Krieg) war ein Kampf zwischen dem furchterregenden karthagischen Feldherrn Hannibal und seinem Erzfeind, dem großen römischen Feldherrn Scipio, der wegen seiner überwältigenden militärischen Triumphe in Nordafrika den Ehrennamen *Africanus* erhielt.

Wie Hannibal scharfsinnig vorausgesehen hatte, schickte Rom 60 Kriegsschiffe unter Scipios Kommando nach Spanien - doch als diese eintrafen, führte Hannibal bereits seinen unglaublichen Überraschungsfeldzug weit weg im Norden Spaniens durch. Mit 90.000 Fußsoldaten, 12.000 Reitern und 37 Elefanten marschierte er die spanische Küste hinauf, kämpfte gegen die ansässigen Stämme, überquerte die 11.000 Fuß hohen Pyrenäen nach Gallien (Frankreich) und rückte gegen die Alpen vor.

Hannibal näherte sich dem Fluss Rhone und wusste, dass auf der anderen Seite ein gallischer Stamm auf ihn wartete. Er lenkte seinen Leutnant Hanno um, und befahl ihm, die Rhone 25 Meilen flussabwärts zu überqueren. Hanno marschierte daraufhin flussabwärts und schlich sich hinter die Gallier, deren ganze Aufmerksamkeit Hannibals Männern, Booten und vor allem den Elefanten galt - Kreaturen, die das Bergvolk noch nie gesehen hatte. Die Gallier waren von diesem Anblick gefesselt und bereit, Hannibal anzugreifen, als er mit seiner Flotte von Booten und Flößen den Fluss überquerte. Doch plötzlich starteten Hannos Männer gleichzeitig einen Überraschungsangriff von hinten und schlugen die Gallier in die Flucht, sodass Hannibals Armee den Fluss unbehelligt überqueren konnte.

Nun war es an der Zeit, die 13.000 Fuß hohe Isère-Region der Alpen zu erobern, bevor der Winterschnee einsetzte. Je nachdem, welche Route er wählte - und darüber streiten sich die Gelehrten noch immer - war der Alpenpass, den die Armee überqueren musste, zwischen 1.981 und 2.896 Metern hoch. Während sich die Männer, Pferde und Elefanten die steilen Hänge hinaufquälten, warfen wilde Bergstämme Felsbrocken auf sie.

Diese Stelle könnte der Ort gewesen sein, an dem der Erdrutsch am Col de la Traversette seinen Ursprung hatte, dieser liegt 3,000 Meter über der Meeresüberfläche.
Luca Bergamasco, CC BY 3.0 <https://creativecommons.org/licenses/by/3.0>, via Wikimedia Commons https://commons.wikimedia.org/wiki/File:ColleTraversette2007.jpg

Hannibals Abstieg über die Alpen auf der italienischen Seite war frei von Angriffen durch menschliche Gegner, war aber gleichzeitig steiler und tückischer, mit tiefem Schnee und einem schmalen, vereisten Pfad entlang der Bergkante – ein einziger Fehltritt konnte dazu führen, dass Menschen oder Tiere eine Meile tiefer fielen und auf die Felsen hinunterstürzten. An einer Stelle versperrte ihnen ein Erdrutsch den Weg. Hannibal versuchte, einen Umweg zu finden, aber der schwere Schnee war unpassierbar. Schließlich räumten sie die Felsen vom Berghang weg, um einen ebenen Weg zu schaffen, und brachten die Männer, ihre Pferde und Packesel hinunter zur Baumgrenze jenseits des Schnees. Es dauerte weitere drei Tage, bis sie die ausgehungerten Elefanten erfolgreich hinuntergebracht hatten.

Hannibal kam unerwartet mit den Resten seiner Armee – 20.000 Fußsoldaten, 6.000 Soldaten und einer unbekannten Anzahl von Elefanten – in Italien an. Die Gallier in Norditalien, die auf eine weitere Gelegenheit warteten, Rom anzugreifen, schlossen sich Hannibal und den Karthagern an. Hannibal nutzte die mangelnde Kampfbereitschaft Roms schnell aus und besiegte die Römer in zwei verheerenden Schlachten in Norditalien im Dezember 218 und in einer dritten Schlacht im Juni 217 v. Chr. am Trasimenischen See in Mittelitalien - in dieser schrecklichen Schlacht wurden 15.000 Römer getötet und 10.000 gefangen genommen.

Der unaufhaltsame Hannibal führte im August 216 v. Chr. einen spektakulären Feldzug gegen ein viel größeres römisches Heer von 80.000 Soldaten gegen 50.000 Karthager in Cannae, das im Absatz des italienischen Stiefels liegt, an. 50.000 Römer wurden in dieser Schlacht abgeschlachtet im Vergleich zu 5.700 Opfern (auf Seiten der Gegner). Dies veranlasste die meisten süditalienischen Stadtstaaten dazu, zu Karthago überzulaufen, während die Lateiner und andere Stämme in Mittelitalien Rom treu blieben.

Rom erkannte, dass Hannibal durch seine innovativen Strategien in der Schlacht unbezwingbar war. Stattdessen musste eine neue Strategie entwickelt werden: Rom wollte seine Flotte einsetzen, um so den Zugang zu neuen Vorräten und Arbeitskräften zu unterbinden und Hannibal durch diese Taktik langsam zu zermürben. In der Zwischenzeit erzielte General Scipio Africanus 209 v. Chr. einen überwältigenden Sieg in Spanien, währenddessen er Karthagos Schatzkammer und Nachschubbasis eroberte.

Der unternehmungslustige Scipio, der 205 v. Chr. zum Konsul gewählt wurde, wandte seine Aufmerksamkeit kurz darauf nach Afrika. Mit 440 Schiffen und 30.000 Soldaten segelte er nach Tunesien, während Karthago eine Streitmacht von 30.000 Fußsoldaten und 3.000 Reitern unter der Führung von General Gisgo aufstellte. Scipio griff mitten in der Nacht mit zwei römischen Divisionen an, die von entgegengesetzten Seiten heranrückten, und vernichtete die karthagischen Truppen. Immerhin gewann Karthago die Unterstützung der afrikanischen Numidier (einem Berberstamm), die von Scipios hervorragender Kavallerie überrascht und überwältigt wurden.

Da er voraussah, dass Rom den Konflikt gewinnen würde, lief der gewitzte numidische König Masinissa während der Kämpfe zu Rom über und brachte Karthago so in große Gefahr - die Stadt war durch seine ehemaligen Verbündeten betrogen wurden und war deswegen verwundbar. Hannibal eilte von Italien nach Karthago, um seine Heimat zu verteidigen, und stellte sich 202 v. Chr. in der entscheidenden letzten Schlacht von Zama Scipio entgegen.

Die Römer und die Karthager mussten in der Schlacht von Zama den Angriff der Kriegselefanten abwehren.

https://commons.wikimedia.org/wiki/File:Schlacht_bei_Zama_Gem%C3%A4lde_H_P_Motte.jpg

Obwohl Hannibals Truppen ihren Gegnern zahlenmäßig unterlegen waren, kämpften sie erbittert um ihre Stadt, doch Scipio lenkte die 80 karthagischen Kriegselefanten geschickt durch seine Reihen, ohne sie zu verletzen, und trieb sie dann in einem Angriff zurück, der Hannibals Männer in Bedrängnis brachte. Während die Karthager damit beschäftigt waren, die Elefanten zu bändigen, umkreisten die römischen und numidischen Reiter die Rückseite von Hannibals Truppen und drängten sie zwischen die römischen Fußsoldaten an der Spitze des Heeres.

Rom siegte; 20.000 Karthager kamen in dem Blutbad um, während Rom 5.000 Opfer einbüßen musste. Karthago gab sich geschlagen; zu den Kapitulationsbedingungen der Römer gehörte der Befehl, dass Karthago seine Flotte auflöste, und sich verpflichtete, ohne Erlaubnis Roms keinen Krieg gegen irgendjemanden zu führen, und 50 Jahre lang einen jährlichen Tribut von 200 Talenten in Gold als Kriegsentschädigung an Rom zu zahlen.

Hannibal ging nach Ephesus ins Exil, und Karthago bezahlte 50 Jahre lang seine Kriegsschulden und pflegte freundschaftliche Beziehungen zu Rom - es verbündete sich sogar in mehreren Feldzügen im Ausland mit der römischen Armee. Aber die Karthager ärgerten sich über die Einschränkungen, die ihnen Rom durch das

Kriegsverbot auferlegte. Ihnen war der Krieg gegen die Numidier verboten, die unter ihrem König Masinissa immer mehr Gebiete um Karthago herum erobert hatten. Nachdem die Hälfte ihres Territoriums erobert worden war, schickten die Karthager schließlich im Jahr 150 v. Chr. 31.000 Mann zur erfolglosen Verteidigung der Stadt Oroscopa; die meisten dieser Männer wurden dort von den Numidiern abgeschlachtet.

Die Römer waren der Ansicht, dass dieser Akt der Aggression gegen einen Verbündeten Roms ohne Erlaubnis gegen den Vertrag verstieß, auch wenn Karthago eine andere Sicht der Dinge darlegte. Cato, einer der römischen Zensoren, gehörte zu einer Gesandtschaft, die aus mehreren Senatoren bestand und die Karthago 152 v. Chr. besuchte, um mit der Stadt und König Masinissa über den Frieden zu verhandeln. Der Veteran des Zweiten Punischen Krieges war schockiert über den Reichtum, den Karthago angehäuft hatte - seit es nicht mehr all seine Arbeitskräfte und Finanzmittel für die Eroberung anderer Länder aufwenden musste, hatte Karthago seine Wirtschaft ausgebaut.

Cato sah in der Stadt eine große Bedrohung für Rom. „Carthago delendam est!", rief er aus. „Karthago muss zerstört werden!" Cato prangerte Karthago immer wieder an und beendete alle seine Reden - auch wenn sie sich hauptsächlich auf ganz andere Themen bezogen - mit den Worten „Carthago delendam est!" - „Karthago muss zerstört werden!"

Zunächst wehrte sich der Senat gegen Catos Forderung nach der Zerstörung Karthagos. Der mächtige Senator Corculum, ein Schwiegersohn von Scipio Africanus, argumentierte, dass die Angst vor Karthago die römische Einheit bewahre. Er beendete alle seine Reden mit „Carthago sevanda est!" „Karthago muss gerettet werden!" Als Karthago jedoch König Masinissa und die Numidier angriff, schlug die Debatte im Senat um und der Großteil seiner Mitglieder war auf Catos Seite. Karthago war ohne offizielle Erlaubnis in den Krieg gezogen, und schlimmer noch, gegen einen Verbündeten Roms.

Der Senat schickte eine Botschaft mit einem Ultimatum nach Karthago: Es sollte seine Armee auflösen, seine Waffen abgeben, Karthago verlassen und sich im Landesinneren niederlassen. Karthago lehnte die Bedingungen Roms ab, und der Dritte Punische Krieg begann, als Rom mit 80.000 Fußsoldaten und 4.000 Reitern nach Nordafrika segelte und die 200.000 Einwohner starke Stadt drei Jahre lang belagerte.

Anfänglich hielt Karthago der Belagerung gut stand, da die Stadt von 21 Meilen massiver Mauern umgeben war und auf zwei Seiten vom Meer und auf den übrigen Seiten von Gräben geschützt wurde. Den römischen Streitkräften gelang es nicht, den gesamten Zuschuss an Lebensmitteln in die Stadt zu blockieren. Karthago konterte gegen römische Angriffe mit Feuerschiffen - älteren Schiffen, die in Brand gesteckt und von der Besatzung schnell aufgegeben wurden, und die dann mitten in die römische Flotte segelten und sie in Brand setzten. Auch die umliegenden Städte kapitulierten nicht so schnell, wie Rom gehofft hatte. Trotz anhaltender Angriffe weigerte sich die karthagische Stadt Hippacra, vor Rom zu kapitulieren. Der neue König der Numidier, Bithyas, schickte 800 Reiter zur Unterstützung Karthagos und wandte sich gegen die Römer. Zur Freude der Karthager wurden die Römer außerdem in der Hitze des Sommers 148 v. Chr. von einer Epidemie heimgesucht.

Diese Bronzestatue wurde im Quirinal in Rom gefunden und soll Scipio Aemilianus darstellen.
Carole Raddato from FRANKFURT, Germany, CC BY-SA 2.0 <https://creativecommons.org/licenses/by-sa/2.0>, via Wikimedia Commons https://commons.wikimedia.org/wiki/File:Bronze_statue_of_a_Hellenistic_prince,_1st_half_of_2nd_century_BC,_found_on_the_Quirinal_in_Rome,_Palazzo_Massimo_alle_Terme,_Rome_(31479801364).jpg

Dies war nicht der schnelle und einfache Krieg, den Rom erwartet hatte. Was konnten die Römer tun, um das Blatt zu wenden? Der erste Schritt bestand darin, Scipio Africanus' fähigen Enkel Scipio Aemilianus zum neuen Konsul und Befehlshaber der römischen Streitkräfte zu wählen. Er war etwa fünf Jahre zu jung, um das Mindestalter von 41 Jahren für das Amt des Konsuls zu erreichen, aber Rom setzte sich über die Altersgrenze hinweg, da es sicher war, dass er sich wie sein Großvater im letzten Krieg durchsetzen würde.

Scipio Aemilianus machte sich sofort an die Arbeit und baute eine verbesserte Belagerungsmauer und eine Mole (Wellenbrecher) auf der Südseite, die den Zugang zu den Häfen Karthagos versperrte. Die Karthager bauten heimlich 50 neue Kriegsschiffe innerhalb ihrer Mauern, öffneten dann eine zweite Hafeneinfahrt und segelten gegen die römische Flotte aus der Stadt heraus. Die Römer setzten sich gegen die neue Flotte durch und verhinderten erfolgreich, dass die Versorgungsschiffe in die neue Hafenpassage einfuhren. Scipio griff daraufhin unerbittlich die Mauern an und konzentrierte sich auf den Hafen. Im Gegenzug schwammen die Karthager lautlos durch den Hafen und steckten die Katapulte und andere Belagerungswerke Roms in Brand.

Nach drei Jahren durchbrach Rom 146 v. Chr. schließlich die Mauern von Karthago, und die Soldaten strömten in die Stadt und kämpften Straße für Straße und Haus für Haus gegen die Bürger, die ihre Stadt und ihre Häuser erbittert verteidigten. Nach einer Woche des brutalen Nahkampfes war Karthago besiegt. Die 50.000 verbliebenen Bürger wurden in die Sklaverei verkauft, und Karthago wurde geplündert und niedergebrannt. Polybius schrieb, dass Scipio weinte, als er die Stadt brennen sah, da er sich an den Fall Trojas erinnerte und sich möglicherweise fragte, ob Rom das gleiche Schicksal bevorstand.

Der Fall Karthagos bedeutete das Ende dieser großen Stadt und ihrer phönizischen Zivilisation. Abgesehen von einer kurzlebigen römischen Kolonie kurz nach dem Krieg blieben die Ruinen ein Jahrhundert lang verlassen, bis sie von Julius Cäsar und Cäsar Augustus als römische Stadt wieder aufgebaut wurde. Da Karthago keine Konkurrenz mehr darstellte, kontrollierte Rom nun das westliche Mittelmeer und entwickelte sich zu einer Macht des Handels und der militärischen Expansion, die einen Großteil der bekannten Welt beherrschte.

Kapitel 8: Rom gegen Griechenland

Während sich Rom im Zweiten Punischen Krieg mit Hannibal verbündete, war es gleichzeitig in heftige Kriege mit dem makedonischen Königreich, dem Seleukidenreich und dem Achäischen Bund in Korinth verwickelt. Roms Kämpfe mit diesen griechischen Reichen, die von einer komplizierten Politik bestimmt waren, dauerten bis zu dem Jahr an, in dem Karthago am Ende des Dritten Punischen Krieges fiel.

Als das ägyptische Ptolemäerreich ins Wanken geriet, drängten das makedonische und das seleukidische Reich nach vorn, um die Macht zu ergreifen, was mehrere griechische Stadtstaaten dazu veranlasste, den Schutz Roms zu erbitten. Roms Beteiligung am Kampf in diesen östlichen Reichen war weniger ein langfristiger Expansionsplan als vielmehr ein kurzfristiges Ziel in einer unvorhersehbaren Situation, die Roms Bündnisse und Provinzen beeinflusste. In den Makedonischen Kriegen kämpfte Rom zum ersten Mal auf dem griechischen Festland.

Der Erste Makedonische Krieg (214-205 v. Chr.) begann, während Hannibal in Italien Verwüstung verbreitete. Es war Teil seiner Strategie, die Erde zu verbrennen und alles dem Boden gleich zu machen, er wollte die Ressourcen vernichten, die Roms Militärmaschinerie aufrechterhielten: Lebensmittelvorräte, Wasserquellen, Waffenherstellungs- und Transportmöglichkeiten.

König Philipp V. von Makedonien schloss schließlich einen Vertrag mit Hannibal, weil Roms zunehmende Einmischung in Illyrien und Epirus Philipps Pläne zum Aufbau seines Reiches störte.

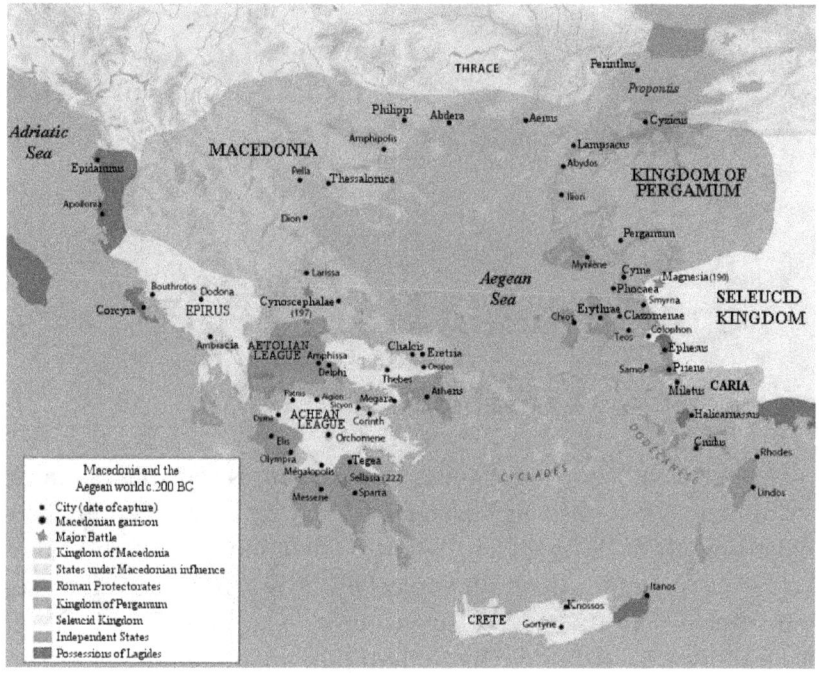

Diese Karte zeigt Makedonien und sein Umfeld kurz vor dem Ausbruch des Ersten Makedonischen Krieges.
https://commons.wikimedia.org/w/index.php?curid=3731726

Philipp nutzte die Krise, in der Rom im Kampf gegen Hannibal steckte, indem er Roms Verbündete an der adriatischen Küste ins Visier nahm. Sein Vertrag mit Karthago sah eine gegenseitige Unterstützung vor - jeder sollte der Feind der Feindes des anderen sein, wobei der Hauptfeind Rom war. Philipps Gesandte hatten sich nach Italien eingeschlichen, um den Vertrag mit Hannibal auszuhandeln; auf dem Rückweg wurden sie von den Römern gefangen genommen, die das Vertragsdokument beschlagnahmten. Die Römer waren nicht besonders besorgt über das Bündnis, sondern entschlossen, Philipp weiterhin an der kurzen Leine zu halten.

Im Jahr 214 v. Chr. begann Philipp eine Belagerung von Apollonia, einer Stadt in Illyrien an der Adria; Rom schickte Verstärkung nach Apollonia und zwang Philipp zum Rückzug. Im folgenden Jahr eroberte Philipp zwei strategisch-wichtige Festungen in Illyrien. Rom brauchte einen Verbündeten in der Region, und der Ätolische Bund - ein griechischer Stammesverband am Golf von Korinth, der Philipp bereits feindlich gesinnt war - schien der beste Kandidat dafür zu sein. König Attalus von Pergamon (Osttürkei) erklärte sich bereit, den Bund zu unterstützen. Rom stellte zu diesem Zweck 25 Kriegsschiffe zur Verfügung, während die Ätolier die Soldaten stellten.

Während Philipp an seinen nördlichen Grenzen einen Feldzug führte, überfiel der Ätolische Bund Akarnanien, Philipps Verbündeten auf dem griechischen Festland. Die Akarnaner eilten mit ihren Frauen und Kindern nach Epirus und schworen, dass sie die Eindringlinge besiegen oder bei dem Versuch sterben wollten. Sie gewannen die Oberhand über die bedrohlichen Eindringlinge, bis sich die römische Flotte einschaltete und die Städte Nasus, Oeniadae und Zacynthus eroberte, die Rom anschließend an den Bund übergab.

Im Jahr 211 v. Chr. eroberten die gemeinsamen Streitkräfte Roms und des Ätolischen Bundes Antizyra am Golf von Korinth. Rom verkaufte die Bevölkerung in die Sklaverei, aber Philipp konnte das Gebiet zurückerobern. Anschließend führte Phillip einen Feldzug zur Vertreibung des Ätolischen Bundes aus Thessalien (an der Westküste Griechenlands) und verbündete sich mit Bithynien (in der heutigen Nordtürkei). Sparta (im äußersten Süden Griechenlands) trat ebenfalls in den Krieg ein und schlug sich auf die Seite Roms und des Ätolischen Bundes, was für Philipp eine große Herausforderung bedeutete.

Philipps gewaltige makedonisch-bithynische Streitkräfte besiegten 209 v. Chr. erfolgreich die ätholisch-spartanische Koalition auf der südgriechischen Halbinsel Peloponnes und überzeugten den Ätolischen Bund, Friedensverhandlungen aufzunehmen, die jedoch scheiterten, als der römische Feldherr Sulpicius mit einer römischen Flotte eintraf. Philipp besiegte die Römer jedoch mit Bravour und nahm Sizilien auf dem Peloponnes ein, bevor er zurück nach Hause eilte, um eine Invasion aus Dardanien an der Nordgrenze Makedoniens abzuwehren.

Im Jahr 208 v. Chr. patrouillierten die Flotten Roms und Attalos' in der Ägäis, doch Phillips Truppen nahmen Attalos beinahe gefangen, nachdem sie durch den Thermopylenpass - das „Tor des Feuers" - geschlüpft waren, eine enge Passage mit heißen Schwefelquellen zwischen dem Berg Kallidromo und dem Golf von Malia. Dann fiel Bithynien in Pergamon ein und zwang Attalos, sich vollständig aus dem Krieg zurückzuziehen, um die Eindringlinge abzuwehren. Roms Flotte legte auf der Insel Ägina an und ließ den Golf von Korinth unverteidigt gegen Philipps Feldzüge zurück; er eroberte mehrere Städte und zog dann auf den Peloponnes, um gegen die Spartaner zu kämpfen.

Die Didrachme von Philip V von Makedonien wird im Britischen Museum ausgestellt.
https://commons.wikimedia.org/wiki/File:Philip_V_of_Macedon_BM.jpg

Rom zog sich aus der Ägäis zurück und konzentrierte sich stattdessen auf den Schutz der Küste Illyriens an der Adria, was von Anfang an sein Hauptziel war. Nach dem Rückzug von Attalos und dem Rückzug Roms an die Adria waren die Ätolier und die Spartaner die einzigen Herausforderer für Philipp und seine griechischen Verbündeten. Hauptmann Philopoemen aus Megalopolis auf dem Peloponnes besiegte die Spartaner und tötete ihren Anführer Machanidas. Nun waren die Ätolier Philipps grausamen Angriffe hilflos ausgeliefert - er vertrieb sie aus Thessalien und von den Ionischen Inseln und plünderte Thermum, die Hauptstadt ihres Bundes.

Unter dem Druck Philipps und ohne die Unterstützung Roms bat der Ätolische Bund um Frieden und Rom verlangte, dass es ein Heer von 10.000 Fußsoldaten und 1.000 Reitern nach Illyrien entsandten, aber der Bund weigerte sich, mit Rom gegen Philipp zu kämpfen. Als Philipp erkannte, dass Karthago den Zweiten Punischen Krieg verlieren würde, beschloss er, dass es in seinem besten Interesse war, den Krieg, bevor dies geschah, zu beenden - solange er noch im Vorteil war.

Die Makedonier, Ätolier und Römer schlossen 205 v. Chr. den Frieden von Phönizien und beendeten damit den Ersten Makedonischen Krieg. Philipp hatte seine Macht auf das griechische Festland und das Binnenland Illyriens ausgedehnt, während Rom damit zufrieden war, dass die illyrische Küste nicht mehr bedroht wurde. Der Vertrag hatte fünf Jahre lang Bestand, bis Rom schließlich Hannibal besiegte und damit den Zweiten Punischen Krieg beendete.

Der Zweite Makedonische Krieg wurde durch einen Geheimpakt ausgelöst (200-197 v. Chr.). König Ptolemaios IV. von Ägypten starb 204 v. Chr. und wurde von seinem sechsjährigen Sohn Ptolemaios V. beerbt. Dies führte zu einem Chaos und Verwirrung darüber, wer der neue Regent sein sollte, während der Junge heranwuchs. Philipp V. von Makedonien schmiedete mit Antiochus dem Großen vom Seleukidenreich einen Plan, um das verwundbare ägyptische Reich zu erobern. Im Erfolgsfall sollte Philipp Kyrene und die Gebiete am Ägäischen Meer erhalten, während Antiochus Ägypten und Zypern für sich beanspruchen wollte.

Bevor er sich mit Ägypten anlegte, wollte Philipp die griechischen Kolonien an der Grenze zu Makedonien in Thrakien und an der Meerenge der Dardanellen unterwerfen. Seine meisterhafte Eroberung von Chios in der Ägäis beunruhigte die Nachbarn Rhodos und Pergamon, die Chios für sich hatten beanspruchen wollten. Währenddessen pflügte Antiochus durch Coele-Syrien und eroberte Damaskus, Sidon und Samaria.

Alarmiert bat der Ätolische Bund Rom um Hilfe im Kampf gegen Phillip und Antiochus, doch Rom ignorierte diese Bitte zunächst.

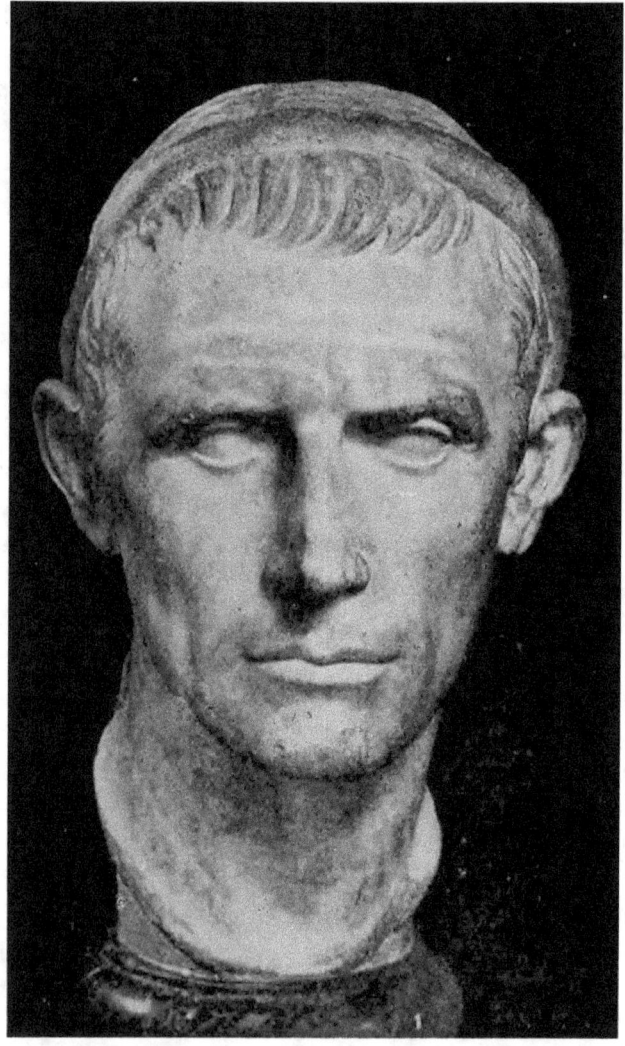

Antiochus III (Der Große), der Herrscher des Seulekidischen Reiches, verschwor sich mit Philip V, um das ägyptische Reich zu teilen.
Photo: Bruckmann, CC0, via Wikimedia Commons
https://commons.wikimedia.org/wiki/File:Greece_from_the_Coming_of_the_Hellenes_t o_AD._14,_page_287,_Antiochus_III.jpg

Im Jahr 201 v. Chr. belagerte Phillip die Insel Samos, Ägyptens Marinestützpunkt, und eroberte die Insel Milet - beide in der Ägäis. In der Zwischenzeit besiegte Antiochus die Anatolier in der Schlacht von Panium am Oberlauf des Jordans und beendete damit die ägyptisch-ptolemäische Herrschaft in Judäa. Die Juden öffneten Antiochus die Tore Jerusalems - sie zogen die seleukidische Herrschaft der ägyptischen vor. Sie ahnten dabei nicht, dass sein Sohn Antiochus Epiphanes (Gott manifestiert) - von seinen Feinden jedoch Antiochus Epimames (der Verrückte) genannt - ein Götzenbild des Zeus aufstellen und ein Schwein im heiligen Tempel Jerusalems opfern würde, was diesen entweihen und zum Makkabäeraufstand führen sollte.

Inzwischen hatte Rom seinen letzten, siegreichen Krieg gegen Karthago hinter sich gebracht. Die Römer glaubten immer noch nicht, dass Phillip und Antiochus ihre Interessen bedrohten, aber sie schickten den Feldherrn Laevinus, um zu erkunden, ob es einen „legitimen" Grund für einen Krieg gab. Schließlich stellte Rom Philipp ein Ultimatum: Er konnte Makedonien und Thrakien behalten, musste sich aber aus Griechenland zurückziehen und seine Aggressionen in anderen Gebieten - insbesondere in Ägypten - einstellen.

Philipp ignorierte Roms Ultimatum, das er erhielt, als er Abydos - den Grenzübergang zwischen Europa und Asien - in den Dardanellen belagerte. Er warnte Abydos davor, dass seine Mauern in drei Tagen gestürmt würden; jeder, der sich ergeben oder Selbstmord begehen wolle, müsse dies bis dahin tun. Die Bürger töteten ihre Frauen und Kinder, warfen ihr Gold und ihre Juwelen ins Meer und kämpften dann gegen Philipps Armee, bis die Stadt fiel.

Zu diesem Zeitpunkt stimmte der römische Senat unter dem Einfluss des neuen Konsuls Sulpicius schließlich für den Krieg gegen Phillip. Sulpicius versammelte seine Truppen - viele von ihnen waren gerade aus dem Kampf gegen Karthago in Afrika zurückgekehrt - und segelte über die Adria. Phillip und Sulpicius standen sich 200 v. Chr. im Gebiet der Dassaretae gegenüber, doch nach einigen Scharmützeln erhielt Phillip die Nachricht, dass die Dardanier in Makedonien einmarschiert waren, so dass er und seine Männer sich nachts davonschlichen, um seine Grenzen zu verteidigen.

Die Römer waren sehr überrascht, als sie am nächsten Morgen aufwachten und feststellten, dass Philipps Truppen verschwunden waren. Sulpicius verfolgte Phillip und verwüstete unterwegs sein

Land. Philipp schickte die Hälfte seines Heeres in den Norden, um gegen Dardanien zu kämpfen, und führte die andere Hälfte nach Süden, um dort auf Sulpicius zu treffen. Inzwischen hatte Sulpicius jedoch kehrt gemacht und war wieder auf seiner Flotte unterwegs, um die makedonischen Militärstützpunkte anzugreifen.

In Rom wurden unterdessen die Wahlen für die nächsten beiden Konsuln abgehalten. Konsul Villius wurde nach Corcyra entsandt, um Sulpicius zu ersetzen. Bei seiner Ankunft traf Villius auf 2.000 verärgerte Veteranen des Dritten Punischen Krieges, die sich darüber ärgerten, dass ihnen keine Pause zwischen den Kriegen gegönnt worden war. Villius verbrachte den größten Teil seiner einjährigen Amtszeit damit, das römische Militär wieder in Ordnung zu bringen, dann wurden zwei neue Konsuln gewählt.

Der neu gewählte Titus Quinctius Flamininus, der nur 31 Jahre alt (viel jünger als das für Konsuln vorgeschriebene Mindestalter von 41 Jahren), gewann den Streit um Makedonien. Er vertrieb Philipp schnell aus dem größten Teil Griechenlands und stand ihm schließlich auf dem Schlachtfeld gegenüber, in der Schlacht von Aous in Albanien. Das makedonische Heer befand sich in einer vermeintlich uneinnehmbaren Stellung hinter einem Pass, doch ein Hirte zeigte den Römern einen geheimen Weg, der zur Rückseite ihrer Stellung führte, so dass sie einen Überraschungsangriff starten konnten, der 2.000 makedonische Opfer forderte.

Flamininus' Amtszeit ging zu Ende, aber er hatte sich so gut geschlagen, dass Rom ihn zum Prokonsul ernannte und ihm die Vollmacht erteilte, den Kampf gegen Phillip fortzusetzen. In der Schlacht von Cynoscephalae (197 v. Chr.), die gegen Philipp in Thessalien geführt wurde, hatte Flamininus 20 seiner eigenen Kriegselefanten dabei! In der Morgendämmerung konnte niemand etwas sehen, da dichter Nebel die Hügel und Täler bedeckte, in denen die beiden Armeen aufeinandertrafen. Doch die Elefanten überrannten die makedonische Phalanx, und mindestens 8.000 Makedonen wurden getötet. Philipp bat um Frieden und wurde gezwungen, die griechischen Gebiete, die er erworben hatte, aufzugeben und innerhalb seiner Landesgrenzen zu bleiben.

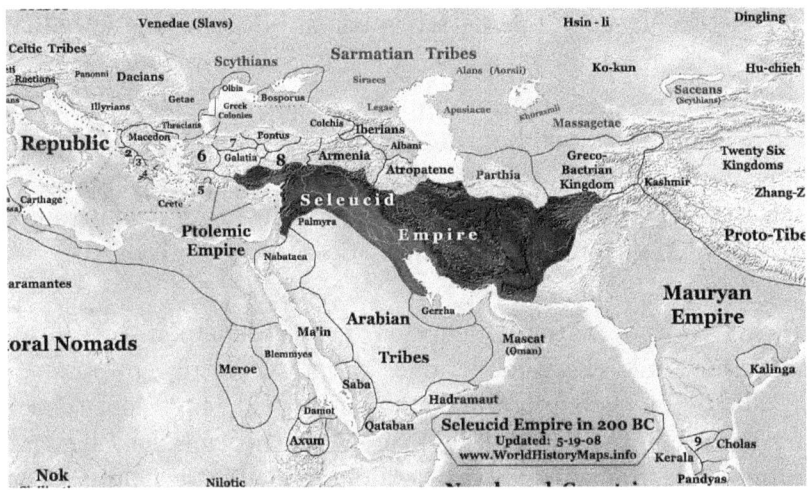

Diese Karte zeigt das Seulekidische Reich im Jahr 200 v. Chr., kurz vor dem Krieg gegen Rom.

Thomas Lessman (Contact!), CC BY-SA 3.0 <https://creativecommons.org/licenses/by-sa/3.0>, via Wikimedia Commons, https://commons.wikimedia.org/w/index.php?curid=4079843

Nach der Unterwerfung Philipps richtete Rom seine Aufmerksamkeit auf seinen Mitverschwörer Antiochus den Großen aus dem Seleukidenreich. Rom hatte kein Problem damit, dass Antiochus sein bisheriges Reich zusammen mit Ägypten behielt, aber es wollte ihn aus Thrakien heraushaben. Antiochus war der Meinung, Thrakien gehöre ihm – es hatte einmal für kurze Zeit zum Reich seiner Vorfahren gehört.

Der Ätolische Bund in Griechenland, ein ehemaliger Verbündeter Roms, stand Rom nun feindlich gegenüber und verbündete sich mit Antiochus. Sie luden Sparta und Makedonien dazu ein, sich ihnen bei diesem Vorhaben anzuschließen. König Nabis von Sparta, der sich darüber ärgerte, dass Rom seine Küstenstädte eingenommen hatte, schloss sich den Ätoliern bereitwillig an. König Philipp V. wagte es nicht, den Zorn Roms erneut auf sich zu ziehen; stattdessen unterstützte er Rom im Kampf gegen Antiochus.

Im Jahr 192 v. Chr. gewann Nabis von Sparta mehrere seiner Küstenstädte zurück. Doch General Philopoemen vom Achäischen Bund (griechische Stadtstaaten auf der südlichen Halbinsel Peloponnes) überwältigte ihn und jagte ihn zurück nach Sparta. Nabis wandte sich an den Ätolischen Bund. In einem abscheulichen Akt des Verrats schickte man 1.000 Fußsoldaten und 300 Reiter nach Sparta, scheinbar um dem König zu helfen, doch als die Kämpfer ankamen, ermordeten sie ihn stattdessen.

In der Zwischenzeit versammelte Antiochus seine Streitkräfte und segelte mit 10.000 Soldaten, 500 Reitern und sechs Elefanten nach Griechenland, wo er in Demetrius landete und den Achäischen Bund angriff. Rom entsandte sofort zwei Legionen und vertrieb Antiochus innerhalb von sechs Monaten aus Griechenland.

Der Krieg verlagerte sich nun nach Kleinasien, wo Rom, verbündet mit Pergamon und Rhodos, seine imposanten Streitkräfte unter dem Kommando von Lucius Scipio und seinem Bruder Scipio Africanus (Held des Zweiten Punischen Krieges) entsandte. Hannibal hatte sich darauf eingelassen, für Antiochus zu kämpfen; nun befehligte er die beeindruckende neue seleukidische Flotte, die er in Phönizien errichtet hatte. Die rhodische Flotte fing Hannibal jedoch ab und besiegte ihn, so dass nur die Hauptflotte des Antiochus in Ephesus verblieb.

In der darauffolgenden Seeschlacht verlor Antiochus die Hälfte seiner Flotte, die von den Schiffen Roms und Rhodos entweder versenkt oder gekapert wurde. Die letzte Auseinandersetzung zwischen Antiochus und Rom gipfelte in Magnesia in Thessalien, wo die Hälfte der seleukidischen Armee vernichtet wurde. Antiochus erklärte sich um 188 v. Chr. bereit, seine Städte in Kleinasien an Rom zu übergeben und eine Kriegsschuld von 15.000 Talenten an Rom und 4.000 Talenten an Pergamon zu zahlen. Trotz dieser Niederlage war Antiochus weiterhin der mächtige König des Seleukidenreichs, das sich von Ägypten im Osten bis nach Persien (Iran) und nach Norden bis zum Taurusgebirge in der heutigen Türkei erstreckte.

Im Jahr 171 v. Chr. wurde Rom erneut in den Dritten Makedonischen Krieg verwickelt. Philipp war gestorben und hinterließ seinen skrupellosen und unternehmungslustigen Sohn Perseus als König von Makedonien. Perseus war nie dazu bestimmt, König zu werden - er war der Sohn einer Konkubine, und sein Bruder Demetrius, der Sohn von Philipps Frau, war der rechtmäßige Erbe. Aber Rom hatte sich Demetrius als kleines Kind als Geisel genommen - als Teil des Friedensabkommens zur Beendigung des Zweiten Makedonischen Krieges.

Perseus erwartete, den Thron zu besteigen, aber fünf Jahre später gab Rom Demetrius an seinen Vater zurück. Als Demetrius erwachsen wurde, schickte Philipp ihn als Botschafter in den römischen Senat. Die Römer mochten Demetrius, und er genoss die Hochachtung des Senats. Perseus war wahnsinnig eifersüchtig auf die herausragenden diplomatischen Leistungen seines Halbbruders und wusste, dass Demetrius wahrscheinlich der nächste König werden würde. Wie also konnte er ihn loswerden?

Perseus versuchte, Demetrius durch bedauerliche Intrigen zu ruinieren; als dies nicht gelang, beschuldigte er Demetrius fälschlicherweise, ihn töten zu wollen. Als ihm niemand glaubte, manipulierte er Philipps General Didas, um Demetrius des Verrats mit Rom gegen Makedonien zu beschuldigen - und zeigte als „Beweis" einen gefälschten Brief von Flamininus. Philipp fiel auf diese List herein und brachte Demetrius in Didas' Gewahrsam. Perseus gaukelte Didas dann vor, Philipp habe Demetrius' Tod angeordnet – und tatsächlich wurde er daraufhin heimlich getötet.

Nun war Demetrius tot, Phillip war tot, und Perseus war König - und er hasste Rom. König Perseus verbündete sich strategisch-geschickt mit dem Seleukidenreich, indem er die Tochter des Königs Seleukos, Laodike, heiratete. Für seine Schwester Apame IV. arrangierte er eine Heirat mit ihrem Cousin Prusias II. von Bithynien, dem Verbündeten Makedoniens im Ersten Makedonischen Krieg.

Allerdings griff König Abrupolis von Thrakien Makedonien plötzlich und unerwartet an, verwüstete das Land und eroberte seine Goldminen. Perseus schlug zurück und vertrieb Abrupolis aus Makedonien. Obwohl Perseus zu Recht sein eigenes Land verteidigte, war Rom beleidigt, weil er seinen Verbündeten besiegte.

Perseus vergrößerte sein Militär und verbündete sich mit König Cotys IV, dem Herrscher über den größten Staat Thrakiens. Er verbreitete Propaganda und behauptete, er könne Griechenland reformieren und seinen legendären Reichtum und seine Macht wiederherstellen. Seine Großzügigkeit gegenüber den griechischen Staaten und Städten und deren Unterstützung veranlasste die Menschen dazu, ihm zu vertrauen; sie sahen ihn als einen der ihren, einen Revolutionär, der sich von der Übermacht Roms befreien wollte.

In der Zwischenzeit war König Eumenes II. von Pergamon (Makedoniens Nachbar im Osten) in Rom, um Feindseligkeit gegenüber Perseus zu sähen - und wies scharfsinnig auf seinen Einfluss, seine Heiratsbündnisse und seine Anhäufung von Waffen für den Krieg hin. Perseus beschloss, sich zu rächen, indem er Eumenes ermordete. Sein Plan, Eumenes zu töten, schlug fehl, aber Rom hörte davon, erklärte Perseus zum Staatsfeind Nummer eins und stimmte für einen Krieg gegen Makedonien ab.

Im Jahr 171 v. Chr. eroberte Perseus triumphierend alle wichtigen Städte in Nordthessalien. In der Zwischenzeit führte der römische Befehlshaber Publius Licinius seine Truppen in einem Gewaltmarsch von Epirus durch tückische Berge zur thessalischen Hauptstadt Larissa. Eumenes von Pergamon schloss sich ihm mit 4.000 Fußsoldaten und 1.000 Reitern an. In der Schlacht von Kallinikus zog sich Perseus von den römischen Truppen zurück, erklärte jedoch den Sieg der Makedonen für sich, da Rom 2.000 Männer verlor, während die Makedonen 400 Verluste hinnehmen mussten.

Wenig später hatten die meisten Römer ihr Lager verlassen, um das reifende Getreide in der Region zu ernten. Perseus überraschte sie mit einem Überfall auf ihr Lager und erbeutete Vorräte und 600 Männer. Publius Licinius eilte mit seinen Männern und Elefanten in die Gegend, griff Perseus an und schloss seine schwere Infanterie in einem engen Durchgang ein. In dieser tödlichen Schlacht starben 8.000 Makedonier und 4.000 Römer wurden getötet.

In der entscheidenden Schlacht von Pydna an der Küste Makedoniens 168 v. Chr. erlitt Perseus eine vernichtende Niederlage gegen den talentierten neuen römischen Feldherrn Aemilius Paullus. Der feige Perseus gab die Schlacht frühzeitig auf und überließ es den Römern, 20.000 seiner Männer zu töten und 11.000 gefangen zu nehmen. Die Beute von Pydna war so wertvoll, dass die überglücklichen römischen Bürger eine massive Steuererleichterung erhielten. Die Römer jagten Perseus auf seiner Flucht bis auf die Insel Samothrake. Die Inselbewohner lieferten ihn aus, und Perseus wurde in Ketten nach Rom geschleppt.

A ROMAN TRIUMPH.

Nach seinen bemerkenswerten militärischen Erfolgen hielt Rom einen "Triumph" ab – es handelte sich dabei um eine große Prozession durch die Straßen, bei der die Gefangenen und die geplünderten Schätze dem Volk vorgeführt und die Sieger mit Lorbeerkronen auf dem Kopf gefeiert wurden.
https://commons.wikimedia.org/wiki/File:A_Roman_Triumph.png

Der darauffolgende Triumph (Feier eines militärischen Sieges) in Rom war der prächtigste, den die Römer je gesehen hatten - er dauerte drei Tage und zeigte Perseus in Ketten und Trophäen des Krieges, darunter Perseus' Streitwagen, begleitet von übermütigen Soldaten, die Lorbeeren trugen. Der spektakuläre Sieg Roms bedeutete das Ende der antigonidischen Dynastie in Makedonien; Rom teilte das Königreich in vier Republiken unter römischer Kontrolle auf.

146 v. Chr. erklärte der Achäische Bund Rom den Krieg - ein selbstmörderischer Akt angesichts der jüngsten Triumphe Roms über Karthago und Makedonien. Obwohl sie früher Verbündete gewesen waren, hegten die Achäer einen bitteren Groll gegen Rom, weil es im Dritten Makedonischen Krieg viele ihrer Bürger als Geiseln genommen hatte. Die Achäer stritten sich mit Rom außerdem über ihren Expansionsdrang, während Rom ihr Land auf ihr ursprüngliches Territorium begrenzen wollte.

Angeführt von ihren Generälen Kritolaos und Diaeus kämpften die Achäer verzweifelt gegen zwei römische Armeen unter der Führung von Prätor Metellus und Konsul Mummius. Von Mummius' verblüffenden Manövern überrumpelt, floh die

Hauptstreitmacht der Achäer unter der Führung von Critolaos nach Scarpheia, wo diejenigen, die keinen Selbstmord begingen, von den Römern getötet oder gefangen genommen wurden. Kritolaos verschwand auf Nimmerwiedersehen. Der Achäische Bund geriet in Panik, und viele Städte kapitulierten sofort.

Ein Teil des Bundes, insbesondere Korinth, scharte sich um Diaeus, als die massiven römischen Streitkräfte unter der Führung von Mummius auf Korinth vorrückten. Innerhalb weniger Stunden wurden die achäischen Truppen, die nicht entkommen waren, entweder gefangen genommen oder getötet. Diaeus floh nach Arkadien, wo er Selbstmord beging. Die meisten Korinther konnten aus der Stadt fliehen, bevor die Römer, die einen Hinterhalt vermuteten, drei Tage später einmarschierten. Die Römer massakrierten alle verbliebenen Männer, versklavten die Frauen und Kinder und plünderten die Stadt, um ihre wertvollen Kunstwerke nach Rom zu bringen; viele wertvolle Stücke wurden in dem Chaos beschädigt oder zerstört.

Der Achäische Bund löste sich auf, und das geschwächte Fundament Griechenlands zerfiel vor Rom. In den nächsten Jahrhunderten wechselten die Stadtstaaten und Königreiche Griechenlands und des übrigen östlichen Mittelmeerraums ständig ihre Bündnisse und waren nicht mehr die unvergleichlichen Weltmächte, die sie einst gewesen waren. Auf dem Gebiet der Religion, der Philosophie, der Literatur und der Kunst übte Griechenland jedoch noch jahrhundertelang einen überragenden Einfluss auf Rom aus.

Kapitel 9: Die Bürgerkriege

In seiner Tirade über den Bürgerkrieg in der *Stadt Gottes* fragte Augustinus spöttisch, warum Rom nach der Ermordung des Gaius Gracchus einen Tempel der Eintracht errichtet hatte. „Warum haben sie nicht stattdessen einen Tempel der Zwietracht gebaut?" Das antike Rom führte in der Zeit der Republik epische Eroberungskriege, doch die grausamen Blutbäder, die Rom auf eindrucksvolle Weise veränderten, waren später der Grund dafür, dass es zu inneren Konflikten und Kämpfen im Inneren Roms kam.

Die sozialen Unruhen in Rom waren hauptsächlich durch Konflikte über den Landbesitz der Bewohner ausgelöst worden. Das *ager publicus* (öffentliches Land), das Rom durch die Eroberung neuer Gebiete erwarb, wurde in der Regel an Aristokraten verteilt, die auch das Land konfiszieren durften, das die Bauern bearbeiteten, und so große Plantagen schufen, die von Sklaven bewirtschaftet wurden. Die unglücklichen Bauern hatten dadurch keine Möglichkeit mehr, ihren eigenen Lebensunterhalt zu bestreiten. Sie konnten sich auch nicht dem Militär anschließen, weil sie keine Landbesitzer waren, doch das Militär brauchte dringend mehr Männer.

Die Brüder Gracchi, Tiberius und Gaius, setzten sich für soziale Reformen ein. Sie traten dafür ein, den Besitz öffentlicher Ländereien für jeden einzelnen Menschen auf etwa 325 Morgen zu begrenzen und den Rest des Landes an die vertriebenen Bauern und Kriegsveteranen zu verteilen, deren Land oft gestohlen wurde, während sie im Ausland kämpften. Tiberius wurde 133 v. Chr. zum Tribun der Plebs gewählt, doch die aristokratischen Senatoren, die den Verlust ihrer Ländereien fürchteten, hetzten einen brutalen Mob auf, der Tiberius und 300 seiner Anhänger zu Tode prügelte.

Zehn Jahre später wurde Gaius zum Tribun gewählt, und wieder hetzten die heimtückischen Senatoren einen Mob auf ihn, um ihn zu töten - doch er beging vorher Selbstmord. Der Tod der Brüder war nicht umsonst - ihre Sache wurde in den kommenden Jahrzehnten von vorausschauenden Politikern leidenschaftlich weiter vertreten.

Gaius Marius war ein römischer Kriegsheld und Politiker, der siebenmal zum Konsul gewählt wurde.
Diego Delso, CC BY-SA 3.0 <https://creativecommons.org/licenses/by-sa/3.0>, via Wikimedia Commons
https://commons.wikimedia.org/wiki/File:Glyptothek,_M%C3%BAnich,_Alemania,_2013-02-02,_DD_19.JPG

Gaius Marius - ein aufsteigender Stern in der römischen Politik - begann seine glänzende Karriere als plebejischer Militärtribun und war mit Julia verheiratet, der Tante von Julius Cäsar. Nachdem Jugurtha den Thron von Roms Verbündetem Numidien (heute Algerien in Afrika) gewaltsam an sich gerissen hatte, verwickelte Rom den Prätendenten in einen Krieg. Marius gelang ein sensationeller Sieg, nachdem Jugurtha die Römer vom Fluss - ihrer Wasserversorgungsquelle - abgeschnitten und sie in der Wüste in kleine Gruppen aufgeteilt hatte. Marius bildete eine einheitliche Kolonne von 2.000 Soldaten, die die Numidier durchbrach und sie erfolgreich zum Rückzug zwang.

Als Marius 107 v. Chr. zum Konsul gewählt wurde, brauchte er mehr Soldaten für seine Armee, musste aber feststellen, dass die militärischen Reserven Roms erschöpft waren, da nur Landbesitzer im Militär dienen konnten. Marius überzeugte den Senat davon, seine Armee von den Landanforderungen zu befreien. Mit seinen neuen Truppen marschierte Marius durch die afrikanische Wüste und drängte Jugurtha unerbittlich nach Südwesten in Richtung Mauretanien. Marius' gewiefter Befehlshaber der Kavallerie - Lucius Cornelius Sulla - überzeugte König Bocchus von Mauretanien, Jugurtha an Rom auszuliefern, was Bocchus auch tat und Numidien an Mauretanien anschloss.

Während Marius in Afrika weilte, kamen aggressive Stämme aus Dänemark und Deutschland - die Kimbern, Teutonen und Ambronen - ins Rhonetal und plünderten Siedlungen an der Nordgrenze Italiens. Als Marius 104 v. Chr. erneut zum Konsul gewählt wurde, kehrte er aus Afrika zurück, während Jugurtha in Ketten lag, und machte sich dann mit Sulla auf den Weg zu den italienischen Alpen, um die wilden germanischen Stämme zu vertreiben.

Die legendäre Schlacht von Aquae Sextiae begann zufällig, als die Römer beim Wasserholen auf die Ambronen trafen, die in demselben Bach badeten. In einer spontanen Schlacht töteten die Römer 30.000 Ambronen. Eine gemeinsame Streitmacht von Teutonen und Ambronen griff am nächsten Tag zum Gegenangriff an, und 37.000 gut ausgebildete Römer schlachteten mindestens 100.000 Germanen ab. Anschließend bombardierte Marius die Kimbern und errang in der Schlacht von Vercellae einen entscheidenden Sieg, bei dem er 120.000 Kimbern abschlachtete und den Rest versklavte. In einem großen Triumph erklärte Rom Marius zum „dritten Gründer Roms".

Der römische Senat erließ 95 v. Chr. das unpopuläre *Licinia-Mucia-Dekret*, mit dem alle Nicht-Bürger aus Rom vertrieben wurden. 91 v. Chr. setzte sich der plebejische Tribun und Reformer Drusus für eine bessere Verteilung der Staatsländereien, eine Vergrößerung des Senats und die Gewährung des Bürgerrechts für ganz Italien ein. Drusus wurde ermordet, was zu einem Aufstand der italienischen Staaten - insbesondere der Marsi und Samniten - im Sozialen Krieg von 91-87 v. Chr. führte.

Marius wurde einberufen, um die aufständischen Staaten niederzuschlagen. Zusammen mit Sulla tötete er 6.000 Rebellen und nahm 7.000 gefangen, bevor er sich wegen einer Krankheit zurückziehen musste. Um den Krieg zu beenden, verfügte Rom, dass alle freien Menschen auf dem italienischen Festland, die Rom gegenüber loyal waren, Bürger werden und das Wahlrecht erhalten sollten. Dies führte zur Romanisierung Italiens, da sich die italischen Stämme in die römische Kultur integrierten und ihre Sprachen zugunsten des Lateinischen aufgaben.

Tetradrachme des Königs Mithridates VI von Pontus, welches mit Rom drei Kriege gekämpft hat
https://commons.wikimedia.org/wiki/File:Tetradrachm_of_Mithridates_VI_CM_SNG_B M_1038.jpg

Während der Beendigung des Sozialen Krieges richtete sich die Aufmerksamkeit Roms auf den entschlossenen König Mithridates VI. von Pontus am Schwarzen Meer. Mithridates war in Kappadokien - Roms Verbündeten - an der Südgrenze seines Gebietes eingefallen. Der Erste Mithridatische Krieg (89-85 v. Chr.) begann, als Rom Truppen nach Kappadokien schickte. König Mithridates ordnete die grausame Ausrottung aller in Kleinasien lebenden Römer an - sogar die von Frauen und Kindern - und tötete 80.000 Römer, während seine Truppen eine römische Stadt nach der anderen bis in die Nähe der griechischen Grenze eroberten.

Im Jahr 87 v. Chr. landete Konsul Lucius Sulla, der in zwei Kriegen der wichtigste Leutnant des Marius und nun sein erbitterter Rivale war, in Griechenland, eroberte Athen und Südgriechenland für Rom zurück und zog dann nach Norden, um Mithridates' Armee in der vernichtenden Schlacht von Chaeronea (86 v. Chr.) zu zerschlagen, obwohl er zahlenmäßig unterlegen war. Nach weiteren Siegen zu Land und zur Wasser zwang Sulla Mithridates 85 v. Chr. zu einem demütigenden Friedensvertrag, in dem er alle Gebiete außer Pontus aufgab.

Sulla überließ seinem Feldherrn Murena die Aufgabe, die Stabilität aufrechtzuerhalten, und eilte zurück nach Rom, um sich dem Bürgerkrieg zu stellen, der während seiner Abwesenheit tobte. Im Jahr 83 v. Chr. wurde der Zweite Mithridatische Krieg ausgelöst, als Murena Gerüchte hörte, dass Mithridates seine Armee wieder aufstellen wollte. Ohne Sullas Erlaubnis abzuwarten, startete Murena einen Präventivschlag gegen Mithridates, der ihn am Fluss Halys rasch besiegte. Sulla befahl Murena wütend den Rückzug und beendete den Krieg auf unbestimmte Zeit.

Die Politiker und Generäle Marius und Sulla verfügten beide über einen messerscharfen Kampfinstinkt, der ihnen den gemeinsamen Erfolg auf dem Schlachtfeld ermöglichte. Doch im Jahr 88 v. Chr. waren sie in eine wilde Rivalität verwickelt, die Rom in einen brutalen Bürgerkrieg stürzte. Der damalige Konsul, Sulla, wurde von Marius im Kampf gegen König Mithridates umgangen – Marius stahl Sulla das Kommando über die römischen Streitkräfte.

Wütend marschierte Sulla mit seinen Truppen gegen Rom - eine beispiellose und selbstverständlich verbotene Entscheidung für einen römischen General und amtierenden Konsul. Marius trommelte verzweifelt Gladiatoren zusammen, um Sulla entgegenzutreten, aber sie waren seiner Grausamkeit nicht gewachsen. Marius entkam knapp nach Afrika, während Sulla sein Kommando über die Truppen auf dem Weg nach Griechenland festigte und dann in See stach, um Mithridates zu vernichten.

Während seiner Abwesenheit brach in Rom ein erbitterter Bürgerkrieg zwischen den plebejischen *Populares* und den patrizischen *Optimates* aus. Marius schlich sich aus Afrika zurück, organisierte heimlich eine Armee und marschierte 87 v. Chr. in Rom ein, wo er die Kontrolle über die Stadt übernahm. Er ermordete seine politischen Feinde, indem er ihre Köpfe aufspießte, und manipulierte 86 v. Chr. seine erneute Wahl zum Konsul – er wurde so zum siebten Mal in das Amt gewählt. Doch innerhalb von zwei Wochen verstarb er plötzlich – offenbar an einer Brustfellentzündung.

Im Jahr 83 v. Chr. beendete Sulla den Krieg gegen Mithridates und überquerte die Adria auf dem Weg nach Italien. Rom entsandte zwei Armeen, um ihn aufzuhalten; Sulla schlug die erste Armee nieder, und die zweite Armee wechselte auf seine Seite. Sulla marschierte erneut auf Rom zu, kämpfte und gewann eine erbitterte Schlacht vor den Mauern Roms und wurde vom Senat anschließend rasch zum Diktator ernannt.

Sulla übte zwei Jahre lang die totale Kontrolle über Rom aus, bevor er ein Jahr vor seinem Tod im Jahr 78 v. Chr. freiwillig zurücktrat. Blut floss, als er anschließend jeden hinrichtete, den er als Staatsfeind betrachtete – 80 Menschen am ersten Tag, 220 Menschen am nächsten Tag –, und die Säuberung dauerte danach noch Monate an. Ein Ziel war dabei auch der jugendliche Julius Cäsar, dem es jedoch erfolgreich gelang, aus Rom zu fliehen.

Als patrizischer Optimate verachtete Sulla die gracchischen Reformen, für die sich die plebejischen Populares eingesetzt hatten. Er ermächtigte die Aristokratie und stärkte den Senat gegenüber dem plebejischen Rat – er hatte nun das eindeutig dominierende politische Gewicht. Er hinderte die plebejischen Tribunen daran, neue Gesetze zu erlassen und gegen Senatsbeschlüsse ein Veto einzulegen. Sulla erhöhte die Zahl der Senatoren von 300 auf 600 und erweiterte die heilige Grenze

Roms - das Pomerium -, die seit der Zeit der Monarchie nicht mehr verschoben worden war.

Rom und das übrige Italien hatten Sklaven - viele Sklaven - aus eroberten Städten und Provinzen gefangen genommen. Ein unerschrockener Sklave aus Thrakien namens Spartacus wurde an eine Gladiatorenschule verkauft. Spartacus und 78 anderen Gladiatoren gelang in einer Nacht im Jahr 73 v. Chr. eine waghalsige Flucht, bewaffnet mit aus der Küche gestohlenen Beilen und Spießen. Zumindest eine Gladiatorin entkam (ja, Rom hatte einige weibliche Kämpfer) - Spartacus' Frau, ebenfalls aus Thrakien. Sie war eine Prophetin des Gottes Dionysos und wurde gelegentlich von ihm besessen. Einmal wachte Spartacus entsetzt mit einer Schlange auf, die sich direkt vor seinem Gesicht hin und her schlängelte. Seine Frau prophezeite ihm, dass dies ein Zeichen für die gewaltige Macht sei, die ihn zu wahrer Größe treiben, ihn aber am Ende töten würde.

Die Gladiatoren wanderten zusammen mit anderen Sklaven zum Vesuv, der sich zu dieser Zeit in einer ruhigen Phase befand, und plünderten die Gegend auf der Suche nach Waffen und Proviant. Der Prätor Clodius belagerte den Berg mit 3.000 Soldaten, weil er dachte, die Sklaven säßen auf dem Vesuv in der Falle, wo ihnen die Nahrung ausgegangen war. Doch die unternehmungslustigen Sklaven flochten aus Lianen starke Strickleitern, die lang genug waren, um von den Klippen ins Tal zu gelangen, und entkamen so alle. Die Vagabunden zogen durch Italien, überfielen römische Einheiten, bemächtigten sich der Vorräte und befreiten die Bauernsklaven - ihre Zahl wuchs so auf etwa 10.000 an.

Der verärgerte Senat schickte sowohl Konsuln als auch Tausende von Truppen hinter den geflohenen Sklaven her. Die Entflohenen teilten sich in zwei Gruppen auf - eine blieb mit Crixus in Süditalien, was ihren Untergang bedeutete, während der Rest sich Spartacus auf einer langen Wanderung nach Norden in Richtung Alpen anschloss. Spartacus plante, Italien zu überqueren, so dass alle zurück in ihre jeweiligen Länder fliehen konnten, aber einige der entkommenen Sklaven wurden zu selbstsicher und wollten als Desperados oder Revolutionäre in Italien bleiben.

Ein römisches Heer nahm Crixus und den größten Teil seiner Rebellenarmee gefangen und tötete sie, dann marschierte es nach Norden und schloss Spartacus' Gruppe zwischen dem anderen römischen Heer ein. Eine militärische Kraft, mit der die Römer nicht gerechnet hatten, waren die Pferde der Geflohenen! Spartacus hatte eine Kavallerie aufgebaut; er griff die Römer unerwartet an, überrannte sie und stahl ihr Gepäck. Spartacus erreichte den Fuß der Alpen, überquerte sie aber aus unerklärlichen Gründen nicht - vielleicht waren die steilen Gipfel zu abschreckend.

Der kühne neue Plan der Geflohenen sah vor, nach Süden zu ziehen, Sizilien zu überqueren, den Sklavenaufstand von vor 50 Jahren wieder aufleben zu lassen und die Insel zu erobern. Als sie die Meerenge zwischen Italien und Sizilien erreichten, heuerten sie Piraten an, die sie übersetzen sollten, machten aber den Fehler, sie im Voraus zu bezahlen. Die Piraten segelten mit ihrem Geld, aber ohne sie davon, und zerstörten damit ihre Hoffnungen, auf diesem Wege nach Italien zu entkommen.

Kurz darauf trafen die ehemaligen Sklaven erneut auf ihre Feinde. Spartacus und seine Bande lagerten in Rhegium, am Zipfel des italienischen Stiefels, als der römische Feldherr Crassus näher rückte, dessen Strategie darin bestand, die Sklaven einzukesseln und anschließend aushungern zu lassen. Crassus baute einen 37 Meilen langen Graben quer über die Halbinsel von Meer zu Meer – er war ungefähr 15 Fuß breit und 15 Fuß tief -, der sich mit Meerwasser füllte. Dann errichtet er eine Mauer entlang des Kanals. Doch die findigen Sklaven warteten auf eine stürmische Winternacht, bauten einen Damm aus Erde und Bäumen über den Kanal und überquerten ihn auf diesem Wege.

General Crassus geriet in Panik, weil er dachte, die Sklaven würden nach Rom ziehen und es plündern. Zu seiner Erleichterung musste er feststellen, dass sich die unberechenbaren Sklaven zerstritten und in kleinere Gruppen aufgeteilt hatten. Crassus verfolgte Spartacus' Bande auf einen Berg, doch die Sklaven wirbelten plötzlich herum, um zu kämpfen, überraschten die Römer und schlugen sie in die Flucht. Die rücksichtslosen Sklaven fühlten sich nun unbesiegbar. Spartacus konnte sie nicht davon abhalten, die Römer zum Kampf herauszufordern.

Als Spartacus erkannte, dass aufgrund der Selbstüberschätzung seiner Männer eine Schlacht unvermeidlich war, stieg er ab und tötete sein Pferd - mit der Begründung, dass er im Falle eines Sieges ein Pferd von den Römern stehlen konnte und im Falle seines Todes sein Pferd nicht mehr benötige. In dem darauffolgenden blutigen Kampf kamen Spartacus und die meisten seiner Mitsklaven auf dem Schlachtfeld um, aber 6.000 wurden gefangen genommen und gekreuzigt, ihre Kreuze säumten den Apischen Weg von Rom nach Capua.

Dank seines Sieges über Spartacus wurde Crassus 70 v. Chr. zusammen mit Gnaeus Pompeius Magnus zum Konsul gewählt. Pompeius hatte gerade einen beeindruckenden Sieg in Spanien gegen Marius' Anhänger Sertorius errungen, der einen Guerillakrieg gegen die römischen Provinzen in Hispanien führte. Auf seinem Landweg nach Spanien schlug Pompeius eine neue Route durch die Alpen ein und hinterließ ein blutiges Gemetzel unter den wilden Bergstämmen. Fünf Jahre lang lieferte er sich in Spanien heftige Kämpfe, bis die aufständischen Truppen die Moral verloren und sich zur Ermordung des Sertorius verschworen.

Pompeius nächste Herausforderung bestand darin, die kilikischen Piraten, die die italienische Küste überfielen - eine langfristige und wachsende Bedrohung -, in die Schranken zu weisen. Im Jahr 67 v. Chr. befehligte Pompeius 500 Schiffe, um die von den Piraten im östlichen Mittelmeer angerichteten Verwüstungen zu beseitigen. In nur drei Monaten besiegte er die in Kilikien (Südtürkei) ansässigen Piraten, trieb dann plündernde Seeräuber im Mittelmeer zusammen und rehabilitierte sie anschließend, indem er sie als Bauern ansiedelte.

Sofort wandte Pompeius seine Aufmerksamkeit dem König Mithridates in Pontus zu, der erneut Unruhe stiftete. Rom übertrug Pompeius den Oberbefehl im Osten, und 66 v. Chr. segelte er nach Kleinasien und marschierte mit acht erfahrenen Legionen durch Bithynien nach Pontus. Mithridates kämpfte in der Nähe der Stadt mit seinen Männern in der Unterzahl, leistete seinen Gegnern aber einen erbitterten Widerstand, doch Pompeius schlug seine Truppen nieder und benannte die Stadt später in *Nikopolis* (Stadt des Sieges) um. Mithridates verließ sein Reich und floh mit den Resten seines Heeres nach Armenien, wo ihm sein Schwiegersohn König Tigranes Zuflucht gewährte. Mithridates floh auf die Krim und plante vergeblich seine Rückkehr, bis er im Jahr 62 v. Chr. schließlich Selbstmord beging.

Nachdem er Mithridates besiegt hatte, konzentrierte sich Pompeius auf die Reorganisation der Königreiche, die an die römischen Provinzen grenzten. Amenien wurde ein Rom unterworfen und musste Tribute zahlen. König Tigranes war es erlaubt, seine Krone zu behalten. Pompeius wandte sich dann Syrien zu - als einstiges Herzstück des großen seleukidischen Reiches von Antiochus III. Nach Antiochus' Tod hatte sich Syrien seitdem destabilisiert. Der Makkabäeraufstand von 163 v. Chr., der durch die Schändung des Jerusalemer Tempels durch seinen Sohn Antiochus IV. ausgelöst wurde, machte Judäa halb unabhängig. Die Parther eroberten den Iran und nahmen 139 v. Chr. Babylon ein, wodurch das seleukidische Reich auf ein kleines Gebiet in Syrien reduziert wurde. Pompeius eroberte syrische Festungen und Städte, bis er Damaskus erreichte. Damit war die Übernahme Syriens abgeschlossen und es wurde zu einer römischen Provinz erklärt.

Als Nächstes wandte sich Pompeius Judäa zu, das in einen Bürgerkrieg zwischen zwei königlichen Brüdern verwickelt war. Aristobulos II. hatte den Thron seines Bruders Hyrkanos II. an sich gerissen. Hyrkanos fühlte sich durch den gerissenen Antipater - einen Idumäer - angestachelt und verbündete sich mit dem arabischen König Aretas, um den Thron zurückzuerobern. Zu diesem Zeitpunkt erschien Pompeius General Scaurus auf der Bildfläche und vertrieb Aretas aus Judäa. Als Pompeius kurz darauf eintraf, brachte er Judäa unter römische Kontrolle. Später, im Jahr 47 v. Chr., ernannte Julius Cäsar Antipater zum ersten römischen Prokurator. Sein Sohn, Herodes der Große, war dafür berüchtigt, dass er nach der Geburt Jesu in Bethlehem ein Massaker an allen kleinen Jungen unter zwei Jahren anordnete.

Während Pompeius die Ordnung in Asien wiederherstellte, hatte der hinterhältige und im Kampf tödliche Senator Lucius Sergius Catilina die Herrschaft über Rom im Visier. Während des Blutbades von Sulla hatte er seinen Schwager enthauptet und dann dessen Frau und Sohn ermordet, um die schöne Tochter des Konsuls Orestes zu heiraten. Durch Bestechung erlangte er in seinem Prozess einen Freispruch. Verärgert darüber, dass er wegen der Mordanklagen nicht mehr als Konsul kandidieren konnte, plante er ein Attentat auf beide amtierenden Konsuln.

Diese Verschwörung verlief schließlich im Sande, aber 64 v. Chr. kandidierte Catilina erneut für das Amt des Konsuls, wurde aber von Cicero und Hybrida besiegt und unterlag im folgenden Jahr erneut seinen politischen Gegnern. Da er nicht legal regieren konnte, verschwor er sich mit einigen verärgerten Patriziern und Veteranen, um die Römische Republik zu stürzen. Er plante, einen Sklavenaufstand anzuzetteln, Rom niederzubrennen und in dem Chaos Cicero und die Senatoren, die ihn nicht hatten unterstützen wollen zu ermorden. Cicero erfuhr von dem Komplott und entlarvte Catilina, der aus Rom floh, aber mehrere andere Verschwörer wurden verhaftet und trotz des energischen Protests von Julius Cäsar ohne Gerichtsverfahren durch Erwürgen hingerichtet. Catilina und seine Männer wurden später von der römischen Armee getötet.

Roms erstes Triumvirat war ein Zusammenschluss zwischen Gnaeus Pompeius Magnus, Marcus Licinius Crassus, und Julius Cäsar.
Mary Harrsch, CC BY-SA 4.0 <https://creativecommons.org/licenses/by-sa/4.0>, via Wikimedia Commons
https://commons.wikimedia.org/wiki/File:The_First_Triumvirate_of_the_Roman_Republic_720X480.jpg

Das erste römische Triumvirat war ein Bündnis zwischen den drei mächtigsten Männern des Landes, die allesamt beliebte Kriegshelden waren: Julius Cäsar, Crassus und Pompeius. Pompeius war darüber verärgert, dass sich die Senatoren weigerten, seinen Kriegsveteranen Ackerland zur Verfügung zu stellen und die Verträge zu ratifizieren, die Pompeius im Osten geschlossen hatte. Cäsar war gerade von einem brillanten Feldzug in Spanien zurückgekehrt; und gewann, unterstützt von Pompeius und Crassus (dem reichsten Mann Roms), 59 v. Chr. die Wahl zum Konsul und nutzte seinen Einfluss, um Pompeius Verträge und Land für seine Männer zu sichern.

Nach seiner Amtszeit als Konsul entsandte der Senat Cäsar als Prokonsul ins römische Gallien. Er eroberte gallische Stämme jenseits der römischen Provinz und dehnte das römische Territorium auf das gesamte Gebiet des heutigen Frankreichs und Belgiens aus, um Rom vor gallischen Invasionen zu schützen. Er schlachtete zwei Drittel der wilden Helvetier-Krieger aus dem Schweizer Mittelland ab. Sein Massaker 55 v. Chr. an den germanischen Stämmen der Usipeter und Tencterer - darunter auch Frauen und Kinder - veranlasste Cato dazu, die Auslieferung Cäsars an die Barbaren zu fordern. 55 v. Chr. und 54 v. Chr. unternahm Cäsar waghalsige Expeditionen nach Britannien, wo er bis zum heutigen London vordrang.

Julia - Pompeius Frau und Cäsars Tochter - starb bei der Geburt ihres Kindes, was die erste Phase des Scheiterns des Triumvirats darstellte. Im folgenden Jahr starb Crassus auf dem Schlachtfeld. Im Jahr 50 v. Chr. befahl der Senat Cäsar, nach Hause zurückzukehren - mit der Aufforderung, seine Armee zunächst aufzulösen. Cäsar überquerte im Januar 49 v. Chr. dreist das Gebiet zwischen Gallien und marschierte nach Italien, ohne seine Armee aufzulösen - er kam mit einer Legion (etwa 5.000 Mann) in Italien an und zitierte den Athener Dramatiker Menander mit den heute berühmten Worten: „Die Würfel sind gefallen."

Pompeius befahl den Senatoren, nach Süditalien zu fliehen. Cäsar konnte ungehindert in Rom eindringen, sich an der Schatzkammer bedienen und Pompeius nachsetzen. Doch bevor Cäsar ihn einholen konnte, segelte Pompeius nach Makedonien. Anstatt Pompeius zu verfolgen, machte sich Cäsar auf den Weg nach Spanien, wo Pompeius' Armee stationiert war. „Ich werde gegen eine Armee ohne Anführer kämpfen, damit ich später gegen einen Anführer ohne Armee kämpfen kann." Pompeius Truppen kapitulierten vor Cäsar ohne einen nennenswert großen Kampf.

In der Zwischenzeit war Pompeius damit beschäftigt, ein Heer aus seinen Freunden und Verbündeten im Osten zusammenzustellen, und befehligte dabei eine Flotte mit 300 Schiffen. Cäsar besaß nur wenige Schiffe - es waren nicht einmal genug, um seine gesamte Armee nach Griechenland zu bringen. Er ließ die Hälfte seines Heeres zurück und wartete, bis Marcus Antonius Monate später mit vier weiteren Legionen zu ihm stoßen konnte, was Pompeius zum raschen Rückzug veranlasste. Doch dann segelte Pompeius Sohn mit einer ägyptischen Flotte in die Adria und versenkte und kaperte praktisch alle Schiffe Cäsars. Pompeius gewann die Schlacht von Dyrrachium, versäumte es aber, Cäsars Armee zu verfolgen, was Cäsar zu der Bemerkung veranlasste: „Der Feind hätte den Krieg heute gewonnen, wenn er einen Feldherrn hätte, der einen Sieg zu nutzen weiß."

Pompeius riskierte daraufhin eine Schlacht mit Cäsar in den Ebenen Thessaliens. Nach ihrem Sieg in Dyrrachium wähnten sich die Männer des Pompeius in Sicherheit, sie waren der Annahme, dass der sie auch bei dieser Schlacht triumphieren konnten. Obwohl es zahlenmäßig unterlegen war, überlistete Cäsars erfahrenes Militär mit seiner innovativen Taktik Pompeius Armee und schlug sie in die Flucht. Pompeius floh zu Pferd an die Küste. Cäsar begnadigte alle, die sich ihm ergaben, einschließlich Marcus Junius Brutus, den jungen Mann, der ihm eines Tages zum Verhängnis werden sollte. Pompeius segelte nach Ägypten, doch anstatt Zuflucht zu finden, ermordeten ihn die Ägypter und schickten seinen Kopf an Cäsar.

Julius Cäsar und Kleopatra VII wurden während Cäsars Aufenthalt in Ägypten zum Liebespaar. Von Jean-Léon Gérôme
https://commons.wikimedia.org/w/index.php?curid=1399233

Cäsar reiste nach Ägypten, um den Tod seines ehemaligen Verbündeten und späteren Rivalen Pompeius zu rächen, und wurde dort in einen Bürgerkrieg zwischen dem 12-jährigen Pharao Ptolemaios XIII. und seiner Schwester (und Ehefrau) Kleopatra VII. verwickelt. Geblendet von Kleopatras exotischen Reizen, wurde Cäsar ihr Liebhaber, vertrieb Ptolemäus und gab Kleopatra den Thron zurück. Im folgenden Jahr gebar Kleopatra Cäsarion - Cäsars einzigen leiblichen Sohn. Cäsarion wurde im Alter von drei Jahren Pharao und regierte mit seiner Mutter, bis er als Teenager von Cäsars Adoptivsohn Octavius hingerichtet wurde.

Cäsar diente 48 v. Chr. als Konsul und später erneut von 46 bis 44 v. Chr. Er war mehrere Male kurzzeitig Diktator und wurde dann 44 v. Chr. zum Diktator auf Lebenszeit ernannt - doch noch im selben Jahr wurde sein Leben gewaltsam beendet. Als Konsul und Diktator führte Cäsar wichtige Reformen durch: Er milderte Schulden und Arbeitslosigkeit, revidierte den Kalender und initiierte in Rom gewaltige Bauprojekte, die es mit der Pracht von Alexandria aufnehmen konnten. Cäsar vergab seinen politischen Feinden - er gewährte ihnen *clementia* (Barmherzigkeit) -, anstatt Rache zu üben. Aber sie hatten ihm nicht verziehen.

Aus Angst, Cäsar wolle sich selbst zum König krönen, hatten sich mindestens 60 Senatoren unter der Führung von Marcus Junius Brutus, Gaius Cassius Longinus und Decimus Junius Brutus zu einer Verschwörung zusammengeschlossen. Aus Verzweiflung über die Beibehaltung der republikanischen Regierungsform planten sie seine Ermordung, obwohl viele Cäsars geplante Reformen im Wesentlichen befürworteten. Die Ermordung sollte am 15. März 44 v. Chr. im Senat stattfinden. Doch als die Senatoren zusammenkamen, war Cäsar nicht da. Wo konnte er sich sonst aufhalten?

Julius Cäsar wurde durch eine Verschwörung des Senates mit 23 Messerstichen hingerichtet.
https://commons.wikimedia.org/wiki/File:Death_of_Julius_Caesar_2.png

Am frühen Morgen wachte Cäsars Frau Calpurnia schreiend aus einem Alptraum auf, in dem sie den blutüberströmten Körper Cäsars sah. Sie flehte ihren Mann an, zu Hause zu bleiben. Cäsar erinnerte sich an eine kürzliche Prophezeiung, dass sein Leben an den Iden des März enden würde, und schickte Marcus Antonius, um den Senat zu entlassen. Ein Verschwörer - Decimus Brutus - kam zu Cäsars Haus und verspottete ihn, weil er einer Frau zugehört hatte, und Cäsar begleitete ihn in den Senat. Kaum war er eingetreten, umzingelten die Senatoren Cäsar und stachen wiederholt auf ihn ein - 23 Mal.

Cäsars Mörder hofften, dass sein Tod die römische Republik retten konnte, doch das Gegenteil war der Fall. Das römische Volk konnte seinen Senatoren nicht mehr trauen und wurde ihnen gegenüber offen feindselig. Zwei Tage nach der Ermordung Cäsars überzeugte Marcus Antonius - Cäsars rechte Hand und Konsul im Jahr 44 v. Chr. - den Senat, auf eine Kompromisslösung einzugehen: rechtliche Amnestie für die Verschwörer im Gegenzug für die Beibehaltung von Cäsars Gesetzen.

Zwei Tage später ergab die Verlesung von Cäsars Testament, dass er seinen Großneffen und Adoptivsohn Gaius Octavianus als Erben eingesetzt hatte. Zu dieser Zeit war der 19-jährige Octavian mit Cäsars Armee in Makedonien stationiert und wartete auf Cäsar, um sie gegen die Parther zu führen. Am 20. März hielt Marcus Antonius die Grabrede bei Cäsars Beerdigung und stachelte die Bürger zu einem Aufstand an, indem er Cäsars blutbefleckte Toga hochhielt.

Die meisten Verschwörer flohen aus dem Land und überließen Marcus Antonius für den Rest des Jahres die Hauptrolle. Marcus Lepidus, Cäsars Reitmeister, wurde zum *Pontifex Maximus* (Hohepriester) ernannt, und Antonius und Lepidus arrangierten eine Verlobung zwischen Antonius' Tochter und Lepidus' Sohn.

Gaius Octavianus kehrte im Mai nach Rom zurück und forderte sein Erbe ein. Obwohl Cäsar in seinem Testament sein Vermögen Octavian vermacht hatte, weigerte sich Marcus Antonius, die Gelder freizugeben. Octavian nahm hohe Kredite auf, um Cäsars Testament zu erfüllen, das jedem Bürger Roms Geld zukommen ließ. Die Spannungen zwischen Marcus Antonius und Octavian eskalierten, und die Römer zogen Octavian dem Antonius vor.

Cicero hielt Reden, in denen er Antonius als eine Bedrohung für Rom darstellte. Zwei von Antonius' Legionen liefen zu Octavian über, aber als Privatmann konnte er sie rechtlich nicht befehligen.

Antonius' einjährige Amtszeit als Konsul war zu Ende. Es war üblich, dass die Konsuln nach Ablauf ihrer Amtszeit von Rom mit der Leitung einer Provinz betraut wurden. Der Senat wies Antonius Makedonien zu, aber er wollte stattdessen das Cisalpinische Gallien in Norditalien, das Decimus Brutus - Cäsars Mörder - zugewiesen worden war. Antonius marschierte nach Norden, um die Provinz mit Gewalt einzunehmen, während der feurige Cicero den Senat dazu brachte, Antonius für vogelfrei zu erklären. Der Senat übertrug Octavian die Befehlsgewalt über seine Truppen und schickte ihn zusammen mit den beiden neuen Konsuln Roms in die Schlacht gegen Antonius. Beide Konsuln wurden in der Schlacht getötet, doch Octavian siegte, und Antonius floh über die Alpen ins transalpine Gallien (Nordfrankreich), wo sein Freund Lepidus neuer Statthalter wurde.

Nach dem Tod des Antonius sah der hinterhältige Senat die Zeit gekommen, seine Macht wieder geltend zu machen - doch dazu mussten sie Octavian, den Erben Cäsars, und die übrigen Anhänger Cäsars loswerden. Sie übertrugen Cäsars Mörder Decimus Brutus das Kommando über die römischen Legionen und Pompeius Sohn Sextus das Kommando über die römische Flotte. Octavian erkannte, dass er nur überleben konnte, wenn er sich mit dem Mann verbündete, den er kurz zuvor über die Alpen gejagt hatte. Er nahm geheime Verhandlungen mit Antonius und Lepidus auf. Glücklicherweise blieben Octavians Legionen - die zuvor von Cäsar angeführt worden waren - Octavian treu und weigerten sich, die Befehle von Cäsars Mörder auszuführen.

Octavian marschierte im August 43 v. Chr. mit seinen Legionen kühn auf Rom, nahm die Stadt ein, rief sich selbst zum Konsul aus und stellte die Mörder Cäsars vor Gericht, wobei er sie in Abwesenheit verurteilte. Im November reiste er nach Norditalien, um sich mit Antonius und Lepidus zu treffen. Gemeinsam handelten sie eine Diktatur mit drei führenden Männern aus (dies war das Zweite Triumvirat) und beendeten damit offiziell die Römische Republik.

Sie teilten die verfügbaren Provinzen unter sich auf: Octavian erhielt Afrika, Lepidus bekam Spanien und Antonius nahm Gallien. Um den Rest der römischen Provinzen mussten sie gegen ihre Feinde kämpfen: Sextus Pompeius kontrollierte mit seiner Flotte die Mittelmeerinseln, Brutus und Cassius hielten mit dem Rest der römischen Streitkräfte die östlichen Mittelmeerprovinzen besetzt.

Das Triumvirat konzentrierte sich zunächst darauf, Cäsars Tod an den in Rom verbliebenen oder zurückgekehrten Verschwörern zu rächen, indem es ein Drittel des Senats, darunter auch Cicero, hinrichtete und deren Ländereien und Vermögen beschlagnahmte, um die römische Staatskasse aufzufüllen. Dann segelten sie nach Makedonien, um das Mittelmeer von Brutus und Cassius zurückzuerobern, wobei sie zunächst die Blockade durch Sextus' Flotte durchbrachen.

In der ersten Schlacht von Philippi griffen Antonius und Octavian Brutus und Cassius aus zwei Richtungen an. Antonius errang einen großen Sieg über Cassius' Truppen, und Cassius beging Selbstmord. Da Octavian krank und nicht dazu in der Lage war, die Truppen zu führen, unterlagen seine Truppen den Truppen des Brutus, aber 20 Tage später verlor Brutus die zweite Schlacht von Philippi und beging ebenfalls Selbstmord. Nun hatten die Triumvirn die Kontrolle über alle römischen Landstreitkräfte und mussten nur noch die Flotte von Sextus Pompeius erobern.

Das Triumvirat hatte mehr Provinzen, die es unter sich aufteilen konnte. Antonius erhielt den Löwenanteil, behielt Gallien und fügte alle östlichen Provinzen hinzu. Octavian und Lepidus tauschten - nun hatte Octavian Spanien und Lepidus regierte Afrika. Technisch gesehen herrschten sie gemeinsam über Italien, aber Antonius blieb im Osten und regierte die ausgedehnten römischen Provinzen von Ephesus aus.

Im Jahr 41 v. Chr. bat Antonius Kleopatra um ein Treffen in Tarsus, um das Bündnis zwischen Rom und Ägypten zu besiegeln. Sie hatte mit ihrem Sohn Cäsarion in Cäsars Villa in Rom gelebt, war aber nach der Ermordung Cäsars nach Ägypten zurückgekehrt. Kleopatra segelte in einem prächtigen Boot mit silbernen Rudern, purpurnen Segeln und einem goldenen Bug als Aphrodite verkleidet den Fluss hinauf. Das Bündnis wurde nicht nur erneuert, sondern Antonius wurde in Kleopatras Bann gezogen und lebte den Winter über mit ihr in Alexandria. Im Jahr 40 v. Chr. brachte Kleopatra ihre Zwillinge Alexander Helios und Kleopatra Selene zur Welt.

Während Antonius sich mit Kleopatra vergnügte, verteilte Octavian Land an Cäsars Kriegsveteranen - bis ihm das Land ausging. Um sich bei den Soldaten beliebt zu machen, konfiszierte er danach das Land römischer Bürger, sogar ganze Städte. Angestachelt von Fulvia - Antonius' reicher und mächtiger Frau - widersetzte sich der Senat Octavians Landvergaben, was dazu führte, dass Octavian sich von Fulvias Tochter Claudia (aus Fulvias erster Ehe) scheiden ließ. Octavian hatte Claudia im Alter von dreizehn Jahren geheiratet, um das Zweite Triumvirat zu besiegeln; zwei Jahre später schickte er sie mit der Begründung, die Ehe sei nicht vollzogen worden, zurück zu ihrer Mutter.

Die empörte Fulvia, die mächtigste Frau Roms, verbündete sich mit Marcus Antonius jüngerem Bruder Lucius Antonius - der in jenem Jahr Konsul in Rom war - in einem Krieg gegen Octavian. Einige flüsterten, der Krieg sei eine List, um ihren Mann Antonius von Kleopatra weg und zurück nach Rom zu locken. Octavian belagerte Lucius' Legionen in Perugia und ließ sie aushungern, während sie verzweifelt und vergeblich auf die Rückkehr des Antonius warteten.

Schließlich kapitulierte Lucius und wurde von Octavian zu einem Termin nach Spanien geschickt. Fulvia floh nach Griechenland und traf dort auf ihren verärgerten Ehemann Antonius, der sie wegen des Krieges tadelte; sie starb kurz darauf an einer plötzlichen Krankheit. Antonius kehrte nach Rom zurück, versöhnte sich mit Octavian und heiratete wenige Wochen nach Fulvias Tod Octavians Schwester Octavia.

Sextus Pompeius hatte immer noch die Kontrolle über die Flotte und blockierte die Getreide- und Versorgungslieferungen nach Italien. Als Gegenleistung für die Aufhebung der Blockade gewährte Octavian ihm die Kontrolle über Sizilien, Sardinien, Korsika und den Peloponnes. Octavian hatte Scribonia, eine Verwandte des Pompeius, geheiratet, nachdem er sich von Claudia hatte scheiden lassen. Nach zwei Jahren ließ er sich allerdings auch von Scribonia scheiden, genau an dem Tag, an dem sie sein einziges leibliches Kind, Julia, zur Welt brachte (er adoptierte vier Söhne seiner Ehefrauen). Das sorgte erneut für Streit mit Pompeius.

Octavian vereinbarte die Entsendung von 20.000 Legionären mit Antonius für den Kampf gegen Parthien im Austausch gegen 120 Schiffe für den Kampf gegen Pompeius. Antonius hielt seinen Teil der Abmachung ein, aber Octavian schickte nur 10.000 Legionäre. Im gemeinsamen Kampf zerstörten Octavian und Lepidus den größten Teil der Flotte von Pompeius. Lepidus versuchte daraufhin erfolglos, Sizilien für sich zu beanspruchen, woraufhin er aus dem Triumvirat ausgeschlossen wurde.

In der Zwischenzeit hatte Octavian seinen Teil der Abmachung nicht eingehalten, und Antonius' Mangel an Arbeitskräften ließ seine Parther-Expedition zu einer Katastrophe werden. Kleopatra konnte seine Armee wieder auffüllen, also nahm er seine Affäre mit ihr wieder auf, schickte Octavia zurück nach Rom und verärgerte Octavian. Antonius verlieh Kleopatra den Titel *Königin der Könige* und übertrug die Provinz Armenien an ihren Sohn Alexander Helios. Im Jahr 36 v. Chr. bekamen beide einen weiteren Sohn - Ptolemaios Philadelphus.

Durch geheime Informationen, die ein Überläufer von Antonius erfuhr, überfiel Octavian den Tempel der Vestalinnen, in dem Antonius' geheimes Testament versteckt war. Es enthüllte Antonius' Plan, weitere römische Provinzen an seine Söhne zu verschenken, und legte fest, dass Antonius zusammen mit seiner „Königin" Kleopatra in Alexandria begraben werden sollte. Antonius erklärte außerdem Cäsarion zu Cäsars legitimem Sohn und Erben - eine große Bedrohung für Octavian, der lediglich Cäsars Adoptivsohn war. Aufgrund dieser Informationen entzog der Senat Antonius die Vollmachten und erklärte Kleopatra im Jahr 32 v. Chr. den Krieg; ein Drittel des Senats und beide Konsuln liefen jedoch zu Antonius über.

31 v. Chr. trat Octavian in der Seeschlacht von Actium gegen Antonius und Kleopatra an. Octavians General Agrippa überlistete Kleopatras Flotte, und die beiden Liebenden flohen mit 60 Schiffen nach Ägypten, welches Octavian ein Jahr später erfolgreich einnahm. Antonius ließ sich in sein Schwert fallen und starb in Kleopatras Armen. Als sie erkannte, dass man sie in

Ketten durch Rom führen wollte, beging sie mithilfe einer giftigen Schlange, Selbstmord. Octavian erfüllte ihren Wunsch, neben Antonius begraben zu werden, tötete jedoch den 16-jährigen Cäsarion - ihren gemeinsamen Sohn mit Cäsar. Nachdem er in seinem Triumphzug die Kinder von Antonius und Kleopatra in Goldketten durch die Straßen Roms geführt hatte, übergab Octavian Kleopatras und Antonius Kinder zur weiteren Erziehung an seine Schwester Octavia (Antonius' frühere Frau).

Die Römische Republik, die sich in den fünf Jahrhunderten ihres Bestehens exponentiell entwickelt und an viele Veränderungen angepasst hatte, zerfiel. Rom sollte diesen Zerfall überleben, aber seine halbdemokratische Regierung musste sterben - sie wurde zum Opfer unaufhörlicher Bürgerkriege und interner Unruhen. Eine neue kaiserliche politische Struktur sollte das Römische Reich nun durch die folgenden vier Jahrhunderte leiten.

TEIL DREI: DAS PRINZIPAT
(27 V. CHR. - 235 N. CHR.)

Kapitel 10: Die Julisch – Claudische Dynastie

Wenn man Sie nach dem Namen eines berühmten römischen Kaisers fragen würde, würden Sie vermutlich an Julius Cäsar und den Satz „Et Tu, Brute?" („Du auch, Brutus?") denken. Vielleicht käme Ihnen auch stattdessen der Name Nero in den Sinn, der Kaiser, der auf seiner Leier spielte, während Rom brannte. In diesem Kapitel erfahren wir, wie es zur Ermordung von Julius Cäsar und zum Verrat durch Brutus kam und warum es Nero nichts ausmachte, dass Rom brannte.

Einige der bekanntesten und berüchtigtsten Kaiser lenkten Rom durch die nächsten zwei Jahrhunderte. Rom erlebte den Höhepunkt seines Reichtums, seiner Macht, seiner Literatur und seiner Künste, aber sein Goldenes Zeitalter wurde auch von Ausschweifungen, Grausamkeiten, Paranoia und Verschwörungen überschattet. Im Jahr 27 v. Chr. ging die Römische Republik in das Römische Reich über, das von den fünf Kaisern der julisch-claudischen Dynastie angeführt wurde: Augustus (Octavian), Tiberius, Caligula, Claudius und Nero.

Nach dem Selbstmord von Antonius und Kleopatra kehrte Octavian nach Rom zurück und beabsichtigte, dort allmählich zum Alleinherrscher zu werden, ohne dass jemand seine Bestrebungen bemerkte. Oberflächlich betrachtet unterstützte er die römische Republik und ihre Senatoren. Als er kurz nach seiner Rückkehr zum Konsul gewählt wurde, bestand sein erstes Ziel darin, die Stabilität und vorübergehend auch das traditionelle rechtliche und politische System wiederherzustellen. Er übergab die volle Macht über Rom zurück an den Senat und gab die Befehlsgewalt über die römischen Armeen und Provinzen ab.

Octavian leitete die Geschicke Roms weiterhin durch die vom Senat übertragenen Befugnisse, seinen monumentalen Reichtum und die Beziehungen, die er in der gesamten römischen Welt geknüpft hatte. Mit seinem Vermögen erkaufte er sich die Herzen des Volkes, indem er zum Beispiel das italienische Straßennetz privat finanzierte. Da in den meisten Provinzen des Reiches Chaos herrschte, bat ihn der Senat, die Kontrolle über diese Provinzen für die nächsten zehn Jahre wieder zu übernehmen, wozu er sich unter vermeintlich großem Widerwillen bereit erklärte. Mit dem Kommando über die Provinzen erhielt er natürlich auch die Kontrolle über den größten Teil des Militärs.

Die Skulptur stellt Octavian (Cäsar Augustus) dar, und wurde angefertigt, kurz nachdem er das Prinzipat übernahm.
Stephencdickson, CC BY-SA 4.0 <https://creativecommons.org/licenses/by-sa/4.0>, via Wikimedia Commons https://commons.wikimedia.org/wiki/File:Augustus_Cäsar.png

Im Januar 27 v. Chr. verlieh der Senat Octavian in der *Ersten Einigung* zwei neue Titel: *Augustus (der Erhabene, was religiöse Autorität impliziert)* und *Princeps Senatus / Princeps Civitatis (der Erste im Senat, der Erste unter den Bürgern)*. In der Vergangenheit bezeichnete der Titel Princeps den Führer des Senats, aber mit Octavian erhielt er die Bedeutung des Ersten Mannes im Land - ein Pseudonym für Kaiser -, mit dem Begriff wollte er nicht assoziiert werden. Er nahm den Familiennamen Cäsar von Julius Cäsar, seinem Adoptivvater, an und nannte sich nun *Cäsar Augustus*. Er weigerte sich, die Zeichen der höchsten Macht zu tragen, die Julius Cäsar getragen hatte - die purpurne Toga und die goldene Krone - aber er blieb mehrere Jahre lang Konsul, obwohl dieses Amt normalerweise auf ein Jahr begrenzt war.

Im Jahr 23 v. Chr. gewährte der Senat eine *zweite Einigung*, die Augustus die Befugnis zum Tribun und Zensor verlieh - das heißt, er konnte eine Senatssitzung einberufen, dem Senat Geschäfte vorlegen, ein Veto gegen Senatsbeschlüsse einlegen, bei Senatssitzungen als Erster sprechen, die öffentliche Moral überwachen und eine Volkszählung durchführen. Er erhielt das *sole imperium* - die Befehlsgewalt über alle Streitkräfte innerhalb der Stadt Rom - und das *imperium proconsulare maius* - die Macht über die Statthalter der Provinzen. Obwohl er den Kaisertitel ablehnte, erhielt er nach und nach alle Befugnisse, die ein Kaiser innehatte.

Augustus setzte seine Macht produktiv ein. Er stellte Recht und Ordnung in Rom und im Reich wieder her und ermöglichte Rom gesellschaftlichen und politischen Fortschritt. Er reorganisierte das Wirtschaftssystem, so dass das Reich finanziell florierte, begann mit massiven Bauprojekten aus Marmor, um Rom zu verschönern, und richtete die römische Post, Polizei und Feuerwehr sowie die Prätorianergarde ein.

Er verdoppelte die Größe des Reiches nahezu - er eroberte und konsolidierte Nordspanien, Portugal, die Schweiz, Bayern, Österreich, Slowenien, Albanien, Kroatien, Ungarn, Serbien und andere Gebiete in Westasien und im Nahen Osten. In Afrika dehnte er die Provinzen nach Süden und Osten aus und schuf ein umfangreiches Handelsnetz. Er integrierte ein Zensus- und Steuersystem sowie ein Straßensystem für das gesamte Reich.

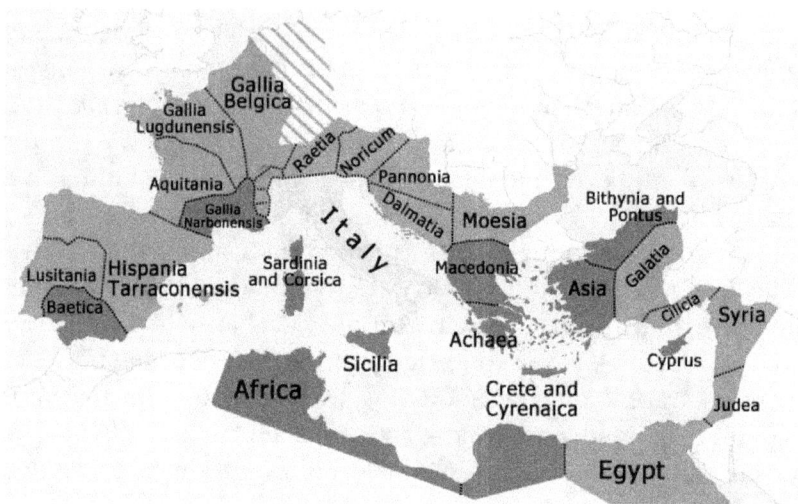

Die Karte zeigt das Ausmaß des Römischen Reiches am Ende von Augustus Amtszeit.
Homoatrox, CC BY-SA 4.0 <https://creativecommons.org/licenses/by-sa/4.0>, via Wikimedia Commons https://commons.wikimedia.org/wiki/File:Roman_empire_14_AD_(provinces)_en.png

Trotz dreier Ehen hatte Augustus nur ein Kind - Julia. Seine dritte Frau Livia hatte zwei Söhne aus der Ehe mit ihrem ersten Mann - Tiberius und Drusus (Letzterer wurde etwa drei Monate nach ihrer Heirat mit Augustus geboren). Drusus heiratete Augustus Nichte - Antonia - und ihr Sohn Claudius wurde der vierte Kaiser der julisch-claudischen Dynastie.

Livias älterer Sohn Tiberius heiratete Vipsania Agrippina, und die beiden bekamen einen Sohn: Drusus Julius Cäsar. Die Römer hatten die Angewohnheit, ihre Söhne nach ihren Brüdern zu benennen, was zu Verwirrung führen kann. Nach acht Jahren glücklicher Ehe mit Vipsania forderte Augustus Tiberius dazu auf, sich von seiner Frau scheiden zu lassen und Augustus Tochter Julia zu heiraten - Tiberius Stiefschwester. Diese Ehe war eine Katastrophe. Tiberius war immer noch in Vipsania verliebt; Julia war ihrem früheren Ehemann untreu gewesen, und sie war Tiberius ebenfalls untreu. Schließlich klagte Augustus seine Tochter des Ehebruchs und des Verrats an, erklärte ihre Ehe mit Tiberius für ungültig und verbannte sie auf eine kleine Insel im Tyrrhenischen Meer. Allerdings adoptierte Augustus zwei ihrer fünf Kinder - Gaius Cäsar und Lucius Cäsar - als sie noch Kleinkinder waren.

Damit blieb die rechtmäßige Identität des nächsten Kaisers unklar. Sollte es einer von Augustus leiblichen Enkeln werden? Oder Tiberius - sein Stiefsohn und ehemaliger Schwiegersohn? Augustus ließ alle drei ausbilden und trainieren, um seine Nachfolge anzutreten - so hielt er sich alle Optionen offen. Vielleicht ging Tiberius davon aus, dass sein Stiefvater sich für einen der Enkel entscheiden würde, oder er fiel in eine seiner depressiven Episoden, aber plötzlich, nach einer vielversprechenden politischen und militärischen Karriere, ließ Tiberius alles stehen und liegen und zog sich nach Rhodos zurück.

Nach einigen Jahren starben sowohl Gaius als auch Lucius, so dass Tiberius der einzige verbleibende Nachfolger war. Augustus adoptierte Tiberius im Jahr 4 n. Chr. rechtlich, und Tiberius adoptierte seinen Neffen Germanicus. Mit seinem leiblichen Sohn Drusus und seinem Adoptivsohn Germanicus hatte Tiberius nun zwei potenzielle Nachfolger für den Thron. Tiberius kehrte nach Rom zurück und nahm seine politische Karriere wieder auf. Im Jahr 13 n. Chr. wurde Tiberius zum Mitprinzen von Augustus ernannt – mit den gleichen Befugnissen -, so dass Rom nach dem Tod von Augustus ohne Unterbrechung weiter regiert werden konnte.

Cäsar Augustus starb ein Jahr später, im Jahr 14 n. Chr., und wurde prompt zum Gott erklärt. Der Senat trat zusammen und bestätigte Tiberius' Position als Princeps (Kaiser). Tiberius überließ die meisten Entscheidungen dem Senat und hatte wenig Interesse an den Staatsgeschäften - dennoch herrschte in Rom während seiner Regierungszeit Frieden und Wohlstand.

Diese Büste des Tiberius wurde in der antiken römischen Stadt Termes (im heutigen Montejo de Tiermes, Provinz Soria, Spanien) gefunden.
Luis García, CC BY-SA 3.0 <http://creativecommons.org/licenses/by-sa/3.0/>, via Wikimedia Commons https://commons.wikimedia.org/wiki/File:Tiberius_(M.A.N._Madrid)_01.jpg

Tiberius litt unter erdrückenden und lähmenden Depressionen, die auch dadurch nicht besser wurden, dass die Umstände seines Lebens - nun ja, deprimierend waren. Als niedergeschlagener und desinteressierter Herrscher griff er nur für das Nötigste in die Staatskasse. Sein Mangel an Extravaganz ermöglichte es ihm, seinem Nachfolger einen wirtschaftlichen Überschuss zu hinterlassen.

Der Neffe und Adoptivsohn des Tiberius, Germanicus, war sehr beliebt und brillierte in seiner militärischen und politischen Karriere. 18 n. Chr. übertrug ihm Tiberius die Kontrolle über die östliche Hälfte des Reiches - was bedeutete, dass er Tiberius' Nachfolger werden würde. Nur ein Jahr später starb er aber plötzlich und man nahm an, dass er vergiftet worden war. Tiberius verfiel erneut in Depressionen und übertrug seinem leiblichen Sohn Drusus seine Aufgaben, einschließlich der Teilung der Tribunizien, während er sich für zwei Jahre nach Süditalien zurückzog. Dann starb auch Drusus plötzlich unter mysteriösen Umständen (wahrscheinlich wurde er von Sejanus, einem politischen Rivalen, ebenfalls vergiftet) im Jahr 23 n. Chr.

Da sowohl Germanicus als auch Drusus tot waren, musste sich Tiberius schnell für einen neuen Erben entscheiden. Er adoptierte die beiden Söhne des Germanicus - Nero (nicht derselbe Nero wie der ruchlose Kaiser) und Drusus. Dann zog er sich wieder aus Rom zurück und überließ die Stadt Sejanus - seinem Prätorianerpräfekten -, ohne zu wissen, dass Sejanus wahrscheinlich seinen Sohn vergiftet hatte. Während Tiberius gegen die Dämonen der Depression ankämpfte und sich in Capri der Ausschweifung hingab, beschuldigte Sejanus, der inzwischen Konsul war, Nero der Homosexualität und verbannte ihn ins Exil, wo er bald darauf starb. Sejanus sperrte Drusus in den Palastkerker und ließ ihn verhungern. Der dritte Sohn des Germanicus - Caligula - wurde gerettet, als Tiberius ihn nach Capri rief, wo er sechs Jahre lang lebte.

Nach Jahren der Abwesenheit aus Rom wurde Tiberius auf die wachsende Bedrohung durch Sejanus und seine hinterhältigen Intrigen aufmerksam. Plötzlich, im Jahr 31 n. Chr., wurde Sejanus verhaftet, durch Strangulation hingerichtet und dann die Gemonische Treppe hinuntergeworfen, wo die Menge seinen Körper in Stücke riss. Seine Frau beging Selbstmord, schickte aber zuvor einen Brief an Tiberius, in dem sie ihm mitteilte, Sejanus habe Tiberius' Sohn Drusus vergiftet. Tiberius ließ alle Menschen in Rom beseitigen, die im Verdacht standen, mit Sejanus gemeinsame Sache gemacht zu haben.

Danach zog sich Tiberius zurück und überließ die Regierungsgeschäfte dem Senat, der in Paranoia verfiel. Er kümmerte sich nicht um die Ernennung eines Nachfolgers und starb 37 n. Chr. im Alter von 77 Jahren - einige flüsterten, Caligula habe ihn erwürgt.

Tiberius hinterließ seinen Besitz und seine Titel Caligula und Gemellus (seinem Enkel, dem Sohn des Drusus) - mit der Absicht, dass sie gemeinsam regieren sollten. Caligula ließ das Testament in

Bezug auf Gemellus sofort annullieren, adoptierte den Teenager jedoch. Obwohl er unter seinem Spitznamen Caligula bekannt war - was so viel wie „kleine Stiefel" bedeutet, weil sein Vater ihm als Kleinkind Miniatur-Militärstiefel hatte anfertigen lassen - war sein richtiger Name nun Gaius Cäsar Augustus Germanicus.

Dieses Bildnis zeigt Caligula und Roma - es handelt sich bei Roma und die künstlerische Personifikation Roms. Von Andreas Praefcke - Privates Photo, öffentlich zugänglich.
https://commons.wikimedia.org/w/index.php?curid=12437143

Der Senat rief Caligula zum Kaiser aus, der von den Bürgern Roms als strahlender Stern gefeiert wurde. Die ersten sieben Monate von Caligulas Herrschaft schienen idyllisch zu sein: Er leitete Reformen ein, setzte Wahlen wieder ein, belohnte das Militär mit Prämien, gewährte Steuererleichterungen, initiierte

Bauprojekte und unterhielt die Bürger mit extravaganten Spielen (die die Staatskasse schnell leerten).

Dann erkrankte Caligula an einer schweren Krankheit. Laut Cassio Dio handelte es sich um ein Hirnfieber, was auf Meningitis oder Enzephalitis hindeutet. Allem Anschein nach änderte sich seine Persönlichkeit plötzlich und wurde diabolisch. Er war unberechenbar, leicht erregbar und narzisstisch. Dio sagte, dass er die römischen Götter und Göttinnen verkörperte und glaubte, eine göttliche Natur zu haben.

Wahrscheinlich litt er lebenslang an Epilepsie - der römische Historiker Suetonius berichtet, dass er als Kind an der „Fallkrankheit" litt; die Symptome besserten sich in der Jugend, aber er hatte immer noch Episoden plötzlicher Schwäche, in denen er nicht stehen oder sitzen konnte und geistig verwirrt war - was auf atonische Anfälle hindeutet. Suetonius berichtete außerdem von Schlafstörungen - er konnte nur etwa drei Stunden pro Nacht schlafen und wurde von Albträumen geplagt.

Nach seiner fast tödlichen Krankheit wurde Caligula verwirrt, paranoid gegenüber seiner Umgebung und neigte zu sadistischen Grausamkeiten. Da er seinen Adoptivsohn Gemellus verdächtigte, ihm den Tod zu wünschen, befahl Caligula ihm, Selbstmord zu begehen - mit Hilfe der Palastwachen. Er verbannte oder tötete alle seine Verwandten und gab die Morde als Selbstmord aus. Prozesse wegen Hochverrats und Hinrichtungen von Staatsmännern waren an der Tagesordnung.

Aber ob er wohl wirklich sein Pferd zum Priester gemacht hat? Das ist schwer zu glauben... Er liebte Incitatus, der in einem Marmorstall mit einer Elfenbeinkrippe lebte. Dio sagte, er habe das Pferd zum Priester gemacht, während Suetonius berichtet, er habe lediglich geplant, das Pferd zum Konsul zu machen. Wahrscheinlich machte er nur scherzhafte Bemerkungen, in denen er die Senatoren (mit denen er eine laufende Fehde führte) auf wenig schmeichelhafte Weise mit seinem Pferd verglich. Aber das war eben Caligula, der sich nicht an die gesellschaftlichen Normen hielt.

Caligula erweiterte das Reich durch die Übernahme Mauretaniens, das zuvor ein Klientelkönigreich Roms war, indem er König Ptolemäus von Mauretanien nach Rom einlud, ihn hinrichten ließ und Mauretanien annektierte. Vor seinem frühen Tod im Alter von 28 Jahren setzte er die Eroberung Britanniens in Gang.

Nachdem sie seine Herrschaft weniger als vier Jahre lang ertragen hatten, waren die Römer bereits bereit für einen Wechsel. Die Prätorianergarde (und wahrscheinlich der Senat) verschworen sich, und heckten einen Plan aus um ihn zu töten - sie erstachen ihn und seine Frau im Januar 41 n. Chr. und schlugen den Kopf seiner kleinen Tochter dabei gewaltsam gegen die Wand.

Die Statue von Claudius kann im Vatikan Museum bestaunt werden.
Avidius, CC BY-SA 4.0 <https://creativecommons.org/licenses/by-sa/4.0>, via Wikimedia Commons https://commons.wikimedia.org/wiki/File:ClaudiusJupiter.jpg

Tiberius Claudius Cäsar Augustus Germanicus wurde 41 n. Chr. automatisch zum nächsten Kaiser erklärt - er war der einzige erwachsene Mann in der Familie! Claudius überlebte die Säuberungen aufgrund einer Behinderung - bei der es sich möglicherweise um das Tourette-Syndrom handelte. Er hatte schwache Knie, stolperte beim Gehen, lachte spontan zu unangebrachten Zeiten, schüttelte den Kopf, wenn er gestresst war, sabberte, hatte einen Sprachfehler und machte willkürliche, bizarre Aussagen, die nichts mit dem Thema des Gesprächs zu tun hatten.

Caligula behielt seinen Onkel zur Unterhaltung bei sich und forderte seine Tischgäste auf, ihre Olivenkerne nach ihm zu werfen. Selbst seine Mutter nannte ihn eine Monstrosität. Als er älter wurde, nahmen seine Symptome ab, und er wurde als gelehrter Historiker anerkannt und diente schließlich mit Caligula als Konsul. Während die Prätorianergarde auf der Jagd nach Caligulas Frau und Baby war, um sie zu ermorden, versteckte sich Claudius hinter einem Vorhang im Palast. Plötzlich schob ein Prätorianer den Vorhang zurück, starrte Claudius an, kniete nieder und sagte zu den anderen Wachen: „Das ist Germanicus - unser Kaiser!"

Claudius erwies sich als gewissenhafter und fähiger Verwalter, der im ganzen Reich umfangreiche Infrastrukturprojekte in Angriff nahm: Aquädukte, Straßen, Häfen und Kanäle. Trotz der Kosten für diese Projekte machte er Caligulas Schuldendesaster durch eine ausgewogene Kontrolle der Staatskasse und die Zentralisierung der Regierung wieder wett. Er erweiterte die Grenzen Roms, indem er im Jahr 43 n. Chr. 40.000 Soldaten und mehrere Kriegselefanten über den Ärmelkanal schickte, die Eroberung Britanniens begann und Thrakien, Lykien, Judäa, Österreich und Pamphylien unter die direkte Kontrolle Roms brachte. Er erweiterte das römische Bürgerrecht in den Provinzen. Er war in der römischen Justiz aktiv und diente sogar als Richter.

Claudius war ein eifriger Frauenheld, und sein Liebesleben wurde schließlich tödlich. Seine erste Frau starb am Tag ihrer Hochzeit. Seine dritte Frau war eine Nymphomanin, die während ihrer kurzen Ehe einen Sohn und eine Tochter - Britannicus und Octavia - zur Welt brachte. Seine vierte und letzte Frau war seine Nichte Agrippina, Caligulas Schwester.

Agrippina manipulierte Claudius erfolgreich, damit er Nero, ihren Sohn aus erster Ehe, adoptierte und ihn zum Nachfolger von Britannicus machte. Sie sorgte dafür, dass Nero im Jahr 53 n. Chr. seine Stiefschwester Octavia heiratete. Zu diesem Zeitpunkt verdächtigte Claudius Agrippina und Nero bereits einer Verschwörung und plante, seinen leiblichen Sohn Britannicus stattdessen zum Anführer zu erheben. Agrippina verhinderte dies, indem sie Claudius bei einem Bankett mit Pilzen vergiftete und ihn so 54 n. Chr. im Alter von 63 Jahren tötete.

Nero Claudius Cäsar Augustus Germanicus wurde im Alter von 16 Jahren Kaiser von Rom, als Claudius starb; sein 13-jähriger Stiefbruder Britannicus starb praktischerweise - plötzlich - drei Monate später. Agrippinas Plan, durch ihren Sohn indirekt selbst zu regieren, schlug fehl - er verbannte sie aus dem Palast, als sie seine Liebesaffären kritisierte, und wollte sie dann bei einem Schiffsunglück sterben lassen, das sie aber überlebte – nur um kurz darauf in ihrer Villa erstochen zu werden. Ganz der Tradition der Caligula entsprechend wurde ihr Tod als Selbstmord dargestellt.

In den ersten Jahren seiner Herrschaft, die von seinem Lehrer Seneca und seinem Berater Burrus geleitet wurde, verlieh Nero dem Senat mehr Macht, senkte die Steuern (er wollte sie ganz abschaffen, aber Seneca und Burrus erklärten ihm, warum das nicht funktionieren konnte), stärkte die Rechte der Sklaven und leistete Katastrophenhilfe für Städte in Not. Mit Hilfe seiner kompetenten Generäle sorgte er für Siege in Armenien, Deutschland und Großbritannien und förderte eine erfolgreiche Expedition zur Entdeckung der Nilquelle.

Natürlich war er weder an den militärischen Feldzügen noch an den meisten politischen Angelegenheiten persönlich beteiligt. Er widmete seine Aufmerksamkeit den Künsten - dem Gesang, dem Leierspiel, dem Tanz, der Schauspielerei, der Poesie, der Malerei und den Wagenrennen. Als die Olympischen Spiele in Rom stattfanden, fügte er den sportlichen Wettbewerben künstlerische Wettbewerbe hinzu und nahm an beiden Wettbewerben selbst teil. Er gewann alle, an denen er teilnahm, sogar ein Wagenrennen, das er nie beendete (sein Wagen war während des Rennens umgekippt...).

Nach dem Tod seines Lehrers Brutus im Jahr 62 n. Chr. übernahm seine dunkle Seite die Oberhand. Er zwang Seneca zum Selbstmord und geriet dann in Panik, als er allein Entscheidungen treffen musste. Als seine Geliebte Poppaea mit seinem Kind schwanger wurde, ließ er sich von Octavia scheiden, schickte sie ins Exil und heiratete Poppaea 12 Tage später. Nero und Poppaea ließen Octavia dann in einem übermäßig heißen Bad töten.

Die Tochter von Nero und Poppaea starb im Alter von vier Monaten, aber zwei Jahre später war Poppaea erneut schwanger. In einem heftigen Streit trat Nero ihr in den Bauch und tötete sie und das ungeborene Kind. Nero war am Boden zerstört, trauerte um sie und gab ihr ein Staatsbegräbnis. Etwa ein Jahr später stieß er auf einen Jungen namens Sporos, der möglicherweise zu den *puer deliciae* gehörte – männliche Kinder mit zarten Gesichtszügen (in der Regel Sklaven), die von römischen Männern zu ihrem sexuellen Vergnügen missbraucht wurden. Sporos hatte eine bemerkenswerte Ähnlichkeit mit Poppaea. Nero ließ Sporos kastrieren und heiratete ihn; Sporos begleitete seinen Mann in der Öffentlichkeit und trug dabei die Kleider der ehemaligen Kaiserin.

Das Feuer von 64 n. Chr. zerstörte zwei Drittel der Stadt.
Internet Archive Book Images, No restrictions, via Wikimedia Commons
https://commons.wikimedia.org/wiki/File:History_of_Nero_(1881)_(14586334218).jpg

Im Jahr 64 n. Chr. brach in Rom ein großes Feuer aus, das über eine Woche lang brannte und unzählige Häuser und Tempel zerstörte. Die meisten römischen Historiker schoben die Schuld für den Ausbruch auf Nero, der Platz für sein Projekt des Goldenen Hauses schaffen musste, für das er mindestens 100 Hektar benötigte. Um den Verdacht von sich abzulenken, gab Nero stattdessen den Christen die Schuld. Sowohl Juden als auch Heiden in Rom wurden durch ein revolutionäres Konzept zum Christentum hingezogen - eine Ideologie der Nächstenliebe anstelle der Macht. Nero trieb die Anhänger des Christentums zusammen: Er kreuzigte sie, warf sie den wilden Tieren vor oder erhellte seinen Garten mit ihren brennenden Leichen. Der Apostel Petrus wurde gekreuzigt, Paulus wurde enthauptet.

Nach dem Brand sah Neros neuer Bauplan vor, dass die Häuser in einem gewissen Abstand zueinanderstehen sollten - nicht wie die bisherigen Stadthäuser aneinandergereiht, aus Ziegeln und nicht aus Holz gebaut und mit einem Säulengang an der Fassade versehen. Um die immensen Kosten für den Wiederaufbau Roms zu decken, wertete Nero die römische Währung ab, forderte Tributzahlungen von den Provinzen des Reiches und erhöhte die Steuern.

Rom wurde seines despotischen Kaisers überdrüssig. Im Jahr 68 n. Chr. rebellierten drei Provinzstatthalter - Vindex, Galba und Otho - gegen die hohe Besteuerung und erklärten Galba zum neuen Kaiser. Otho, Gouverneur von Lusitanien, hegte eine schwelende Wut gegen Nero, weil er ihm seine Frau Poppaea geraubt und sie dann getötet hatte. Die römischen Truppen besiegten Vindex' Armee in Gallien, aber dann forderten auch die römischen Legionen einen neuen Kaiser.

Als sich die Prätorianergarde gegen Nero wandte, verließ er die Stadt, um mit Sporos, dem Jungen den er geheiratet hatte, in die östlichen Provinzen zu segeln, aber er kam nicht weit über die Mauern Roms hinaus - seine Armee weigerte sich, ihn irgendwohin mitzunehmen. Nero erkannte, dass seine einzige Möglichkeit der Selbstmord war. Er befahl seinen Dienern, sein Grab zu schaufeln, doch dann verlor er die Nerven und bat einen seiner Gefährten, zuerst Selbstmord zu begehen. Keiner meldete sich freiwillig. Da er nicht in der Lage war, sich selbst zu töten, bat er seinen Sekretär, ihn zu erstechen. Nero starb im Alter von 30 Jahren am 9. Juni 68 - dem Ende der julisch-claudischen Dynastie.

Tacitus beschrieb das folgende Jahr - das Jahr der vier Kaiser - als „eine an Katastrophen reiche Periode ... selbst im Frieden voll von Schrecken". Wieder einmal war Rom in einen erbitterten Bürgerkrieg verwickelt. Vindex, der Anführer der Rebellion, hatte Selbstmord begangen, aber in der Nacht von Neros Tod proklamierte der Senat Galba zum neuen Kaiser.

Galba sah sich der unmittelbaren Bedrohung durch Nymphidius Sabinus, den Präfekten der Prätorianergarde, ausgesetzt, der seine eigenen Ambitionen auf die Kaiserwürde hegte. Nymphidius hatte seine Männer davon überzeugt, Nero im Stich zu lassen, aber als Nymphidius Neros junge Frau Sporos heiratete und versuchte, sich selbst zum Kaiser zu machen, wurde er von seinen eigenen Männern getötet.

Galba war für seine Habgier und Grausamkeit bekannt - auf seinem Marsch nach Rom durch Spanien und Gallien dezimierte er alle Städte, die ihm im Weg standen und sein Recht auf die Herrschaft in Frage stellten, oder verhängte hohe Geldstrafen. Nach seinem Einzug in Rom machte er Neros Reformen rückgängig und ließ angesehene Bürger ohne Gerichtsverfahren hinrichten, dabei war der Grund für die Hinrichtung üblicherweise nur ein vager Verdacht. Seine Herrschaft dauerte sieben Monate.

Die römischen Legionen in Deutschland weigerten sich, Galba die Treue zu schwören, und riefen ihren eigenen Statthalter - Vitellius - zum Kaiser aus. In der Zwischenzeit inszenierte die Prätorianergarde einen Staatsstreich, tötete Galba auf dem Forum und schlug ihren Kandidaten - Otho - als Kaiser vor (der sie gut bestochen hatte). Mit großer Erleichterung billigte der Senat die Ernennung Othos, von dem man nicht erwartete, dass er sich als brutaler Despot entpuppte.

Otho nahm den Jungen Sporos (der seiner verstorbenen Frau Poppaea ähnelte) zu sich und machte sich an die Arbeit, Rom zu stabilisieren - wobei er feststellte, dass es viel einfacher war, einen Staatsstreich anzuführen, als hinterher die Stücke des Landes wieder zusammenzusetzen. Innerhalb weniger Wochen erfuhr er, dass Vitellius von Deutschland aus nach Rom marschierte. Vitellius lehnte Othos Angebot, das Reich zu teilen, ab. Obwohl die Vorzeichen gegen ihn standen, marschierte Otho mit seinen Legionen nach Norden, um die Grenzen Italiens zu verteidigen, doch er kam zu spät. Vitellius' Truppen hatten die Alpen überquert und befanden sich bereits in Norditalien. Vitellius gewann die darauffolgende Schlacht, die römischen Soldaten wechselten schnell auf seine Seite, und Otho beging Selbstmord - und beendete damit seine dreimonatige Herrschaftszeit.

Sobald der Senat von Othos Selbstmord erfuhr, erkannte er Vitellius als Kaiser an, während er nach Rom marschierte. Er vergrößerte die Prätorianergarde, indem er seine loyalen Soldaten aus Deutschland einsetzte, und begann dann mit einer Reihe von Festbanketten und Triumphparaden damit, das Volk für sich zu gewinnen. Er entledigte sich auch öffentlich seiner Rivalen, indem er sie zwang, an grausamen Spielen und Gladiatorenshows teilzunehmen. Er plante, den unglücklichen Sporos in einer Nachstellung der Vergewaltigung der Proserpina zu foltern und zu töten, aber der Junge brachte sich vorher um.

Seine verschwenderischen Feste und Umzüge leerten die Staatskasse, so dass er als nächstes reiche Bürger dazu überredete, ihn als ihren Erben einzusetzen, sie dann tötete und ihr Vermögen einkassierte. Nach drei Monaten der Völlerei und der Spiele schlug die Realität zu - in Form eines neuen Anwärters auf die Führung Roms. Ägypten, Judäa und Syrien kündigten die Ernennung ihres eigenen Kaisers an: ein Mann namens Titus Flavius Vespasianus - der heldenhafte Legat, der im Jahr 43 n. Chr. die Eroberung Englands anführte.

Vespasian ließ seinen Sohn Titus zurück, um sich um den jüdischen Aufstand in Judäa zu kümmern, und war auf dem Weg nach Italien, als die Legionen in der Schweiz, in Deutschland, Österreich und auf dem Balkan ihn ebenfalls als Kaiser anerkannten. Bevor Vespasian in Italien eintraf, überquerten die nördlichen Legionen die Alpen auf dem Weg nach Norditalien und errangen einen überwältigenden Sieg über Vitellius, der enthauptet und dessen Körper in den Tiber geworfen wurde.

Trotz des Chaos der julisch-claudischen Dynastie und des Jahres der vier Könige herrschte im Rest des Reiches Frieden - zumindest herrschte mehr Recht und Ordnung als es in den Provinzen rund um das Mittelmeer herum seit Jahrtausenden gegeben hatte. Die *Pax Romana* (der sogenannte Römische Frieden) hielt von etwa 27 v. Chr. (dem Beginn der Herrschaft von

Augustus Cäsar) bis 180 n. Chr. (dem Tod von Marcus Aurelius) an. Dank der Zentralregierung, der gemeinsamen Sprachen (Lateinisch und Griechisch) und eines ausgezeichneten und ausgedehnten Straßennetzes konnte das Imperium einen beispiellosen Aufschwung in Handel, Wirtschaft, Handwerk und Kultur erleben. Das Reisen war ebenfalls relativ sicher, da römische Legionen rund um das Reich herum stationiert waren und Banditen zu Lande und Piraten zur See abhielten.

Die *Pax Romana* beeinflusste die Verbreitung des Christentums in hohem Maße. Im Neuen Testament wird berichtet, dass Jesus während der Herrschaft des Augustus geboren wurde und sein Lehramt unter der Herrschaft des Tiberius ausgeübt wurde. Die Missionsreisen des Apostels Paulus durch weite Teile des Römischen Reiches fanden unter Claudius und Nero statt, ermöglicht durch die Pax Romana. Rom war im Allgemeinen tolerant gegenüber anderen Religionen, und die Christen wurden bis zu den letzten Jahren von Neros Herrschaft nur sporadisch verfolgt. Als römischer Bürger wandte sich Paulus an den Kaiser (Nero), um um Hilfe zu bitten, als die Juden ihn verhafteten. Seiner Bitte wurde Folge geleistet, und er wurde nach Rom gebracht, wo er zwei Jahre lang in seinem eigenen gemieteten Haus unter dem Schutz der Prätorianergarde lebte und Freundschaften knüpfte, die bis in Neros Haushalt hineinreichten.

Kapitel 11: Die Flavier und die Antoninen

Obwohl sie von einem schrecklichen Vulkanausbruch, einem weiteren Brand in Rom und einer Seuche heimgesucht wurde, stellte die flavische Dynastie nach dem Jahr des gewaltsamen Machtkampfes der vier Kaiser die Stabilität und Ordnung in Rom wieder her. Auf sie folgte die Antoninen Dynastie, die für Stabilität an den Grenzen, gute Kaiser, Wohlstand, eine unangefochtene Nachfolgereihenfolge und blühende Künste bekannt war.

Titus Flavius Vespasianus - der Begründer der flavischen Dynastie - stieg aus bescheidenen Verhältnissen auf, um Rom während seiner zehnjährigen Regierungszeit wieder zu einem Ort der Ehre, der Stärke und des Zusammenhalts zu machen. Sein Weg zur Macht führte über herausragende militärische Verdienste, die ihm die Bewunderung seiner Truppen einbrachten. Titus wurde während der Wirren im Staat nach dem Ende von Neros Monarchie zum Kaiser ausgerufen. Bevor er Kaiser wurde, war er eine treibende Kraft bei der Invasion Britanniens und diente dann als Prokonsul in Afrika - was nicht so gut lief: Das Volk bewarf ihn mit Rüben, weil es durch sein knapp gesetztes Budget verärgert war.

Nero beauftragte ihn 67 n. Chr. mit der Niederschlagung des Großen Jüdischen Aufstandes - einer Rebellion der einfachen Leute gegen die jüdische und römische Führungsschicht. Im Jahr

66 n. Chr. griffen jüdische Zeloten römische Bürger an; der römische Statthalter Gessius Florus schlug zurück und plünderte den Tempel in Jerusalem. Die empörten Juden massakrierten 6.000 römische Soldaten, woraufhin Nero Vespasian schickte, um die jüdischen Streitkräfte zu vernichten und die Bürger zu bestrafen. Vespasian und sein Sohn Titus schlachteten etwa 10.000 Juden in Cäsarea und Galiläa ab oder verkauften sie in die Sklaverei, und die restlichen aufständischen jüdischen Streitkräfte flohen nach Jerusalem.

Vespasian kehrte nach Rom zurück, um dort der neue Kaiser zu werden, aber Titus belagerte Jerusalem sieben Monate lang und ließ die Bevölkerung hungern. Drei Jahrzehnte zuvor hatte Jesus über das Leiden in Jerusalem geklagt und die Belagerung prophezeit. Titus durchbrach die Mauern, brannte die Stadt - einschließlich ihres Tempels - nieder und machte sie dem Erdboden gleich. Eine Million Juden starben in Judäa, und 60.000 wurden als Sklaven nach Rom verschleppt, um dort das Kolosseum zu bauen. Der Tempel in Jerusalem wurde nie wieder aufgebaut.

Eine der ersten Aufgaben Vespasians als Kaiser war es, Geld zu beschaffen, um die Verluste durch Neros Verschwendungssucht auszugleichen, Schäden an Gebäuden und der Infrastruktur aus einem Jahr Bürgerkrieg zu beheben und neue Bauprojekte für Tempel, ein Theater und das Kolosseum in Angriff zu nehmen. Er forderte öffentliches Land zurück und erhöhte die Steuern, wobei er sogar eine Steuer auf die Benutzung öffentlicher Toiletten erhob, was die Bürger dazu veranlasste, die Urinale spöttisch *vespasiano* zu nennen.

Das Kolosseum wurde während der flavischen Dynastie gebaut, um darin Spiele, Gladiatorenkämpfe und wilde Tierkämpfe zu veranstalten.
Diliff, CC BY-SA 2.5 <https://creativecommons.org/licenses/by-sa/2.5>, via Wikimedia Commons https://commons.wikimedia.org/wiki/File:Colosseum_in_Rome-April_2007-1-_copie_2B.jpg

Im Jahr 70 n. Chr. begann Vespasian mit dem Bau des Kolosseums - des größten noch erhaltenen antiken Amphitheaters der Welt - im Zentrum Roms. Das Kolosseum wurde sehr nah am Forum im Stadtzentrum erbaut. Es wurde 80 n. Chr. von seinem Sohn Titus fertiggestellt; sein zweiter Sohn Domitian nahm während seiner Regierungszeit weitere Änderungen vor. Es war als flavisches Amphitheater bekannt und wurde für Spiele, Gladiatorenkämpfe und wilde Tierkämpfe genutzt. Während Vespasian seine Herrschaft erweiterte, baute General Agricola die römische Provinz Britannien aus und stieß im Norden bis nach Schottland vor.

Vespasian war für seinen gesunden Menschenverstand und seinen derben Humor bekannt. Als er mit anhaltendem Durchfall im Sterben lag, witzelte er: „Ich glaube, ich werde nach meinem Tod zum Gott", und machte sich damit über den Brauch der Römer lustig, ihre Kaiser nach ihrem Tod in den Rang eines Gottes zu erheben. Er starb 79 n. Chr. im Alter von 69 Jahren, und sein Sohn Titus bestieg den Thron – es war das erste Mal, dass ein römischer Kaiser von seinem leiblichen Sohn beerbt wurde.

Titus Cäsar Vespasianus war beliebt und wurde für seine militärischen und verwaltungstechnischen Fähigkeiten sowie für seine Reformen bewundert. Zu diesen gehörte z. B. die

Abschaffung der Hochverratsprozesse, die als Hexenjagd zur Beseitigung von Rivalen eingesetzt wurden. Doch den Großteil seiner zweijährigen, und damit sehr kurzen Regierungszeit verbrachte Titus mit Katastrophenmanagement: Denn nur zwei Monate nach seiner Thronbesteigung war Italien von drei schrecklichen Katastrophen heimgesucht worden.

Am 24. August 79 n. Chr. explodierte der Vesuv und schoss Asche und Bimsstein zehn Meilen hoch in die Stratosphäre, die im Anschluss auf die Stadt Pompeji niederregneten. Die meisten Bürger flohen, aber etwa 2.000 konnten sich in ihren Häusern in Sicherheit bringen - doch am nächsten Morgen wartete dort eine noch größere Gefahr auf sie. Der Vulkan hüllte die Stadt Herculaneum in eine tödliche Wolke aus erstickendem Gas und heißer Asche und begrub sie anschließend unter einer dicken Schicht aus Schlamm. Das gleiche giftige Gas tötete auch die Bewohner von Pompeji, und die Stadt wurde anschließend mit 14 Fuß Asche und Bimsstein bedeckt.

Die Körper der Opfer, die durch den Ausbruch des Vesuvs in Pompeji verstarben, wurden von einer gehärteten Schale aus getrockneter Asche und Schlamm umschlossen. Dadurch wurden ihre Körper für fast zwei Jahrtausende unbewegt erhalten. Ab dem Jahr 1863 n. Chr., begann man damit, die Aushöhlung in der gehärteten Asche mit Gips aufzufüllen. So konnten die heute berühmten Gipsmodelle der Überreste der Bürger Pompejis angefertigt werden.

Sparrow (麻雀), CC BY-SA 4.0 <https://creativecommons.org/licenses/by-sa/4.0>, via Wikimedia Commons https://commons.wikimedia.org/wiki/File:Pompeii_casts_18.jpg

Vespasians Freund Plinius der Ältere (er war Schriftsteller, Naturforscher, Philosoph und Flottenkommandant) war zusammen mit seinem 18-jährigen Neffen Plinius dem Jüngeren Augenzeuge des Ausbruchs. Plinius war mit der römischen Flotte zu dieser Zeit in Misenum, auf der anderen Seite des Golfs von Neapel, stationiert, und sein Neffe beschrieb die Vulkanwolke, die hoch aufstieg, und sich in mehrere Richtungen astförmig ausbreitete - wie eine Pinie. Plinius der Ältere organisierte eine Rettungsmission für die Stadt Stabiae. Als sie durch die Bucht segelten, fielen Bimsstein und Schlacke auf das Schiff. Sie retteten einige Überlebende, doch als sie das Schiff verließen, wurden die Retter von heißen giftigen Gasen eingehüllt, an denen Plinius erstickte.

Titus beauftragte zwei ehemalige Konsuln mit der Beurteilung und Koordinierung der Hilfsmaßnahmen und spendete eine großzügige Summe aus der Staatskasse für die Opfer des Unglücks. Bei seinem zweiten Besuch im Frühjahr 80 n. Chr. geriet Rom erneut in Brand, brannte drei Tage und Nächte lang und zerstörte Agrippas Pantheon, das Theater des Pompeius, den Jupitertempel und vieles mehr. Titus entschädigte diejenigen, die ihre Häuser oder Geschäfte in diesem Brand verloren. Während das Feuer in Rom brannte, brach auf dem Land eine tödliche Epidemie aus, an der täglich 10.000 Menschen starben.

Im Jahr 80 n. Chr. feierte Titus die Eröffnung des flavischen Amphitheaters (Kolosseum) mit 100 Tagen der Unterhaltung und Festspielen. Außerdem weihte er die neuen öffentlichen Titusthermen, die gleich neben dem Kolosseum lagen, ein. Nachdem er diese beiden Bauwerke eingeweiht hatte, machte er sich auf den Weg in das sabinische Gebiet, erkrankte jedoch plötzlich, bekam hohes Fieber und starb - in der Blüte seines Lebens und nach nur zwei Jahren als Kaiser.

Als Titus' jüngerer Bruder Domitian als letzter flavischer Kaiser den Thron bestieg, zerstörte er die Hoffnung aller, dass er in die Fußstapfen seines Vaters und Bruders treten und ein ebenso fähiger Kaiser sein konnte. Er war unhöflich und tyrannisch gegenüber den Senatoren und entmachtete sie. Er legte seltsame Verhaltensweisen an den Tag, verschwand in einem Zimmer, um Fliegen zu fangen und sie mit einer Nadel zu erstechen, was das Volk zu einem Scherz veranlasste: „Mit wem hat der Kaiser heute

Zeit verbracht?" „Mit niemandem! Keine Fliege hat ihm Gesellschaft geleistet."

Aber Domitian leitete das Reich mit Effizienz - er neigte dazu, alles bis ins kleinste Detail zu regeln. Er ließ strenge Steuern erheben, um die Kosten für die beiden prunkvollen Paläste zu decken, die er für sich selbst errichten ließ - einen in Rom und den anderen in den Albaner Bergen -, und er baute das Domitian-Stadion für sportliche Wettkämpfe. Gegen Ende seiner fünfzehnjährigen Herrschaft wurde er immer paranoider und ließ mindestens zwanzig Senatoren wegen Verrat oder Korruption hinrichten. Seine Paranoia war nicht ganz unbegründet: 96 n. Chr. wurde er von Stephanus, einem freigelassenen Sklaven, im Rahmen eines von seinem Kämmerer Parthenius ausgeheckten Komplotts mit einem Messerstich in die Leiste ermordet – und so war der letzte Herrscher der flavischen Dynastie verstorben.

An dem Tag, an dem Domitian ermordet wurde, verkündete der Senat, dass Marcus Cocceius Nerva zum nächsten Kaiser Roms ernannt worden war - und leitete damit die Antoninen Dynastie und die Amtszeit des ersten der „fünf guten Kaiser" ein, die Rom Ordnung, Ausgeglichenheit und Wohlstand brachten.

Und warum entschied sich der Senat zur Wahl des bereits etwas älteren Nerva? Vielleicht einfach, weil er alt und kränklich war - er sollte als „Platzhalter" dienen, bis der Senat herausgefunden hatte, wen er wirklich in das Amt erheben wollte. In seinen 15 Monaten als Kaiser konnte Nerva die Steuerlast senken, Wirtschaftsreformen durchführen, den Armen Landzuteilungen gewähren, die ausschweifenden Opferbringungen und Vergnügungen einschränken, die die Staatskasse belasteten, und die von den Flaviern begonnenen öffentlichen Bauvorhaben zu Ende führen.

Nerva unternahm nichts, um die Attentäter Domitians zu entlarven und zu bestrafen - Domitian hatte im Kampf seinen Mörder Stephanus erstochen, der mit ihm starb. Vielleicht fürchtete Nerva, die Verschwörer könnten ihn als Nächstes verfolgen. Schließlich hielt ihn die frustrierte Prätorianergarde als Geisel fest, bis er sich dazu bereit erklärte, den Kämmerer und andere an der Verschwörung Beteiligte Menschen zu verhaften und strafrechtlich zu verfolgen.

Im Jahr 97 n. Chr. setzte er Marcus Ulpius Traianus als seinen Erben und Nachfolger ein; sechs Monate später erlitt er einen Schlaganfall und starb kurz darauf.

Trajan diente als der zweite der „fünf guten Kaiser" der Antoninen Dynastie.
https://commons.wikimedia.org/w/index.php?curid=1954744

Der neue Kaiser Trajan wurde in Spanien als Sohn römischer Eltern geboren. Nerva adoptierte ihn, obwohl er nicht mit ihm verwandt war, und machte ihn aufgrund von Trajans ruhmreicher militärischer Karriere zu seinem Erben - Nerva war dringend auf die Unterstützung des Militärs angewiesen. Trajan hatte auch als Statthalter in Nordeuropa und als Konsul von Rom gedient. Bevor er Kaiser wurde, übernahm Trajan die Vormundschaft für seine Cousins Hadrian und Paulina, deren Eltern gestorben waren.

Als Kaiser entmachtete Trajan den Senat weitgehend, traf aber Regierungsentscheidungen, die der Senat wahrscheinlich ohnehin getroffen hätte, und erwarb sich den Ruf eines tugendhaften Autokraten und eines Vorbilds der Mäßigung. Er zeichnete sich dadurch aus, dass er mindestens vierzehn griechische Senatoren in den römischen Senat berief. Dadurch wurde die Repräsentation der Provinzbevölkerung des Reiches im Senat verbessert. Dies trug dazu bei, dass die wachsenden Spannungen mit der östlichen

Reichshälfte abgebaut werden konnten.

Trajan war in erster Linie Soldat, und sein Hauptanliegen war die Erweiterung der Grenzen des Reiches. Nach zwei Kriegen eroberte er Dakien (im heutigen Rumänien) und machte es zu einer römischen Provinz. Nach dem Tod des Beduinenkönigs annektierte er das nabatäische Königreich in der nordwestlichen arabischen Wüste und schloss es mit Jordanien, der südlichen Levante und der Sinai-Halbinsel zur römischen Provinz Arabia Petraea zusammen. In seinem letzten Feldzug annektierte er Armenien und Babylon als weitere Provinzen.

Mit den Erträgen aus seinen militärischen Siegen renovierte Trajan den Circus Maximus und erweiterte das Forum, gründete aber auch ein Wohlfahrtsprogramm für die Waisen und armen Kinder Italiens und sorgte für Nahrung und Bildung. Im Kolosseum veranstaltete er drei Monate lang Spiele mit fünf Millionen Zuschauern, bei denen Wagenrennen, Gladiatorenkämpfe und Tierkämpfe veranstaltet wurden - 11.000 Gladiatorensklaven und Kriminelle kamen dabei ums Leben.

Auf seinem letzten Feldzug in Mesopotamien im Jahr 117 n. Chr. erlitt Trajan einen Hitzeschlag. Auf dem Sterbebett ernannte er Hadrian zu seinem Adoptivsohn und Nachfolger - obwohl Gerüchte kursierten, dass seine Frau Plotina das Dokument gefälscht habe.

Die Bronzefigur von Hadrian im Israelischen Museum.
*Carole Raddato from FRANKFURT, Germany, CC BY-SA 2.0
<https://creativecommons.org/licenses/by-sa/2.0>, via Wikimedia Commons
https://commons.wikimedia.org/wiki/File:Hadrian-
_An_Emperor_Cast_in_Bronze,_Israel_Museum_(27801269805).jpg*

Die zwanzigjährige Regierungszeit von Cäsar Traianus Hadrianus brachte das Römische Reich zu seiner größten Blüte. Hadrian verbrachte die Hälfte seiner Regierungszeit damit, außerhalb der Grenzen Roms zu reisen, und sorgte für eine gute Verwaltung der Provinzen und den Erhalt einer disziplinierten Armee. Im Jahr 122 errichtete er in Britannien den 73 Meilen langen Hadrianswall, der sich von der Irischen See bis zur Nordsee quer über die Insel erstreckte und Britannien vor den wilden, tätowierten Pikten in Schottland schützte. In ganz Asien, Afrika und Europa baute er Denkmäler und Städte und verbesserte die Infrastruktur und die Straßen. In Rom baute er das Pantheon wieder auf, reparierte Trajans Forum und errichtete weitere römische Bäder.

Im Jahr 132 baute Hadrian Jerusalem wieder auf und provozierte die Juden, indem er an der Stelle des heiligen jüdischen Tempels einen Jupitertempel errichtete, was den berühmten Bar-Kochba-Aufstand auslöste. Während des darauffolgenden erbitterten Krieges wurden 580.000 Juden getötet und 1.000 Städte niedergebrannt. Hadrian benannte die Provinz in Palästina um, vertrieb die Juden, verbrannte die Thora und verbot den jüdischen Glauben.

Nach der Niederschlagung des Aufstands verschlechterte sich Hadrians Gesundheit, und er zog sich für den Rest seiner Herrschaft nach Rom zurück. Wenige Monate vor seinem Tod im Jahr 138 adoptierte Hadrian Antoninus Pius als seinen Sohn und Nachfolger, der später Lucius Verus und Marcus Aurelius adoptierte.

Antoninus Pius verbrachte die friedlichste Regierungszeit aller römischen Kaiser, ohne atemberaubende militärische Eroberungen, ohne Extravaganzen, ja im Allgemeinen ohne nennenswerte Besonderheiten – er war nicht einmal ein sonderbarer Mensch mit fragwürdigen Angewohnheiten oder Freizeitbeschäftigungen. Er reiste nicht so viel herum wie Hadrian es vor ihm getan hatte – er blieb einfach in Italien und verwaltete das Reich auf beispielhafte und seriöse Art und Weise. Aus seiner langen und glücklichen Ehe mit Faustina gingen vier Kinder hervor, aber nur die jüngste Tochter, Faustina die Jüngere, erlebte seine Krönung zum Kaiser. Sie heiratete ihren Cousin Marcus Aurelius – der von Antoninus adoptiert worden war – und gemeinsam hatten sie 13 Kinder, darunter zwei Paar Zwillinge.

Bevor Antoninus Kaiser wurde, hatte er sich als tüchtiger Statthalter von Asien hervorgetan. Als Kaiser war er ein kluger politischer Akteur mit einem ausgeprägten Sinn für Finanzen, der zu einem Überschuss an Geldern in der Staatskasse führte. Zu Ehren seiner Frau errichtete er den Tempel des Antoninus und der Faustina, der später im fünften Jahrhundert in eine katholische Kirche umgewandelt wurde. Er baute die antike Pons-Sublicius-Brücke über den Tiber und weitere Brücken, Straßen und Aquädukte wieder auf.

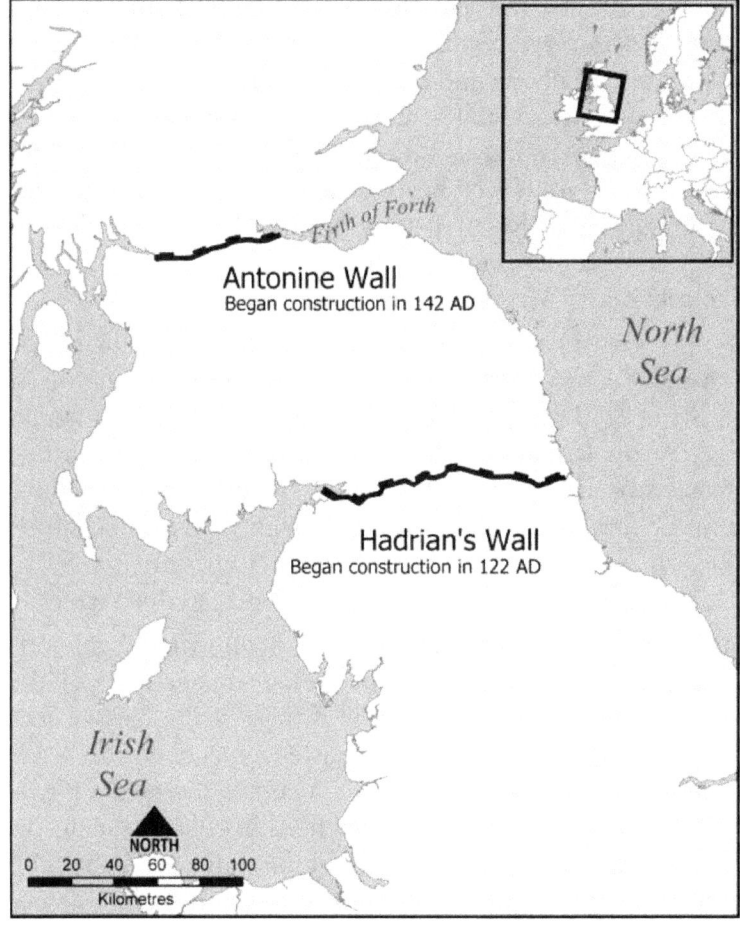

Der Hadrianswall wurde während Hadrians Regierungszeit erbaut und der Antonuiswall wurde während der Herrschaftszeit von Antonius errichtet.

NormanEinstein CC BY-SA 3.0 <http://creativecommons.org/licenses/by-sa/3.0/>, via Wikimedia Commons https://commons.wikimedia.org/wiki/File:Hadrians_Wall_map.png

Obwohl Antoninus in Italien blieb, errang sein numidischer General Quintus Lollius Urbicus einen bescheidenen Sieg, als er in Schottland einfiel, zusätzliches Gebiet eroberte und den Antoniuswall 100 Meilen nördlich des Hadrianswalls errichtete. Antoninus war der erste römische Herrscher, der eine diplomatische Mission nach China (während der Zeit der Han-Dynastie) entsandte, die in die chinesischen Aufzeichnungen einging. Antoninus starb 161 n. Chr. und hinterließ das Reich seinen beiden Adoptivsöhnen - Marcus Aurelius und Lucius Verus - die als Mitregenten fungierten.

Marcus Aurelius war ein stoischer Philosoph und schrieb die berühmten *Selbstbetrachtungen*. Darin schrieb er über den Zweck eines sinnvollen Lebens und das menschliche Verhalten. Er bestieg den Thron zusammen mit seinem Adoptivbruder Lucius Verus - dies war das erste Mal, dass Rom zwei Kaiser hatte. Verus war kein Gelehrter wie Marcus - er bevorzugte den Sport und die Jagd. In dieser ungünstigen Konstellation besaß Marcus Aurelius mehr Autorität, aber gemeinsam führten sie das Reich weiter durch den Höhepunkt seiner Macht und seines Wohlstands.

Die beiden wurden fast sofort auf die Probe gestellt, als König Vologases IV. von Parthien in Armenien einfiel. Da sie keine militärische Erfahrung hatten, schickten Marcus und Lucius den Statthalter von Britannien, Marcus Statius Priscus, um Armenien zurückzuerobern, was jedoch in einer Katastrophe endete. Kurz darauf rebellierten die Syrer gegen die römische Herrschaft. Einer der beiden Kaiser musste nach Osten reisen, um die Sache zu regeln, aber wer von den beiden war dazu eher in der Lage?

Am Ende wurde Lucius geschickt - er hatte zu viel gefeiert und man glaubte, er werde von ein wenig militärischer Disziplin profitieren, außerdem war er für die Kriegsführung besser geeignet als der gelehrte Marcus. Lucius reiste gemächlich nach Osten, schlemmte, jagte und besuchte die Vergnügungsorte in Kilikien und Pamphylien, bevor er schließlich Antiochia erreichte, wo er ein Mindestmaß an militärischer Disziplin aufbringen musste. Die römischen Truppen waren in ihrem Verhalten leider oft ebenso ausschweifend - sie tranken, spielten und wurden im Allgemeinen immer undisziplinierter.

Der vorübergehend wieder autoritäre Lucius führte sie durch Trainingsübungen, marschierte bei den Übungen mit und lief längere Strecken mit dem Rest seiner Armee zu Fuß. Er befahl seinen Männern, einen Schifffahrtskanal am Orontes-Fluss zu bauen, um einen Wasserfall zu umgehen - der Bau legte einen massiven, 18 Fuß langen Tonsarg frei, in dem die Überreste eines Riesen lagen. Kurz darauf reiste er mitten im Krieg nach Ephesus, um die 13-jährige Anna Lucilla, die Tochter des Marcus Aurelius, zu heiraten.

Die römischen Generäle eroberten Armenien, und während Lucius einen neuen König ernannte, fielen die lästigen Parther in Osroene, östlich von Syrien, ein. Im Jahr 165 marschierten die römischen Truppen in Mesopotamien ein und verfolgten die Parther bis zum Tigris, wo ihr General verzweifelt in den Fluss sprang und flussabwärts zu einer Höhle schwamm, wo er Zuflucht fand. Rom übernahm triumphierend die Kontrolle über das gesamte westliche Mesopotamien, und Lucius kehrte nach Rom zurück, wo er sich erneut einem entspannten Lebensstil widmete und als Kriegsheld gefeiert wurde, obwohl seine klugen Generäle die eigentliche Arbeit geleistet hatten.

Die Antoninische Pest - eine Pocken- oder Masernpandemie - brach ab 165 über das Römische Reich herein und wurde von den Militärs aus dem Osten eingeschleppt. Rom verlor durch die Seuche täglich 2.000 Seelen, mindestens fünf Millionen starben im ganzen Reich, und die römische Armee wurde dezimiert. Lucius erkrankte und starb Anfang 169, so dass Marcus zum alleinigen Kaiser wurde.

Während Lucius im Osten kämpfte, wehrte sich Marcus gegen die Invasionen der germanischen Stämme, des iranischen Stammes der Iazyges und der Costoboci in den Karpaten. Einige Invasionen wurden von Marcus zurückgedrängt, in anderen Fällen ließen sich die Stämme in römischen Provinzen nieder.

Marcus war erfahren und geschickt in Rechtsangelegenheiten und setzte sich gewissenhaft für die Freilassung von Sklaven und die Vormundschaft für Waisen ein. Er bat den Senat diplomatisch um die Erlaubnis zur Finanzierung und bezeichnete seinen Palast als Eigentum des Volkes. Sein Tod im Jahr 180 bedeutete das Ende der Pax Romana, da sein Sohn Commodus den Thron bestieg. Nach den Worten von Cassius Dio wurde Rom durch seinen Amtsantritt „von einem Reich aus Gold zu einem Reich aus Eisen und Rost".

Commodus - Roms neuer 18-jähriger Kaiser - war ein soziopathischer Größenwahnsinniger. Cassius Dio, ein Bekannter des Kaisers, beurteilte den jungen Regenten mit etwas milderen Worten und sagte, er sei nicht von Natur aus böse, sondern lasse sich leicht von seinen Gefährten manipulieren, die ihn zu einem grausamen und unanständigen Lebensstil verführten. Da er vor dem Tod seines Vaters zwei Jahre lang gemeinsam mit Marcus Aurelius regiert hatte, hatte er wertvolle militärische und administrative Erfahrungen gesammelt. Doch als Marcus Aurelius starb, kehrte Commodus zu seinen rücksichtslosen und kriecherischen Freunden zurück und lehnte die stoische Askese seines Vaters ab.

Seine ersten drei Jahre als Kaiser verliefen ruhig - das Reich war relativ friedlich, und die Berater seines Vaters sorgten für einen reibungslosen Ablauf der Reichsgeschäfte. Doch dann passierte es. Seine ältere Schwester Lucilla plante ein Attentat auf ihren Bruder, vielleicht weil sie befürchtete, dass sein unberechenbares Verhalten Rom zerstören könnte. Die Attentäter vermasselten die Sache, und Commodus überlebte, indem er seine vermeintlichen Mörder hinrichtete und Lucilla verbannte und später hinrichten ließ.

Commodus wurde paranoid und witterte überall um sich herum Verrat und Verschwörungen. Damit lag er nicht falsch - während seiner gesamten Regierungszeit gab es immer wieder Verschwörungen, um ihn zu töten. Zwei Männer - Perennis und Cleander - ermordeten seinen Kämmerer. Ohne von seiner Beteiligung zu wissen, ernannte Commodus Perennis zu seinem Prätorianerpräfekten und Cleander zu seinem neuen Kämmerer. Da Commodus kein Interesse an der Verwaltung hatte, übertrug er Perennis die meisten seiner Aufgaben - und Perennis führte sie kompetent aus, bis er in ein Komplott zum Sturz des Commodus verwickelt und aufgrund seiner Mitschuld hingerichtet wurde.

Auch Perennis' Nachfolger Aebutianus wurde - von Cleander - beschuldigt, ein Komplott zum Mord an Commodus geschmiedet zu haben. Nach Aebutianus' Hinrichtung übernahm Cleander das Amt des Präfekten und bereicherte sich, indem er begehrte politische Ämter an den Meistbietenden verkaufte. Zu Cleanders Unglück kam es in Rom zu einer Lebensmittelknappheit, und der für das Getreide zuständige Dionysius gab Cleander die Schuld dafür, der sich daraufhin im Palast des Commodus vor dem wütenden Mob verstecken musste. Auf Drängen seiner Geliebten Marcia enthauptete Commodus Cleander und übergab seinen Kopf auf einem Spieß dem Mob, dann ließ er die verstümmelten Körper von Cleanders Frau und Kindern durch die Straßen schleifen.

Commodus war besessen von dem Begehren, Gladiator zu spielen, in die Arena zu gehen und gegen Menschen und Tiere zu kämpfen. Besonders gern kämpfte er gegen behinderte Menschen. Bei Gladiatorenkämpfen ging es nicht immer ums Töten; oft war es ein Wettbewerb, bei dem gezeigt werden sollte, welcher Kämpfer die besseren Fähigkeiten besaß. Aber der blutrünstige Commodus verlangte immer einen blutigen Tod - ob er nun einem Wettkampf zusah oder selbst kämpfte. Jedes Mal, wenn Commodus in der Arena auftauchte, musste der Staat eine Gebühr von einer Million Sesterzen zahlen, was die bereits angeschlagene Wirtschaft fast zum Zusammenbruch brachte.

Commodus trug eine Löwenhaut und verkleidete sich so als der Kriegsgott Herkules.
© José Luiz Bernardes Ribeiro
https://commons.wikimedia.org/wiki/File:Commodus_as_Hercules_(detail)_-_Palazzo_dei_Conservatori_-_Musei_Capitolini_-_Rome_2016_(2).jpg

Commodus glaubte, er sei ein Gott - er drängte den Senat dazu, ihn zum leibhaftigen Herkules, dem Sohn des Zeus, zu erklären, und spazierte als Herkules verkleidet in einem Umhang aus Löwenfell herum. Nachdem er eine kalte Ablehnung seiner Bitte vom Senat erhalten hatte, massakrierte er in der Silvesternacht die meisten Senatoren und andere Verwaltungsbeamte, um sich zum alleinigen Diktator zu machen. Nach Dio waren die Römer der Meinung, dass „Commodus ein größerer Fluch für die Römer war als jede Seuche oder jedes Verbrechen" es je hätten sein können. Seine Geliebte Marcia tat sich mit anderen zusammen, um ihn zu töten, indem sie ihm Gift ins Essen mischte, wodurch er erbrechen musste. Als er das Erbrochene im Bad abwusch, erdrosselte ihn sein Ringkampfpartner Narcissus und beendete damit im März 193 die Herrschaft des Wahnsinns.

So wie die julisch-claudische Dynastie mit dem Vierkaiserjahr endete, endete die antoninische Dynastie mit dem Fünfkaiserjahr. Pertinax, ein Senator, der als Prokonsul von Afrika gedient hatte, wurde von den Mördern des Commodus zum Kaiser gewählt - vor allem, weil er einer der wenigen Adligen war, die nach der Säuberung durch Commodus noch lebten. Pertinax war ein disziplinierter Verwalter, aber er beleidigte die Prätorianergarde, indem er bei seiner Thronbesteigung nicht die üblichen Geldgeschenke überreichte und ihnen daraufhin eine strengere Disziplin auferlegte; die verärgerte Prätorianergarde tötete ihn und bereicherte sich anschließend durch die Versteigerung des Kaiseramtes.

Der Meistbietende war der wohlhabende Senator Didius Julianus, der nach Pertinax als Prokonsul von Afrika gedient hatte. Er wurde vom Volk gehasst, weil er sich sein Amt erkauft hatte, und regierte nur zwei Monate lang als Kaiser. Er wurde von Septimius Severus, einem Statthalter in Mitteleuropa, der darauf hoffte, Kaiser zu werden, überwältigt und getötet. Bevor dies geschehen konnte, musste Septimius seine Rivalen aus dem Weg räumen.

Pescennius Niger, Statthalter von Syrien, erklärte sich mit Unterstützung der Ostlegionen zum Kaiser. Severus ernannte Clodius Albinus (einen weiteren Anwärter auf das Kaisertum) zum vorläufigen Cäsar, während Severus im Osten gegen Niger kämpfte. Severus besiegte Niger und enthauptete ihn, dann wandte er sich gegen Albinus, besiegte und tötete auch ihn. Nachdem er die Anhänger seiner Rivalen beseitigt hatte, wurde Severus alleiniger Kaiser und Begründer der severischen Dynastie. Obwohl die neue Dynastie einige erfolgreiche Kaiser hatte, sollte sie nie wieder den Reichtum, die Macht und die Stabilität der Antoninischen Dynastie erreichen.

Kapitel 12: Die Severische Dynastie

Eine afrikanische Familie semitisch-phönizischer Abstammung stand an der Spitze der neuen Dynastie in Rom. Der grausame Tyrann Commodus war tot, und Severus, der Begründer der Severer-Dynastie, hatte sich erhoben, um seinen Platz einzunehmen. Fünf Severer-Kaiser regierten das Römische Reich 47 Jahre lang, von 193 bis 235 n. Chr., mit Ausnahme eines zwischendurch amtierenden, nicht-severischen Kaisers. Während der Amtszeit der severischen Kaiser verfiel das Reich aufgrund der ständigen Barbareneinfälle, des Konflikts mit der Prätorianergarde, die eine stabile Souveränität Roms verhinderte, der instabilen Familiendynamik der Severer und des ständigen politischen Aufruhrs in Rom zunehmend.

Septimius Severus wurde als Teil einer phönizischen Familie in Nordafrika geboren. Dank seiner vorbildlichen militärischen Leistungen stieg er in der Hierarchie auf, bis er zum Statthalter von Oberpannonien in Mitteleuropa wurde. Seine syrische Frau Julia Domna beteiligte sich aktiv an der Politik, während er Kaiser war - dies war ungewöhnlich für römische Frauen, die, wenn überhaupt, nur indirekt durch ihre Ehemänner oder Söhne regierten.

Um das Vertrauen des römischen Volkes zu gewinnen, ließ sich Severus im Jahr 195 n. Chr. posthum von Marcus Aurelius adoptieren, um sich auf die Abstammung von dem angesehenen

Kaiser aus der Antonen Dynastie berufen zu können. Dann verlieh er seinem älteren Sohn Caracalla den kaiserlichen Rang eines Cäsars und erklärte ihn zum Lateiner (ethnisch war er Nordafrikaner und semitischer Abstammung).

Der Severische Tondo, um 200 n. Chr., zeigt den afrikanisch-phönizischen Severus mit seiner syrischen Frau Julia Domna und den beiden Söhnen Geta und Caracalla. Das Gesicht des Geta wurde im Rahmen der damnatio memoriae (Verdammung des Gedächtnisses) unkenntlich gemacht.
© José Luiz Bernardes Ribeiro
https://commons.wikimedia.org/wiki/File:Portrait_of_family_of_Septimius_Severus_-_Altes_Museum_-_Berlin_-_Germany_2017.jpg

Severus triumphierte über die Parther, plünderte ihre Hauptstadt und dehnte die Grenzen Roms bis zum Tigris-Fluss aus. Er erweiterte und befestigte Roms arabische Provinzen und baute den Hadrianswall in Nordbritannien wieder auf. In Afrika kämpfte er gegen die Garamanten (eine Gruppe von Berberstämmen aus der Wüste Sahara), eroberte deren

Hauptstadt Garama in Libyen und erweiterte die römische Wüstengrenze zwischen Libyen und Tunesien.

Sein Verhältnis zum Senat war schlecht, da er die Macht ohne dessen Segen übernommen und sich selbst zum Militärdiktator gemacht hatte, aber das Militär und das einfache Volk bewunderten ihn dafür, dass er nach den Schrecken der Herrschaft des Commodus für Stabilität sorgte. Severus ließ viele Senatoren wegen Korruption oder Verschwörung hinrichten und setzte seine Anhänger an deren Stelle ein.

Während der gesamten Severer-Dynastie kam es zu sporadischen Verfolgungen von Juden und Christen - vor allem, weil diese an der monotheistischen Anbetung ihrer Götter festhielten und sich weigerten, das römische Götterpantheon anzunehmen. Die meisten der von Rom eroberten Völker waren bereits polytheistisch, so dass sie den Glauben an die römischen Gottheiten ohne großen Widerstand annahmen, da sie weiterhin auch ihre eigenen Götter verehren konnten. Im Gegenzug erbauten die Römer in den polytheistischen Provinzen sogar Tempel für fremde Gottheiten und nahmen gelegentlich die Götter anderer Völker in ihr Pantheon mit auf.

Bei den Juden und Christen war das anders. Sie verehrten nur den Gott Abrahams, Isaaks und Jakobs. Sie weigerten sich, den römischen Göttern Opfer darzubringen oder an römischen religiösen Festen teilzunehmen - was den Römern illoyal erschien und ihre religiöse Toleranz auf die Probe stellte. Da die Juden auf eine jahrtausendealte monotheistische Geschichte zurückblicken konnten, ließen die Römer sie in der Regel in Ruhe. Aber das Christentum war in den Augen Roms ein neuzeitiger Kult - ein illegaler Aberglaube. Sie glaubten, beim Abendmahl handele es sich buchstäblich um Kannibalismus und dachten, dass die Christen tatsächlich das Blut Christi tranken.

Was Severus betraf, so hatte sein christlicher Arzt ihn erfolgreich durch eine schwere Krankheit hindurch behandelt, so dass er persönlich nicht gegen das Christentum war und sogar einige seiner christlichen Bekannten vor der religiösen Verfolgung schützte. Die Verfolgungen fanden meist auf lokaler Ebene - nicht durch ein kaiserliches Edikt - in den Provinzen statt. Christen wurden den wilden Tieren zum Fraß vorgeworfen, enthauptet und in kochend heiße Bäder geworfen. Mindestens zwei Bischöfe von Rom wurden im Verlauf der Severer-Dynastie hingerichtet.

Als sein ältester Sohn Caracalla zehn Jahre alt war, ernannte Severus ihn an dem Tag, an dem er seinen Triumph über das Partherreich feierte, zum Mitkaiser und *Pontifex Maximus* (also zum Hohepriester). Bis der Junge alt genug war, um seinem Vater bei der Regierungsausübung zu helfen, handelte es sich dabei um einen reinen Ehrentitel, aber die Entscheidung ebnete ihm den Weg für eine einfachere Nachfolge. Im Jahr 209 machte Severus seinen jüngeren Sohn Geta zum Mitkaiser; so herrschten in Rom zwei Jahre lang drei Kaiser gemeinsam, bis Severus schließlich starb. Nach dessen Tod im Jahr 211 regierten die Brüder gemeinsam - ohne Erfolg.

Caracalla hieß eigentlich Lucius Septimius Bassianus, aber er trug gerne Roben mit Kapuze, auch während er schlief, und so erhielt er den Spitznamen Caracalla nach der gallischen Kapuzentunika. Sein Vater hatte es vorgesehen, dass er gemeinsam mit seinem jüngeren Bruder Publius Septimius Geta regieren sollte - doch die Teilung der Macht endete in einem Misserfolg und in einer wahren Tragödie. Zu Lebzeiten des Vaters war Caracalla Severus militärischer Stellvertreter, während Geta die administrativen und bürokratischen Geschicke leitete. Doch schon damals schwelte zwischen den Brüdern eine Rivalität und wachsende Feindschaft.

Die Brüder waren bei ihrem Vater in Britannien gewesen, als er starb, aber auf ihrer Rückreise nach Rom mit der Asche ihres Vaters stritten sie sich häufig oder gingen sich ganz aus dem Weg - sie wohnten in verschiedenen Unterkünften und nahmen nie eine gemeinsame Mahlzeit ein. Ihre Mutter, Julia Domna, die Vertraute und wichtigste Beraterin ihres Vaters, versuchte verzweifelt zwischen ihnen zu vermitteln - vergeblich.

Als sie nach Rom zurückkehrten, lebten und arbeiteten sie in getrennten Bereichen des Palastes - nicht einmal ihre Diener durften den jeweils anderen Teil des Gebäudes betreten. Sie fürchteten sich vor einem Attentat des anderen - sie hatten immer Leibwächter um sich und trafen sich nur, wenn ihre Mutter anwesend war. Julia Domna war die stabilisierende Kraft in dieser angespannten Situation. Sie fungierte als Vermittlerin und arbeitete bei dieser Aufgabe mit den Generälen und Höflingen zusammen.

Julia Domna fühlte sich zwischen ihren beiden Söhnen Caracalla und Geta hin und hergerissen.
https://commons.wikimedia.org/wiki/File:Julia_Domna_Glyptothek_Munich_354.jpg

Die Brüder schlugen sogar vor, das Reich in zwei Hälften aufzuteilen - jeder sollte seinen eigenen Teil regieren -, aber ihre Mutter redete ihnen diese Idee aus, indem sie rief: „Wie Ihr richtig sagt, trennt der Propontische Golf die Kontinente. Aber Eure

Mutter, wie wollt Ihr die aufteilen? Wie soll ich für euch beide zerrissen und zerfetzt werden?"

Herodian schrieb, dass sie beide in die Arme schloss und Tränen über ihr Gesicht liefen. Die Versammlung wurde vertagt, und die Brüder verließen den Palast - jeder begab sich zurück auf seine Seite des Palastes. Ihre Antipathie wuchs, und bei jeder gemeinsamen Entscheidung, die sie zu treffen hatten, standen sich die Brüder diametral gegenüber. Sie versuchten, den jeweils anderen zu vergiften, aber beide trafen Vorsichtsmaßnahmen. Schließlich schmiedete Caracalla einen Plan.

Er teilte seiner Mutter mit, dass er bereit sei, sich mit Geta zu versöhnen, und bat sie, ihn in ihre Wohnung zu holen, damit er sich mit ihm treffen konnte. Domna überredete Geta zu kommen, aber als er in ihrem Zimmer war, stürmten die Zenturien plötzlich auf Geta zu und stachen ihn nieder. Geta taumelte zu seiner Mutter und fiel in ihre Arme, während die Soldaten weiter auf ihn einschlugen und sogar Domna, die vom Blut ihres Sohnes durchtränkt war, dabei verletzten.

Caracalla floh in das Lager der Prätorianer und erzählte den Truppen, dass Geta gerade versucht habe, ihn zu töten, und bei dem Kampf selbst getötet worden war. Nachdem er die Prätorianer schwer bestochen (und die Staatskasse geleert) hatte, erklärte die Prätorianergarde Geta zum Feind und Caracalla zum alleinigen Kaiser. Cassius Dio berichtet, dass jeder, der auf Getas Seite des Palastes lebte, sofort abgeschlachtet wurde, sogar Frauen und Babys, und dass insgesamt 20.000 Soldaten, Diener und Unterstützer Getas getötet wurden. Domna - der Ehefrau und Mutter der Kaiser - war es verboten, um Geta zu weinen; nicht einmal unter vier Augen konnte sie ihre Trauer um ihren toten Sohn ausdrücken.

Caracalla begnügte sich nicht damit, seinen Bruder zu töten, sondern machte sich daran, Getas Existenz in der *damnatio memoriae* (Verdammung der Erinnerung) auszulöschen. Sein Name wurde aus den Dokumenten getilgt, sein Abbild auf Gemälden, Münzen und Statuen wurde zerstört. Da die Existenz seines Bruders nun ausgelöscht worden war, überlebte Caracalla dank der Loyalität seiner Truppen zunächst, aber das sollte nicht lange anhalten. Noch bevor er 30 Jahre alt war, holten ihn seine

Sünden ein, und er wurde verraten.

Caracalla regierte gemeinsam mit Geta, bis er seinen Bruder durch ein Attentat töten ließ, um der alleinige Kaiser Roms zu werden.
*Naples National Archaeological Museum, CC BY 2.5
<https://creativecommons.org/licenses/by/2.5>, via Wikimedia Commons
https://commons.wikimedia.org/wiki/File:Caracalla_MAN_Napoli_Inv6033_n06.jpg*

Caracalla empfand die Verwaltungsangelegenheiten als langweilig - sein Bruder hatte diese Dinge schon früher erledigt, und nun übernahm seine Mutter Domna einen Großteil der alltäglichen Verwaltungsaufgaben des Reiches. Caracalla widmete seine ganze Aufmerksamkeit den militärischen Angelegenheiten - wie er es schon immer getan hatte.

Als er 14 Jahre alt war, hatten Caracallas Eltern ihn in eine arrangierte Ehe mit Fulvia Plautilla gezwungen, die er hasste. Sie bekam eine Tochter, aber dann wurde ihr Vater wegen Verrats hingerichtet, und Plautilla wurde ins Exil geschickt. Caracalla ließ sie nach dem Tod seines Vaters erdrosseln. Weder Geta noch Caracalla hatten einen Sohn, der die Dynastie fortführen konnte.

Caracalla erließ die Antonine Verfassung, die das römische Bürgerrecht auf alle freien Männer im Römischen Reich ausdehnte; zuvor war das Bürgerrecht meist auf diejenigen beschränkt gewesen, die in Italien lebten oder dort geboren worden waren. Cassius Dio war der Meinung, dass Caracalla dies aus Gründen der Steuereinnahmen tat - nur Bürger mussten Erbschaftssteuern zahlen. Caracalla musste die Staatskasse auffüllen, um das Militär gut zu bezahlen und sich dessen Unterstützung zu sichern. Caracalla ließ außerdem die Caracalla-Thermen bauen und führte eine neue Währung ein - den Antoninianus, eine Münze mit dem Wert von zwei Denaren.

Caracalla verließ Rom innerhalb eines Jahres nach der Ermordung seines Bruders - und kehrte nie wieder zurück. Er verstand sich als moderner Alexander der Große, dessen Beispiel seinen Stil prägte und seine Kampfstrategien inspirierte. Caracalla zog nach Norden, um die Alemannen (germanische Stämme) zurückzudrängen. Durch die Verstärkung der Grenzbefestigungen verhinderte er zwei Jahrzehnte lang wirksam weitere Invasionen.

Im folgenden Jahr bereiste er die östlichen Provinzen und erreichte im Dezember 215 Ägypten, wo er eine Rechnung mit den Alexandrinern zu begleichen hatte, die eine spöttische Satire über seine Behauptung verfasst hatten, dass Geta schließlich durch Selbstmord gestorben war. In Alexandria angekommen, rächte er sich, indem er die Würdenträger abschlachtete, die ihn am Stadttor empfingen, und die Stadt anschließend plünderte.

Im April 217 reiste er durch die heutige Südtürkei und hielt kurz an, um zu urinieren, als er plötzlich von einem seiner Soldaten, Justin Martialis, erstochen wurde. Martialis wurde auf der Stelle von den anderen Soldaten getötet, aber der Prätorianerpräfekt Macrinus erklärte sich drei Tage später mit dem Militär im Rücken zum Kaiser. Der Senat, der weit weg in Rom saß, konnte nichts tun, obwohl er insgeheim den Göttern dankte, dass Macrinus den gemeingefährlichen Caracalla losgeworden war.

Als Caracalla im Alter von 29 Jahren starb, befand sich Julia Domna in Antiochia und verwaltete seine Korrespondenz. Sie litt an Brustkrebs und beging Selbstmord, als sie die Nachricht hörte. Ihre Gefühle für Caracalla waren kompliziert - sie hasste ihn dafür, dass er Geta getötet hatte, doch er war immer noch ihr Sohn, und ein Teil von ihr liebte ihn trotzdem. Durch ihn hatte sie die Macht über das Imperium gewonnen. Jetzt hatte sie ihren letzten Grund zur Lebensfreude verloren. Macrinus sollte ein Kaiser der Überbrückungszeit werden, denn innerhalb weniger Monate stellte Domnas Schwester Julia Maesa im Jahr 218 die Severer-Dynastie wieder her.

Marcus Opellius Macrinus besuchte Rom während seiner 14-monatigen Regierungszeit nie und regierte lieber von Antiochia aus. Er wurde in Cäsarea geboren und war wie die Familie der Severer Afrikaner, aber berberischer Abstammung und trug einen Ohrschmuck, was der Historiker und Senator Cassius Dio als unschicklich empfand.

Macrinus musste sich sofort um zwei wichtige militärische Angelegenheiten kümmern: er musste den Krieg beenden, den Caracalla in Parthien begonnen hatte, und sich mit einer armenischen Rebellion auseinandersetzen. Er regelte beide Situationen durch diplomatische Verhandlungen und wandte sich dann den inneren Angelegenheiten Roms zu, die ebenfalls in Unordnung geraten waren - vor allem musste er sich mit der desolaten Finanzlage auseinandersetzen.

Er machte die Steuerpolitik Caracallas rückgängig - es musste etwas gegen die exorbitante Besoldung der Soldaten unternommen werden, die die Staatskasse geleert hatte. Da er seine Soldaten nicht verärgern wollte, gestattete er ihnen, die gleiche überhöhte Besoldung beizubehalten, aber neu eingestellte Männer erhielten das Gehalt aus der Zeit des Severus. Macrinus Ziel war dabei die wirtschaftliche Stabilität, aber das verärgerte die Militärs. Obwohl nur die neuen Rekruten von der Gehaltskürzung betroffen waren, ahnten die Veteranen, dass es nicht mehr lange dauern würde, bis ihr eigener Sold ebenfalls gekürzt würde.

Julia Domnas Schwester, Julia Maesa, lebte noch immer am kaiserlichen Hof in Rom, wo sowohl ihr Mann als auch ihre

Tochter den Rang eines Senators erreicht hatten. Macrinus schickte sie zurück nach Syrien. Ihre Heimatstadt Emesa in Syrien lag in der Nähe eines römischen Militärstützpunkts, und ihre Familie verkehrte mit einigen ihrer früheren Freunde aus Rom sowie mit einigen neuen Freunden und knüpfte enge Beziehungen zur römischen Legion.

Ihr Enkel Elagabalus hatte große Ähnlichkeit mit seinem Cousin zweiten Grades, Caracalla, und Maesa nutzte dies aus, indem sie Gerüchte verbreitete, er sei das uneheliche Kind von Caracalla und ihrer Tochter Soaemias. Außerdem verteilte sie ihren immensen Reichtum großzügig an die wichtigsten militärischen Führungspersönlichkeiten und nutzte deren Unzufriedenheit mit Macrinus, um einen Staatsstreich anzuzetteln. Die römischen Legionen nahmen den Jungen eines Nachts mit in ihr Lager, hüllten ihn in Purpur und erklärten ihn zu ihrem legitimen Kaiser severischer Abstammung: Sohn von Caracalla und Enkel von Severus. Andere Legionen begannen, Macrinus zu verlassen und zu Elagabalus überzulaufen.

Macrinus marschierte nach Syrien, aber sein Heer lief ebenfalls zu Elagabalus über, und Macrinus musste nach Antiochia fliehen. Das Heer des Elagabalus (das zuvor Macrinus' unterstanden war) marschierte auf Antiochia zu und kämpfte gegen die Prätorianergarde, die Macrinus schützte. Die Prätorianergarde war in der Überzahl, doch plötzlich stürmten Maesa und ihre Tochter Soaemias in ihrem Streitwagen auf das Schlachtfeld zu und sprangen heraus, um die Männer zu sammeln und das Blatt zu wenden. Elagabalus' Armee brüllte beim Anblick der Frauen und schlug die Prätorianergarde nieder. Macrinus floh und versteckte sich in Antiochia, wo er sich den Bart und die Haare abrasierte, um sich zu tarnen. Er schlich sich aus Antiochia heraus und versuchte, Elagabalus zu entkommen, wurde aber gefasst und in Kappadokien hingerichtet.

Rom hatte nun einen 14-jährigen Kaiser, das Kind arabischer Eltern aus Syrien. Seine Großmutter hatte ihn als unehelichen Sohn von Caracalla ausgegeben; als er den Thron bestieg, nahm er den offiziellen Namen von Caracalla an: Marcus Aurelius Antoninus. Sein Name Elagabalus stammte von seiner Stellung als Hohepriester des Sonnengottes Elagabal in Syrien. Er regierte weniger als vier Jahre lang und schockierte Rom mit seltsamen

Verhaltensweisen, sexueller Promiskuität und seltsamen religiösen Bräuchen. Die Frau, die ihn auf den Thron gesetzt hatte, war schließlich für seinen Tod mit nur 18 Jahren verantwortlich.

Der Senat erkannte Elagabalus als Kaiser an, ebenso wie seine Behauptung, der Sohn von Caracalla zu sein. Macrinus wurde aus den Akten gestrichen - Elagabalus wurde als direkter Nachfolger von Caracalla eingetragen. Elagabalus Mutter und Großmutter wurden Senatoren und beeinflussten den jugendlichen Elagabalus während seiner gesamten Regierungszeit.

Er heiratete fast sofort seine erste Frau Julia Paula, ließ sich ein Jahr später von ihr scheiden und heiratete dann eine Vestalin - Aquilia Severa. Dies löste großen Aufruhr aus, denn wenn eine Vestalin ihr Gelübde brach, wurde sie traditionell lebendig begraben. Seine Großmutter veranlasste die Annullierung dieser Ehe und verheiratete ihn mit Annia Faustina (deren Ehemann er gerade hingerichtet hatte), aber er kehrte zu Severa zurück und lebte bis zu seinem Tod in wilder Ehe mit ihr zusammen.

Indem er Elagabalus als Frau bezeichnete, schrieb Cassio Dio, dass „sie" sich in mehrere Männer verliebte, die „sie" heiratete (oder heiraten wollte): seinen Hauslehrer Gannys - der half, Macrinus zu stürzen, einen Wagenlenker namens Hierokles (er war dabei vermeintlich der Ehemann und Elagabalus die Frau) und einen Athleten namens Zoticus.

Rom war auch deswegen schockiert, weil Elagabalus die Anbetung seines syrischen Gottes Elagabal als Hauptgottheit der Römer anstelle von Jupiter durchsetzte. Um seine Reinheit als Priester zu erhöhen, ließ er sich beschneiden und schwor dem Schweinefleisch ab - was die Römer, die mit den semitischen Bräuchen nicht vertraut waren, völlig verwirrte. Diese Verhaltensweisen entfremdeten ihn von der Prätorianergarde - seinen Beschützern. Seine Großmutter Maesa erkannte, dass Elagabalus zu umstritten war, um als Kaiser ernst genommen zu werden. Zweifelsohne würde jemand irgendwann ein Attentat auf ihn verüben.

Aber das musste nicht das Ende der Severer-Dynastie bedeuten. Sie hatte einen anderen Enkel, der vielleicht besser geeignet war - Severus Alexander, der 15-jährige Sohn ihrer anderen Tochter Julia Mamaea. Sie brachte Elagabalus dazu, seinen Cousin

Alexander zu seinem Erben zu ernennen, was er auch tat - doch dann vermutete er, dass ein Staatsstreich geplant sein könnte, was ihn beunruhigte, denn die Prätorianergarde mochte Alexander schon immer lieber.

Elagabalus hatte recht. Am 11. März griff die Prätorianergarde ihn und seine Mutter, die sich an ihn klammerte, an, tötete sie beide und warf ihre Leichen in den Tiber. Die Prätorianergarde begrüßte Alexander danach am 13. März 222 als ihren neuen Kaiser.

Alexander wurde Kaiser, nachdem seine Großmutter den erfolgreichen Mord an ihrem anderen Enkel Elagabalus plante.
https://commons.wikimedia.org/wiki/File:Alexander_Severus_Musei_Capitolini_MC471_(cropped).jpg

Alexander bestieg den Thron im Alter von 15 Jahren und regierte 13 Jahre lang als letzter Severerkaiser. Er brachte eine gewisse Stabilität in das Reich, sah sich aber auch zahlreichen, fast unüberwindbaren Herausforderungen gegenübergestellt. Die Römer bewunderten ihn für sein gemäßigtes, überlegtes und würdevolles Verhalten, das sich so sehr von dem seines Vetters Elagabalus unterschied.

Er war ein frommer junger Mann, der jeden Morgen in seiner Privatkapelle betete - zu den üblichen römischen Gottheiten, aber auch zu Jesus, Abraham und seinen Vorfahren - in einer synkretistischen Mischung, die seine Identität als Römer zusammen mit seinem nahöstlichen Erbe widerspiegelte. Eusebius, Bischof von Cäsarea in Palästina, schrieb, dass er und seine Mutter bei Origenes, einem bekannten christlichen Gelehrten, in die Lehre gingen.

Der Frieden und Wohlstand, den Rom in Alexanders ersten beiden Jahren als Kaiser genossen hatte, wurde durch das Auftauchen bedrohlicher Herausforderer an den östlichen und nördlichen Grenzen des Reiches gefährdet. Der rücksichtslose und feindselige Ardaschir, der persische Gründer der Sassaniden-Dynastie, stürzte Parthien im Jahr 224 und fiel in eine Reihe römischer Provinzen in Mesopotamien ein. Severus, der von seiner Mutter Julia Mamaea begleitet wurde, führte die römischen Legionen in einen Feldzug gegen die Sassaniden.

Von Antiochia aus organisierte Alexander einen dreigleisigen Angriff auf das Sassanidenreich: Seine Streitkräfte traten gegen Mesopotamien an, während ein zweites Heer durch die armenischen Berge marschierte, um in Medien einzumarschieren, und ein drittes Heer auf Babylon vorrückte. Der Krieg endete ergebnislos, mit einigen peinlichen Niederlagen durch Ardaschirs Truppen. Dennoch bezeichnete Alexander den Ausgang als Sieg, da Mesopotamien zurückerobert wurde und die Invasionen der Sassaniden eine Zeit lang zum Stillstand kamen.

Severus und Julia Mamaea mussten ihre Streitkräfte dann an die Nordgrenze verlegen - um gegen den Ansturm der germanischen Stämme, die Gallien und Rätien belagerten, vorzugehen. Beängstigende Horden von Alemannen überquerten den Rhein und die Donau. Auf ihrer Reise gegen die Invasoren waren Severus und seine Mutter zunehmend besorgt über den Verlust der Disziplin in der Armee. Als sie gegen die Sassaniden kämpften, hatte die syrische Legion gemeutert und einen Mann namens Taurinius zu ihrem Kaiser erklärt. Alexander hatte den Aufstand niedergeschlagen, und Taurinius war im Euphrat ertrunken. Aber konnten sie ihren Männern jetzt noch trauen? Sollten sie im Angesicht der Deutschen im Stich gelassen werden?

Da sie sich nicht sicher waren, ob sie die Invasoren besiegen konnten, zahlten Alexander und Julia ein hohes Bestechungsgeld, um die germanischen Alemannen zum Einlenken zu bewegen. Das kam bei den Militärs nicht gut an - sie hatten bereits Gehaltskürzungen und Streichungen von Leistungen hinnehmen müssen. Sie hielten Alexander für einen zu fügsamen und wenig inspirierenden Anführer. Sie verhöhnten ihn, weil er den Rat seiner Mutter befolgte, anstatt auf erfahrene Generäle zu hören und den Feind zu bestechen, anstatt ihn zu bekämpfen.

Im Jahr 235 rebellierten die nördlichen Legionen, töteten Alexander und seine Mutter und riefen Maximinus Thrax, einen fast zwei Meter großen Riesen, zu ihrem neuen Kaiser aus. Die Ermordung Alexanders, des letzten syrischen Kaisers, besiegelte das Ende der Severer-Dynastie. Die Krise des dritten Jahrhunderts hatte begonnen. Ohne einen eindeutigen Kandidaten für das Kaisertum versank das Römische Reich ein halbes Jahrhundert lang im Chaos und stand am Rande des Zusammenbruchs, da es mehrere Anwärter auf den Thron, zunehmende Invasionen an den Grenzen, Bürgerkriege, Bauernaufstände, die Pest und wirtschaftliche Katastrophen zu ertragen hatte.

TEIL VIER: LETZTE JAHRE, SPALTUNG, UND UNTERGANG
(235 – 476 n. Chr.)

Kapitel 13: Ein Reich in der Krise

In den nächsten fünfzig Jahren, von 235 bis 284 n. Chr., herrschte Chaos, da Kriege und interne Unruhen das Reich in der Krise des dritten Jahrhunderts fast zerstörten. Von außen drohte Gefahr, da die Barbaren weiterhin in römisches Gebiet eindrangen. Mehrere Usurpatoren - insgesamt 52 - wetteiferten um die Macht; 26 der Anwärter wurden vom Senat als Kaiser anerkannt. Eine grässliche Seuche, die Entwertung der Währung und eine wirtschaftliche Depression wurden Rom beinahe zum Verhängnis. Schließlich gelang es Aurelian, das Reich wieder zu vereinen, und mit der Wahl von Diocletian im Jahr 284 wurde die Krise beendet.

Rom hatte nie klare Richtlinien dafür, wer Kaiser werden konnte, wodurch die Krise des dritten Jahrhunderts ausgelöst wurde. Traditionell gab es vier Faktoren, die für die Legitimität eines neuen Kaisers ausschlaggebend waren: Die Bestätigung durch den Senat, die Zustimmung der Bürger, der militärische Rückhalt und die Beziehung zum vorherigen Kaiser. Die Severer-Dynastie verließ sich mehr auf die Bestätigung durch das Militär als auf die Zustimmung des Senats, und nach der Ermordung Neros proklamierte das Militär mehrmals einen neuen Kaiser, der keine Verbindung zur herrschenden Dynastie hatte, ohne vorher den Senat zu fragen. Wenn jedoch alle vier Aspekte den Aufstieg eines neuen Kaisers unterstützten, hatte er eine bessere Chance, auf dem

Thron zu bleiben.

Wenn ein Kaiser starb, ohne dass es einen eindeutigen Erben gab, geriet das Reich in der Regel in eine chaotische Situation, in der verschiedene beliebte und mächtige Generäle versuchten, die Macht an sich zu reißen, und dadurch Bürgerkriege auslösten. Nach der Ermordung Alexanders riss ein Feldherr nach dem anderen die Macht an sich und rief sich selbst zum Kaiser aus, was Rom verwüstete.

Im Chaos der nächsten fünf Jahrzehnte wurde Rom von einer Reihe von *Kasernenkaisern* geführt: Männer ohne politische Erfahrung, ohne aristokratische Familienlinien oder ohne familiäre Verbindung zu früheren Kaisern. Kasernenkaiser erhielten ihre Macht und ihren Rückhalt aus der Kaserne - von den Truppen, die sie anführten. Sie waren Kriegsherren und stützten sich auf ihre erfolgreiche Erfahrung als Generäle und die Unterstützung ihrer Legionen.

Der außergewöhnlich große Maximus Thrax, der von den nördlichen Legionen zum neuen Kaiser erklärt wurde, war ein Paradebeispiel für einen Kasernenkaiser. Sein Vater war ein Buchhalter, wahrscheinlich vom Stamm der Thraker in Osteuropa. Der Senat beschwerte sich über seine Abstammung, aber die Militärs liebten ihn für seine legendäre Stärke und sein Können als Soldat - und er war mit Sicherheit in dieser Sache allen anderen weit überlegen.

In seinen drei Jahren als Kaiser setzte Maximus nie einen Fuß nach Rom. Er konzentrierte sich sofort darauf, die alemannisch-germanischen Stämme, die den Rhein überquerten und in römisches Gebiet eindrangen, zu besiegen und einen vorübergehenden Frieden zu schließen. Die Kosten seiner Kriegszüge und der überhöhte Sold der Soldaten erforderten hohe Steuern, was den Senat und die Bürger Roms verärgerte.

Als im Jahr 238 in Afrika ein Aufstand ausbrach, stellte sich der Senat hinter die neuen Usurpatoren: Gordian I. und seinen Sohn Gordian II. Maximus' Problem wurde gelöst, als Capelianus, Statthalter von Numidien und Erzfeind von Gordian I., Karthago überfiel und Gordian II. tötete, woraufhin Gordian I. Selbstmord beging. Die Senatoren fürchteten den Zorn des Maximus, weil sie seine Konkurrenten unterstützt hatten; dennoch erklärten sie den

Enkel, Gordian III., zum Cäsar und zwei ältere patrizische Senatoren - Pupienus und Balbinus - zu Mitkaisern.

Maximus marschierte nach Rom, um die Sache zu regeln, aber seine einst treuen Truppen, die keinen Proviant mehr hatten und hungerten, waren wütend auf Maximus, weil er seine Generäle wegen ihrer Feigheit bei der erfolglosen Belagerung von Aquileia hingerichtet hatte. Sie meuterten, enthaupteten Maximus und seinen Sohn und trugen ihre Köpfe auf Stangen aufgespießt nach Rom. Dann ermordete die Prätorianergarde Pupienus und Balbinus.

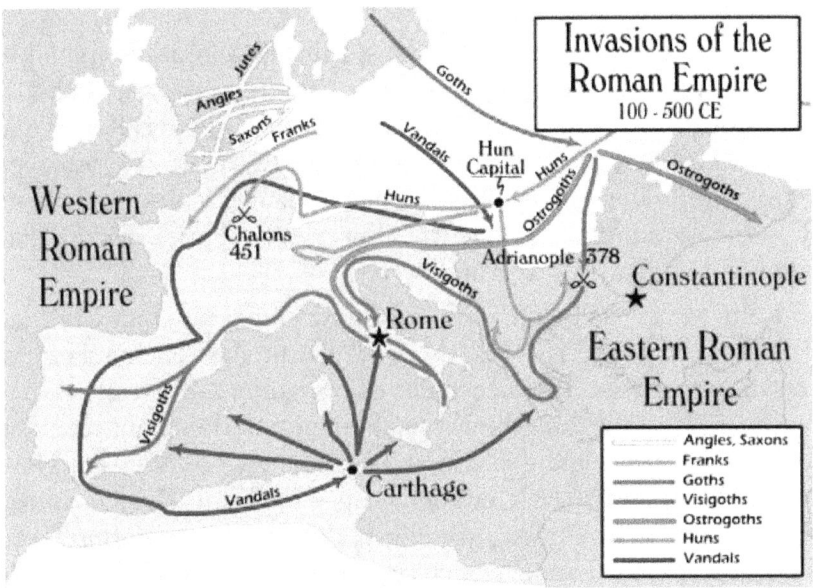

Die unaufhörlichen Barbareneinfälle trugen zum Untergang des Römischen Reiches bei.
User:MapMaster, CC BY-SA 2.5 <https://creativecommons.org/licenses/by-sa/2.5>, via Wikimedia Commons https://commons.wikimedia.org/wiki/File:Invasions_of_the_Roman_Empire_1.png

Erneut entstand ein Machtvakuum, das zu mehrfachen und aufeinander folgenden Aufständen Dutzender römischer Generäle führte, die so sehr auf ihre Machtansprüche fixiert waren, dass sie die Verteidigung des Reiches vernachlässigten. Die Stämme, die die Grenzen des Reiches umgaben, nutzten die ungeschützten Grenzen aus: Die Karpaten, Vandalen, Goten und Alemannen strömten über die Donau und den Rhein, um Roms nördliche Provinzen zu überfallen.

Philipp der Araber, der ehemalige Prätorianerpräfekt, bestieg 244 mit Unterstützung des Senats den Thron und brachte ein gewisses Maß an Stabilität in das Reich. Während seiner fünfjährigen Herrschaft feierte Rom 248 n. Chr. sein tausendjähriges Bestehen mit dreitägigen Spielen im Kolosseum. Eusebius und Hieronymus zufolge war Phillip - der in der Nähe von Galiläa aufwuchs - der erste christliche Kaiser, obwohl die Münzprägungen während seiner Regierungszeit darauf hindeuteten, dass er der polytheistischen kaiserlichen Religion anhing. Selbst wenn er kein Christ war, sympathisierte er mit dem Christentum.

Da die neuen Kaiser nun zumeist Militärs waren, die irgendwo im Ausland auf Feldzügen unterwegs waren, verlagerte sich das Zentrum der Macht von Rom aus dorthin, wo der Kaiser mit seinen Truppen stationiert war - in der Regel in die östlichen Provinzen. Der Senat war nicht länger das wichtigste Regierungsgremium, sondern die Reiter (Kavallerie) des Militärs traten nun in den Vordergrund.

Rom wurde nicht nur von Invasionen und inneren Unruhen heimgesucht, sondern von 249 bis 262 wurde das Reich außerdem von der zyprischen Pest gebeutelt. Die Krankheit breitete sich von Haus zu Haus aus, und die Kranken litten unter akut auftretenden Symptomen wie Durchfall, Erbrechen, Fieber, Läsionen im Hals, Augenbluten und sogar Gewebetod in Armen und Beinen. Einige litten unter Hörverlust, Blindheit oder dem Verlust von Gliedmaßen. Es handelte sich um eine neue, furchterregende Seuche mit noch nie dagewesenen Symptomen - niemand hatte eine Immunität erworben. Sie tötete junge Erwachsene und Kinder ebenso schnell wie die älteren Menschen.

Cyprian, ein afrikanischer Berber und Bischof von Karthago, berichtete aus erster Hand über die schreckliche Seuche, die seinen Namen trug. Bischof Cyprian predigte seinen Schäfchen, dass sie sich um die Kranken kümmern mussten, wie Jesus es befohlen hatte. Die Christen kümmerten sich um die von der Pandemie Betroffenen und bestatteten die Toten, ohne Rücksicht auf ihre eigene gesundheitliche Gefährdung.
https://commons.wikimedia.org/wiki/File:Cyprian_von_Karthago2.jpg

Die Pandemie begann in Alexandria, in Ägypten, und breitete sich von dort aus auf die Küstenstädte des gesamten Reiches aus, bevor sie ins Landesinnere vordrang. Mediziner haben den Augenzeugenbericht von Bischof Cyprian und andere Berichte analysiert, um Vermutungen darüber anzustellen, welcher Erreger die tödliche Seuche verursacht haben könnte. Möglicherweise handelte es sich um eine hämorrhagische Form der Pocken - allerdings wird der charakteristische Ausschlag für Pocken in den historischen Schriften nicht erwähnt. Wahrscheinlicher ist, dass es sich um ein virales hämorrhagisches Fieber handelte - möglicherweise um ein Filovirus, das häufig von Tieren, wie etwa Affen oder Fledermäusen, übertragen wird. Ebola ist ein bekanntes

Beispiel für ein solches Virus – und Ebola tötete mindestens die Hälfte der Infizierten – trotz der modernen hochentwickelten medizinischen Versorgung.

Die Pest hatte das Reich stark geschwächt – einige Städte verloren mehr als die Hälfte ihrer Bevölkerung. Als sich die Straßen mit den Leichen der Toten füllten, gab es kaum noch jemanden, der die Bauernhöfe bewirtschaftete – eine Hungersnot war die Folge. Auch das Militär wurde dezimiert, wodurch das Reich noch anfälliger für Invasionen wurde.

Die germanischen Stämme im Norden griffen zwar weiterhin vereinzelt an, doch die größte Bedrohung für das Reich war das persische Sassanidenreich. Alexander hatte einen Angriff durch dieses Volk vor seiner Ermordung gerade noch abwehren können, doch nun waren sie wieder in der Offensive und hatten Antiochia und Syrien eingenommen. Nachdem Valerian im Jahr 253 n. Chr. Kaiser geworden war, machte er sich auf den Weg nach Osten, um die Sassaniden zu bekämpfen und Antiochia und Syrien erfolgreich zurückzuerobern.

Während er gegen die Sassaniden kämpfte, erließ Valerian einen Befehl an den Senat, der die Hinrichtung von christlichen Geistlichen und Christen, die römische Senatoren oder Equites (eine wohlhabende politische Klasse) waren, im gesamten Reich anordnete, sofern sie nicht auch die römischen Götter verehrten. Bürger aus der Unterschicht, die sich weigerten, die römischen Götter zu verehren, sollten in die Sklaverei geschickt werden. Dies deutete auf eine Verlagerung der Christenverfolgung auf ein offizielles kaiserliches Dekret hin, zeigte aber auch, dass die Christen in alle Schichten der römischen Gesellschaft eingedrungen waren, also auch in den Senat.

Zu den Hingerichteten gehörten Papst Sixtus, Bischof Denis von Paris, Bischof Cyprian von Karthago und Bischof Fructuosus von Tarragona sowie unzählige andere, die im ganzen Reich geköpft oder auf dem Scheiterhaufen verbrannt wurden. Zwei Jahre nach dem Erlass dieses Edikts wurde Valerian von den Sassaniden gefangen genommen und starb in Gefangenschaft. Sein Sohn hob die antichristlichen Befehle auf.

Und dann geschah es – das Reich zerbrach in mehrere kleinere Stücke. In Ermangelung einer mächtigen Zentralgewalt wurde das

Reich in drei konkurrierende Reiche aufgeteilt. Gallien, Hispanien und Britannien wurden im Jahr 260 zum Gallischen Reich. Syrien, Palästina und Ägypten spalteten sich ab und wurden 267 zum Palmyrenischen Reich. Die zentralen Provinzen blieben unter der Herrschaft Roms.

Die Dreiteilung erschütterte das Römische Reich, das durch die unaufhörlichen Einfälle barbarischer Stämme und die anhaltenden inneren Unruhen bereits angeschlagen war, bis ins Mark. Anstatt durch die Plünderung anderer Länder zu Reichtum zu gelangen, blutete das Reich nun finanziell aus, um Kriege zu bezahlen, und verlor schneller Soldaten, als es sie ersetzen konnte. Rom verließ sich zunehmend auf barbarische Söldner, die als foederati bekannt waren - Stämme, die vertraglich dazu verpflichtet waren, Rom zu unterstützen.

Plünderungszüge verwüsteten die ungeschützten Provinzen. Die meisten von ihnen wurden friedlich assimiliert, doch andere kamen bewaffnet und waren dazu bereit, die bestehende Bevölkerung zu verdrängen. Schließlich kamen die illyrischen Kaiser ab dem Jahr 268 n. Chr. den römischen Herrschern zur Hilfe, um die Grenzen zu stabilisieren. Die Illyrer, die aus dem heutigen Balkan stammten, waren in Roms militärischen Reihen aufgestiegen und hatten es bis zum Kommandeursrang und schließlich bis zum Rang der Kasernenkaiser gebracht. Sie spielten eine wesentliche Rolle bei der Rückgewinnung der während der Krise verlorenen Provinzen und der Wiederherstellung eines geeinten Reiches.

Claudius II Gothicus unerwarteter militärischer Sieg über die Goten half dabei, die Krise des dritten Jahrhunderts nach Christus zu beenden.
Museum of Fine Arts, Boston, CC0, via Wikimedia Commons
https://commons.wikimedia.org/wiki/File:ClaudiusGothicusSC265569.jpg

Ein illyrischer Kaiser, Claudius II. Gothicus, zerschlug 268 n. Chr. eine gotische Invasion in Makedonien und Griechenland – dies war der Wendepunkt in der Krise des dritten Jahrhunderts. Er drängte die Alamannen zurück und holte sich Hispanien von den Galliern zurück. Andere entschlossene und eifrige Kasernenkaiser rehabilitierten die zentrale Autorität Roms. Der militärische Vorteil lag durch diese Siege wieder bei Rom.

Doch der Schaden war bereits angerichtet. Zahlreiche einst florierende Städte des westlichen Reiches lagen in Trümmern, ihre Bürger waren tot oder verstreut. Die Wirtschaft war am Boden zerstört. Die Pax Romana war vorbei - nun bauten die Städte zu ihrem Schutz dicke, hohe Verteidigungsmauern.

Zur Krise des dritten Jahrhunderts gehörte auch eine finanzielle Katastrophe, die durch mehrere Faktoren verursacht wurde: teure Militäraktionen, ein korruptes und ineffizientes Steuererhebungssystem, eine schlechte Geldverwaltung, die Bestechung von Barbaren, um sie aus dem Reich fernzuhalten, und der Verlust von Arbeitskräften durch die Pest und die Kriege. Es gab kaum noch genug Menschen, die auf den Bauernhöfen arbeiteten, Waren produzierten und in den Geschäften verkauften. Die Geldentwertung hielt jahrelang an und führte schließlich zur Hyperinflation.

Bei den Römern war es Tradition, dass ein neuer Kaiser, wenn er die Krone übernahm, den Soldaten einen Bonus gab. Irgendwoher musste das Geld ja kommen - vor allem, wenn das Land innerhalb von 50 Jahren 26 Kaiser erlebte. Die Kaiser zogen es vor, den Wert der Silbermünzen durch die Beimischung von Kupfer und Bronze zu mindern, wodurch der Silberdenar wertlos wurde - unbrauchbar für den Handel. Dieses Verfahren trieb außerdem die Preise im ganzen Reich in die Höhe.

Die Entwertung der Münzen, unsichere Reisen und sporadische Plünderungen durch einfallende Stämme brachten das riesige Handelsnetz des Reiches gehörig durcheinander. Die Pax Romana war zusammengebrochen, und die Kaufleute konnten nicht mehr gefahrlos mit landwirtschaftlichen und gewerblichen Waren reisen. Die großen Plantagen hatten keine Möglichkeit mehr, ihre Erträge gegen Industriegüter, Metalle, Wein und Getreide einzutauschen. Waren konnten nicht mehr ungehindert von einem Ende des Reiches zum anderen transportiert werden. Dies führte zu einer wirtschaftlichen Dezentralisierung. Das römische Handelsnetz erholte sich danach nie wieder vollständig.

Die Landbesitzer stellten ihre Ernten zum Zwecke ihrer Selbsternährung um, und produzierte nur genug Waren im Überfluss, um sie auf den lokalen Märkten verkaufen zu können. Da sie keine verlässlichen Importe von Industriegütern mehr tätigen konnten, begannen sie mit der lokalen Produktion in kleinem Maßstab und wurden allmählich zu Selbstversorgern. Die städtischen Bürger zogen in die sichereren ländlichen Gebiete mit mehr Nahrungsmitteln und gaben im Gegenzug für ihren Schutz grundlegende Bürgerrechte auf. Die städtischen Regionen im gesamten Reich wandelten sich langsam von ausufernden Metropolen zu kleineren, ummauerten Städten, die gegen einfallende Barbaren oder gegnerische Truppen verteidigt werden konnten.

Der Übergang der Arbeiter in die ländlichen Gebiete brachte die *coloni* hervor - die Anfänge der mittelalterlichen Bauernschaft - halbfreie Bürger, die sich zu Leibeigenen in einer späteren Feudalgesellschaft entwickelten. Im westlichen Reich wollten sich die Großgrundbesitzer selbst regieren und missachteten die Forderungen der Steuereintreiber und die römische Autorität. Riesige landwirtschaftliche Betriebe produzierten die einzige Ware mit anerkanntem Wert - Lebensmittel. Die Landbesitzer stiegen in den Adelsstand auf, während die Klasse der Kaufleute schrumpfte und an Bedeutung verlor.

Einige Regionen blühten in der chaotischen Krise des dritten Jahrhunderts auf - vor allem Ägypten und Hispanien - Regionen, die nicht besonders von einfallenden Stämmen und internen Konflikten betroffen waren. In diesen Gebieten florierte der Handel, und die Menschen erfreuten sich einer gesunden Wirtschaft. Da das östliche Reich stabiler war, wählte Kaiser Diocletian - der die Krise des dritten Jahrhunderts schließlich beendete - Nikomedien in Kleinasien als Regierungssitz und Mailand als zweites Regierungszentrum. In den letzten Tagen des Reiches war der östliche Teil Roms weitaus wohlhabender und langlebiger als das ehemalige Zentrum des Reiches. Dieser Teil konnte sogar überleben, als das westliche Reich zusammenbrach.

Die Pest und die unaufhörlichen Kriege führten zu einem lähmenden Mangel an Arbeitskräften. Diocletian versuchte, die Abwanderung aus den Städten zu stoppen, indem er die Arbeiter zwang, in ihren Berufen zu bleiben, und den Angestellten und Beamten verbot, ihren Arbeitsplatz zu verlassen. Die geschundenen Bauern saßen in einer Zwickmühle zwischen wirtschaftlichem Zusammenbruch und autoritären Forderungen und schlossen sich daher mit entflohenen Sklaven, desillusionierten Beamten und Deserteuren des Militärs in Gruppen zusammen. Diese Gruppierungen wurden *Bacaudae* oder *Bagaudae* genannt (der Begriff ähnelt dem gallischen Wort für Kämpfer) und formierten sich vor allem in Gallien und Hispanien.

Die meist bäuerlichen Aufständischen erhoben sich in der Krise des dritten Jahrhunderts, um der kaiserlichen Autorität zu trotzen, und hielten bis zum Zusammenbruch des westlichen Reiches zusammen. Die Bacaudae versuchten, sich gegen die gnadenlose

Ausbeutung der Coloni-Arbeiter auf den großen Landgütern und die ungerechten Gesetze gegen einfache und bürgerliche Handwerker und Beamte zu wehren. Sogar einige Grundbesitzer rebellierten gegen die erdrückenden Steuern, die Einberufung ihrer Arbeiter zum Militärdienst und die Pfändung ihres Landes durch den Staat.

Die Aufstände der Bacaudae verstärkten Roms Abhängigkeit von den barbarischen Söldnern der *foederati*, die als Reaktion auf die lokalen Unruhen eingesetzt wurden. Rom siedelte sogar den iranischen Stamm der Alanen um Aurelianum (Orléans) in Gallien an, um die Bacaudae zu unterwerfen. Als Kaiser Diocletian im späten dritten Jahrhundert die Ordnung im Römischen Reich wiederherstellte, ernannte er Maximian zu seinem Stellvertreter, und gab ihm die Aufgabe, die Bacaudae zu unterdrücken. Maximian unterwarf sie erfolgreich, besiegte sie aber nie vollständig - zum Teil deswegen, weil sein Heer revoltierte und nicht dazu bereit war, gegen die bäuerlichen Rebellen zu kämpfen.

Der illyrische Kaiser Claudius II. Gothicus, der das Blatt gewendet hatte, starb 270 an der zyprischen Pest. Der Kavalleriekommandant Aurelian trat an seine Stelle, er war ein weitere Kasernenkaiser illyrischer Abstammung. Er galt als Sohn eines Bauern, hatte sich jedoch militärisch bewährt und errang als Kaiser in seiner fünfjährigen Regierungszeit überwältigende Siege, die das zerrüttete Römische Reich wiederherstellten.

Die Aurelianische Mauer umschloss alle sieben Hügel Roms.

MrPanyGoff, CC BY-SA 4.0 <https://creativecommons.org/licenses/by-sa/4.0>, via Wikimedia Commons https://commons.wikimedia.org/wiki/File:Aurelian_Walls_-_Porta_Asinaria.jpg

Aurelian vertrieb die Vandalen, Sarmaten und Juthunger aus Norditalien, besiegte die Goten an der Donau, eroberte das Reich der Palmyrenen von Königin Zenobia zurück, stellte das gallische Reich in Rom wieder her, errichtete massive Wälle um Rom herum, die heute noch stehen, und vereinte die drei Teile des Reiches bis 274 n. Chr. wieder zu einem großen römischen Reich. Aurelian reformierte auch das Münzwesen, was zu einer Rebellion der Münzarbeiter führte, die daran gewöhnt waren, die Gelegenheit zu haben, das Silber zu stehlen. Er verbesserte die kostenlose Lebensmittelverteilung an die Armen, indem er ihnen Brot, Salz, Olivenöl und Schweinefleisch gab.

Aurelian ergriff die Gelegenheit, das Sassanidenreich, das sich in einer Führungskrise befand, zu besiegen, und begann 275 n. Chr. einen weiteren Feldzug. Auf dem Weg nach Osten wurde er jedoch von Offizieren der Prätorianergarde ermordet, die fälschlicherweise glaubten, er habe ihre Hinrichtung geplant. Seine Frau, Ulpia Severina, setzte seine Herrschaft in der achtmonatigen Pause fort, während das Militär und der Senat sich über das weitere Vorgehen berieten.

Aus Reue über die Ermordung ihres beliebten Kaisers überließ die Armee dem Senat das Recht, seinen Nachfolger zu wählen. Der Senat zögerte - er hatte seit Jahrzehnten keinen Kaiser mehr gewählt und würde dies nach dieser Wahl auch nie wieder tun. Schließlich proklamierte er, dass der Marcus Claudius Tacitus, ein Mann fortgeschrittenen Alters, zum neuen Kaiser gewählt worden war. Dies geschah mit der respektvollen Billigung der Armee.

Tacitus gab dem Senat seine alten Befugnisse zurück und wandte sich dann den Söldnern der Föderaten zu, die Aurelians Streitkräfte ergänzten. Nach dem Tod Aurelians - und dem Abbruch des Sassanidenfeldzugs - waren sie in den östlichen Provinzen gestrandet und begannen, Städte zu plündern. Tacitus unterwarf die Stammes-Söldner und erwarb den Titel Gothicus Maximus, bevor er auf dem Rückweg nach Westen an einem Fieber starb. Sein Halbbruder Florian, der Prätorianerpräfekt, wurde für drei Monate Kaiser, bis er von seiner Armee ermordet wurde.

Auf Florian folgte Probus, ein weiterer illyrischer Kasernenkaiser, der sich durch sein militärisches Geschick hervorgetan hatte und von Tacitus zum Oberbefehlshaber der Ostprovinzen ernannt worden war. In seiner sechsjährigen Regierungszeit setzte er seine erfolgreichen Feldzüge fort und soll zu seinen Lebzeiten an allen Fronten des Reiches gekämpft haben. Durch den Schutz der Grenzen erlebte das Reich wieder Stabilität und Wohlstand. Wann immer die Kämpfe ruhten, setzte Probus seine Soldaten für nützliche Aufgaben ein, wie z. B. die Trockenlegung von Sümpfen oder die Neubepflanzung von Weinbergen, wodurch die Wirtschaft weiter angekurbelt wurde. Einige der Soldaten waren mit diesen Befehlen unzufrieden und ermordeten Probus schließlich. Sie riefen Marcus Aurelius Carus, den Befehlshaber der Prätorianergarde, zum neuen Kaiser aus.

Bevor er vom Blitz erschlagen wurde - was seine neunmonatige Herrschaft beendete - unterdrückte Carus die Autorität des Senats für immer. Seine Söhne Carinus und Numerian folgten seinem Gebot als Mitkaiser, bis Numerians Soldaten auf dem Heimweg von Persien einen fauligen Geruch aus seiner zugedeckten Sänfte wahrnahmen und feststellten, dass er verstorben war. Der Befehlshaber seiner Leibwache, Diocletian, erklärte, Numerians Schwiegervater Aper habe Numerian ermordet und durchbohrte Aper mit seinem Schwert. Die Militärs feierten Diocletian als ihren neuen Kaiser, doch Carinus (der Gerüchten zufolge neun Frauen geheiratet haben soll) blieb weiterhin Mitkaiser. Als Carinus von Rom aus nach Osten zog und sich Diocletian entgegenstellte, starb er in dem Kampf, der durch diese Auseinandersetzung ausbrach.

Diocletian beendete die Krise des dritten Jahrhunderts als neuer Kaiser von Rom, aber die strukturellen Schwierigkeiten des Reiches blieben bestehen. Die Frage der Nachfolge war noch immer nicht geklärt, so dass weiteren Bürgerkriegen Tür und Tor geöffnet waren. Die enorme Größe des Reiches - es erstreckte sich über drei Kontinente - machte es unmöglich, dass ein einziger Mann mehrere Invasionen und andere Herausforderungen gleichzeitig bewältigen konnte. Obwohl Diocletian das Reich vor dem völligen Zusammenbruch bewahrte, waren seine Ressourcen geschwächt, und der Anfang vom Ende zeichnete sich deutlich in den täglichen Problemen des Reiches ab.

Kapitel 14: Diocletian und Konstantin der Große

Zwei bedeutende Kaiser - Diocletian und Konstantin der Große - herrschten die nächsten fünf Jahrzehntelang lang, von 284 bis 337 n. Chr., und brachten dem Römischen Reich tiefgreifende Veränderungen. Diocletian zeichnete sich dadurch aus, dass er das Reich in vier Teile teilte, die Christen in großem Ausmaß verfolgte und als erster Kaiser auf den Thron verzichtete. Konstantin war dafür bekannt, dass er die Reichshauptstadt von Rom aus nach Byzanz verlegte, die Christen und alle Religionen durch das Edikt von Mailand schützte, das Konzil von Nizäa zur Klärung der christlichen Theologie einberief und auf dem Sterbebett die christliche Taufe empfing.

Diocletian leitete Reformen ein, um das Reich weiter zu stabilisieren und systemische Probleme anzugehen, indem er ideologische, administrative, rechtliche, militärische und wirtschaftliche Angelegenheiten umgestaltete. Zu seinen ideologischen Reformen gehörte eine starke zentrale Autorität, die den Provinzen kaiserliche Werte aufzwang und sich dabei des Mittels der Geschichtsrevision bediente. Die kaiserliche Propaganda charakterisierte die Geschichte des Reiches von Augustus bis zur Tetrarchie als unaufhörlichen inneren Konflikt, tyrannischen Totalitarismus und als zerfallene Regierung - all diese Unheil wurde nun von Diocletian, dem „Begründer des ewigen

Friedens", angeblich repariert.

Die Verwaltungsreformen förderten eine Autokratie, die eine kooperative Regierung zwischen Kaiser, Senat und Militär abschaffte. Alles wurde nun von oben nach unten verwaltet, wobei jeder letztlich Diocletian unterstellt war. Er reduzierte die Prätorianergarde auf eine Verteidigungsgarnison für Rom - sie verlor das Recht, Kaiser zu wählen und konnte sie so anschließend auch nicht ermorden.

Diocletian beendete die Krise des dritten Jahrhunderts und entwarf den Plan für die Tetrarchie.
Alecconnell, CC BY-SA 3.0 <https://creativecommons.org/licenses/by-sa/3.0>, via Wikimedia Commons https://commons.wikimedia.org/wiki/File:Diocletian_Bueste.JPG

Im Bereich des Rechts veröffentlichte die Regierung Diocletians Rechtsbücher über Präzedenzfälle und Gesetzbücher. Die Statthalter wurden nun als Richter (*iudex*) bezeichnet, und das gesamte Reich unterstand einem Berufungsrecht. Diocletian war der letzte Kaiser, der dem klassischen römischen Recht folgte; seine Nachfolger folgten der östlichen und griechischen Rechtsphilosophie.

Diocletian stockte seine Truppen auf - er prahlte damit, dass die vier Tetrarchen jeweils mehr Soldaten hatten als früheren Kaisern für das gesamte Reich zur Verfügung standen. Er ließ seine Männer an den Grenzen stationieren, um diese zu sichern. Mehr Soldaten bedeuteten mehr Menschen, die zu bezahlen waren, was höhere Steuern für die Bürger des Reiches bedeutete.

Diocletians neues Steuersystem war an eine jährliche Zählung der gesamten Bevölkerung und des Landbesitzes der Menschen gebunden. Steuertag war der 1. September. Er führte ein neues Münzsystem mit fünf Münzen ein: Gold-, Silber-, Kupfer-Silber- und zwei reine Kupfermünzen in zwei Größen. Ihr Wert spiegelte aber nicht den inneren Wert des Metalls wider, so dass die Inflation einen neuen Höhepunkt erreichte und Diocletian gezwungen war, einen Preisstopp anzuordnen.

Da Diocletian erkannte, dass es einer einzigen Person unmöglich war, die Stabilität des riesigen Reiches aufrechtzuerhalten, ernannte er Maximian, einen hervorragenden Feldherrn, zum Cäsar und zu seinem Mitregenten. Diocletian kümmerte sich in erster Linie um den östlichen Teil des Reiches, während Maximian sich um die Unterwerfung der lästigen Bagaiden im Westen kümmerte. Im Jahr 293 n. Chr. organisierte Diocletian das Reich weiter als eine *Tetrarchie (Vierherrschaft)* mit zwei führenden Kaisern, den beiden *Augusti - Diocletian und Maximian -*, und zwei jüngeren Kaisern, den Cäsares, die den Augusti unterstanden und später ihre Nachfolger wurden. Die beiden Cäsaren waren Galerius und Constantius, die von Diocletian und Maximian adoptiert wurden.

Maximians Sohn (Maxentius) und Constantius' Sohn (Konstantin) wurden am Hofe Diocletians darauf vorbereitet, nach dem Tod von Diocletian oder Maximian die Position des Cäsares (Junior-Kaisers) einzunehmen, und Galerius oder Constantius rückten auf die obersten Kaiserposten vor. Mit diesem System hoffte Diocletian, ein festes Nachfolgesystem zu schaffen und alle Usurpatoren und Bürgerkriege zu vermeiden. Strategisch gesehen konnten vier Mitkaiser an vier Punkten des Reiches positioniert werden, um Invasoren abzuwehren und einen reibungslosen Ablauf der inneren Angelegenheiten zu gewährleisten.

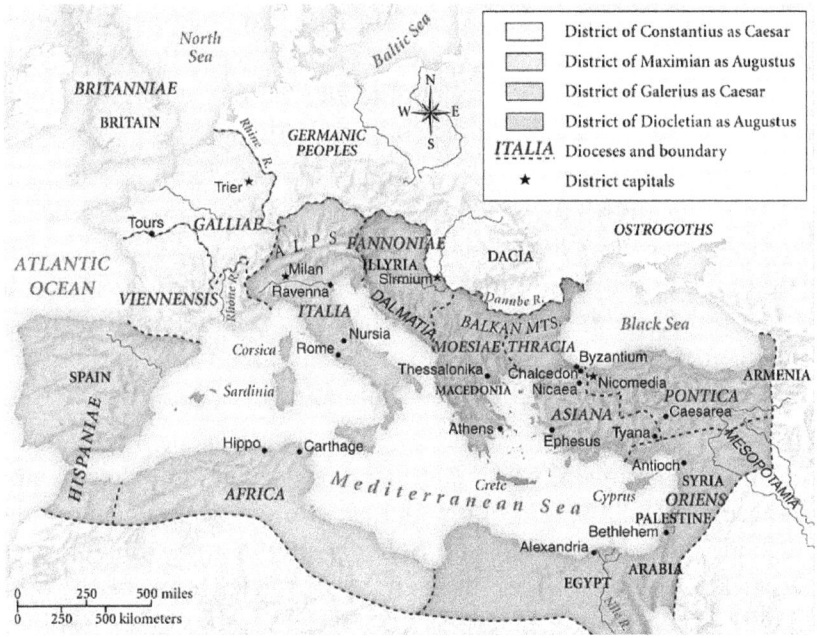

Die Tetrarchie teilte das Römische Reich in vier Teile auf, die von Diokletian, Maximian, Galerius und Constantius regiert wurden.
Coppermine Photo Gallery, CC BY-SA 3.0 <http://creativecommons.org/licenses/by-sa/3.0/>, via Wikimedia Commons
https://commons.wikimedia.org/wiki/File:Tetrarchy_map3.jpg

Rom war nun nicht mehr die Hauptstadt des Reiches - jetzt waren die vier Mitregenten in vier verschiedenen Hauptstädten stationiert. Diocletians Hauptstadt war Nikomedia (in der heutigen Türkei), wo er sich gegen die persischen Sassaniden und den Balkan verteidigte. Galerius' Hauptstadt war Sirmium (das heutige Serbien) in der Nähe der Donau, dem Heimatland der illyrischen Kaiser. Maximum war in Mailand in Norditalien stationiert, um Invasionen von jenseits der Alpen abzuwehren. Er war der Verwalter für Italien und die afrikanischen Provinzen. Constantius war in Augusta Treverorum (Deutschland) in der Nähe des Rheins stationiert und sorgte für einen reibungslosen Ablauf der

Angelegenheiten in Westeuropa.

Nach einem erfolgreichen Krieg gegen die Sassaniden, in dem Galerius den Harem, die Kinder und die Schatzkammer von König Narseh erbeutet hatte, wollte der König unbedingt den Frieden von Nisibis unterzeichnen, um seine Frauen und Kinder zurückzubekommen. Im Rausch des Sieges kehrten Diocletian und Galerius nach Antiochia zurück, wo sie den Göttern Dankesopfer darbrachten. Doch es gab ein Problem: Die Wahrsager konnten die Eingeweide der geopferten Tiere nicht lesen - und somit auch nicht die Zukunft vorhersagen.

Warum schwiegen die Götter? Was verhinderte die Wahrsagungen? Man nahm an, dass die Christen im kaiserlichen Haushalt der Ursprung des Problems waren. Galerius, ein leidenschaftlicher Heide, der in der Säuberung der Christen eine bequeme Möglichkeit sah, sich auch seiner politischen Rivalen zu entledigen, drängte Diocletian zur gewaltsamen Ausrottung der Christen, obwohl er hoffte, dies ohne Blutvergießen erreichen zu können.

Auf das Drängen von Galerius hin ordnete Diocletian eine Säuberung des Palastes und der gesamten Armee an - alle Mitglieder des Hofes und alle Soldaten der Armee mussten den römischen Göttern Opfer bringen oder wurden entlassen - oder sollten ein noch schlimmeres Schicksal erfahren. Als ein christlicher Zenturio, namens Marcellus, erfuhr, dass er bei diesem Ultimatum keine Wahl hatte, legte er sofort seinen Posten nieder, warf seinen Gürtel, sein Schwert und seine Insignien zu Boden und verkündete lautstark, dass er nur Jesus Christus, dem ewigen König, gehorchen wollte. Er wurde auf der Stelle verhaftet und enthauptet. Diocletians christlicher Kammerdiener Petrus wurde lebendig gekocht.

Damit begann die offizielle, weitreichende Verfolgung der Christen, die etwa zehn Prozent der Bevölkerung ausmachten. Galerius und Diocletian erließen Edikte, mit denen sie die Christen in der Regierung und im Militär auswiesen, Kirchen niederrissen, Bibeln verbrannten, den Christen verboten, sich zu versammeln, alle Bischöfe und Priester inhaftierten und jeden bestraften, der sich weigerte, den römischen Gottheiten Opfer zu bringen. Dem Diakon Romanus von Palästina wurde die Zunge abgeschnitten und er wurde später hingerichtet. Eine ganze Gemeinde in Phrygien wurde lebendig verbrannt. Junge Männer wurden kastriert, und jungfräuliche Mädchen wurden in Bordelle geschickt. In Afrika und im Nahen Osten ließ Maximinus Christen auf einem Auge blenden und zur Arbeit in die Minen schicken.

Constantius setzte die Edikte an seinem Ende des Reiches nur halbherzig durch: Er verehrte den Großteil seines Lebens nur einen Gott - Sol Invictus, den Sonnengott - und stand den christlichen Monotheisten wohlwollend gegenüber. Die Christen in Gallien und Britannien blieben von den Gräueltaten des Galerius, Maximinus und Diocletian weitgehend verschont. Der Großteil der Heiden im gesamten Reich war nicht bereit, die Verfolgung der Christen zu unterstützen.

In Armenien, einem Klientelstaat Roms, hatte König Tiridates von Armenien seinen christlichen Sekretär Gregor in eine Grube geworfen, weil der sich weigerte, mit ihm eine römische Göttin anzubeten. Dreizehn Jahre später (zur Zeit Diocletians) fiel König Tiridates einer Geisteskrankheit zum Opfer und irrte wie ein Wildschwein durch die Wälder. Seine Schwester träumte, dass Gregor ihn heilen könne. Sie holten den ausgemergelten Gregor aus der Grube, und er betete für König Tiridates. Der König wurde geheilt und bekehrte sich zum Christentum, das er im Jahr 301 zur offiziellen Religion von Armenien erklärte. Armenien wurde der erste christliche Staat, und das mitten in der Zeit der großen Verfolgung.

Schließlich hob Galerius 311 n. Chr. die Edikte gegen das Christentum auf und erließ das Duldungsedikt, in dem er gestand, dass die Verfolgung die Christen nicht zu den römischen Göttern bekehrt hatte. Ganz im Gegenteil: Die Entschlossenheit der Christen, ihrem Glauben treu zu bleiben, hatte große Bewunderung hervorgerufen und weitere Konvertiten zum Christentum getrieben. Mit den Worten Tertullians lässt sich sagen: „Das Blut der Märtyrer war der Same der Kirche".

Im Jahr 304 erkrankte Diocletian und brach kurz nach der Eröffnung eines Zirkus in der Nähe seines Palastes zusammen. Den ganzen Winter über blieb er in seinem Haus eingeschlossen, was Gerüchte über seinen Tod aufkommen ließ. Schließlich, am 1. März 305 n. Chr., erschien er wieder in der Öffentlichkeit, grässlich abgemagert. Galerius nutzte die Gelegenheit, die ihm Diocletians Krankheit bot, um die Tetrarchie zu seinem Vorteil umzugestalten. Nach Diocletians ursprünglichem Plan sollte Galerius die Nachfolge Diocletians antreten, Constantius sollte Maximian ersetzen, und Konstantin und Maxentius sollten dann Cäsaren werden. Galerius zwang den geschwächten Diocletian, Konstantin und Maxentius beiseitezuschieben und Severus (Galerius' Trinkkumpan und hochrangiger Heeresbeamter) und Maximinus (Galerius Neffen) als die neuen Cäsaren zu wählen.

Schwer erkrankt, dankte Diocletian 305 ab – was noch kein römischer Kaiser vor ihm getan hatte - und sein Mitkaiser Maximian zog sich mit ihm zurück. Wie geplant stiegen Galerius und Constantius zu den Ämtern der obersten Kaiser auf, und wie von Diocletian nicht geplant, wurden Severus und Maximinus die beiden Junior-Kaiser. Diocletian lebte noch vier Jahre und musste mit ansehen, wie seine sorgfältig geplante Tetrarchie sich auflöste.

Konstantin hatte die letzten 12 Jahre in Diocletians Palast gelebt und eine formale Ausbildung erhalten, die ihn auf die Nachfolge als Cäsar vorbereiten sollte. Nun hatte sich sein Schicksal schlagartig geändert. Diocletian hatte sich nach Dalmatien zurückgezogen, Galerius war der neue Kaiser, der im Palast lebte, und der Palast war kein sicherer Ort für Konstantin mehr, der eine Gefahr für Galerius Herrschaftsambitionen darstellte.

Konstantins Vater - Constantius, der jetzt Mitkaiser von Galerius war - kam zu seiner Rettung und rief seinen Sohn aus Nikomedien zurück, unter dem Vorwand, er solle ihm bei seinem Feldzug in Britannien helfen. Konstantin machte Galerius betrunken, und dieser gab Konstantin die Erlaubnis, nach Britannien zu gehen; Konstantin floh in der Nacht und stürmte auf seinem Pferd die Straße hinunter, bevor Galerius nüchtern wurde und seine Meinung änderte. Im nächsten Jahr führten Constantius und Konstantin einen Feldzug in Britannien an und bekämpften gemeinsam die blau tätowierten Pikten jenseits des Hadrianswalls.

Constantius erlag im Juli 306 einer langwierigen Krankheit – es handelte sich wahrscheinlich um Leukämie - und erklärte vor seinem Tod, dass er sich wünschte, dass Konstantin an seiner Stelle Augustus werden sollte (wie es Diocletian beabsichtigt hatte, aber wie es von Galerius abgelehnt wurde). König Chrocus, ein

Föderat vom Stamm der germanischen Alamannen, rief Konstantin zum Augustus aus - er ernannte ihn zum neuen Mitkaiser. Constantius' Truppen unterstützten Konstantin; Gallien und Britannien begrüßten seine Herrschaft, aber Hispanien lehnte sie ab.

Konstantin sandte eine Botschaft an Galerius, in der er ihn über den Tod seines Vaters informierte und erklärte, dass seine Armee ihm den Rang des Augustus nach dem Tod seines Vaters aufgezwungen hatte. Er entschuldigte sich für die Unannehmlichkeit, bat aber Galerius, seinen offensichtlichen Anspruch auf die Nachfolge seines Vaters anzuerkennen.

Galerius war wütend und drohte, sowohl den Brief als auch Konstantin in Brand zu setzen. Seine Berater rieten ihm, einen Mittelweg einzuschlagen, um einen offenen Krieg zu vermeiden - er sollte Konstantins Ansprüche weder zurückweisen noch anerkennen. Vielmehr sollte er Konstantin in den Rang eines Cäsars erheben und damit Severus ersetzen, der zum Augustus aufsteigen sollte. Sowohl Galerius als auch Konstantin stimmten diesem Kompromiss zu und machten Konstantin zum Herrscher über Gallien, Britannien und Hispanien.

Obwohl er noch kein Christ war, ordnete Konstantin ein Ende der Christenverfolgung in seinem Teil des Reiches an. Sein Aufstieg zum Kaiser machte Maxentius - Maximians Sohn - eifersüchtig. Wie Konstantin war Maxentius unter Diocletian zum Cäsar ausgebildet worden. Nun hatte Maximinus aufgrund von Galerius Manipulation von Diocletian den Platz von Maxentius eingenommen. Also erklärte sich Maxentius zum Kaiser in Italien.

Zur Erinnerung: Wir sprechen jetzt von drei Männer namens Max, die wir uns merken müssen: Maximian - der pensionierte Augustus, Maxentius - sein Sohn, und Maximinus - Galerius Neffe und amtierender Cäsar.

Galerius schickte Severus, um mit Maxentius zu verhandeln - aber Severus' Armee war zuvor die von Maximian gewesen - und so liefen die Soldaten zum Sohn ihres ehemaligen Kommandanten über. Severus wurde eingekerkert und später hingerichtet. Maximian zog sich aus dem Ruhestand zurück, um Maxentius als Mitkaiser zu unterstützen. Er bot Konstantin seine Tochter Fausta zur Heirat an und versprach ihm, ihm bei dessen Beförderung zum Kaiser zu helfen, sofern er ihm beim Kampf gegen Galerius half. Konstantin unterstützte Vater und Sohn zwar verbal, schickte ihnen aber keine Truppen zur Hilfe. Kurz danach zerstritten sich Maximian und Maxentius.

Im Jahr 308 n. Chr. zog sich Diocletian für eine kurze Zeit aus dem Ruhestand zurück, um mit Galerius und Maximian zu konferieren. Ihr gemeinsamer Beschluss machte Galerius alten Freund Licinius zum Augustus (Kaiser) im Westen, mit Konstantin als seinem Cäsar. Galerius sollte im Osten weiterhin Augustus sein, und Maximinus sollte sein Cäsar bleiben. Nach diesem Treffen zogen sich Maximian und Diocletian erneut in den Ruhestand zurück. Damit war Maxentius ein Niemand - ein Usurpator. Kaum war diese Entscheidung gefallen, erklärte sich Maximinus zum Augustus, und Konstantin weigerte sich, wieder zum Cäsar degradiert zu werden. Maximian beging im Jahr 310 n. Chr. Selbstmord, und Galerius starb im Jahr 311 n. Chr.

Jetzt gab es nur noch zwei Männer mit dem Namen Max: Maximinus - Galerius Neffe und Maxentius - Maximians Sohn, beide selbsternannte, aber von den wenigsten Menschen anerkannte Kaiser.

Die geplante Tetrarchie lag in Trümmern - die Anwärter auf die wichtigsten Regierungsposten waren zu diesem Zeitpunkt Licinius, Konstantin, Maxentius und Maximinus. Konstantin verbündete sich mit Licinius, und Maxentius mit Maximinus. Im Jahr 312 n. Chr. überquerte Konstantin die Alpen und reiste nach Italien. Nachdem er dort zwei Städte besiegt hatte, wurde er vom Rest Italiens mit offenen Armen empfangen. Umgeben von den aurelianischen Mauern, verteidigt von der Prätorianergarde und mit einem Heer, das doppelt so groß war wie das von Konstantin, fühlte sich Maxentius in Rom trotzdem sicher.

Nach seiner Vision zog Konstantin mit dem Labarum - den ersten beiden Buchstaben des griechischen Wortes für Christus - auf seinem Helm, den Schilden seiner Soldaten und seinen Fahnen in die Schlacht.

Immanuel Giel, CC BY-SA 4.0 <https://creativecommons.org/licenses/by-sa/4.0>, via Wikimedia Commons https://commons.wikimedia.org/wiki/File:Schlosskirche_(Blieskastel)_Chi-Rho.jpg

Zu dieser Zeit hatte Konstantin eine Vision, während er in der Hitze eines langen Tages marschierte. Über der Sonne sah er ein Kreuz aus Licht mit der Aufschrift „*In Hoc Signo Vinces*" („In diesem Zeichen wirst du siegen"). In der gleichen Nacht hatte er einen Traum, in dem Jesus dieselbe Botschaft wiederholte. Konstantin, der zu diesem Zeitpunkt immer noch Heide war (aber mehr und mehr mit dem Christentum sympathisierte), ließ Insignien, die Labarum zeigten anfertigen - ein X (Chi) über einem P (Rho) - die ersten beiden Buchstaben des griechischen Wortes ΧΡΙΣΤΟΣ (Christos). Er trug einen Helm, der mit dem Chi Rho verziert war, und seine Soldaten zogen mit dem Labarum Christi auf ihren Helmen und Schilden in die Schlacht.

Konstantin und Maxentius standen sich am Tiber gegenüber. Nach einer kurzen Schlacht zwang Konstantin Maxentius Kavallerie und Infanterie zurück, wobei einige von ihnen in den Fluss fielen und ertranken, darunter auch Maxentius persönlich. Konstantin marschierte in Rom ein und wurde mit Jubel empfangen. Er verzichtete auf die üblichen Opfer für Jupiter, traf sich aber mit dem Senat und versprach ihm die Rückkehr zu seinem früheren Status in seiner neuen Regierung. Der Senat erklärte ihn daraufhin zum „höchsten Augustus".

Im Jahr 313 reiste Konstantin nach Mailand zur Hochzeit seiner Halbschwester Constantia mit seinem Verbündeten Licinius. Dort einigten sich die beiden Kaiser auf das Edikt von Mailand, das den Christen Rechtsstatus und Schutz vor Verfolgung gewährte. Es schrieb die Freiheit der Religionsausübung für Christen und Anhänger anderer Religionen vor und sah vor: „dass jeder die freie Möglichkeit hat, so zu beten, wie es ihm gefällt". Das Edikt ordnete an, dass Gebäude, die als christliche Versammlungsorte genutzt wurden, den Christen zurückgegeben werden sollten. Die Christen sollten aus den Gefängnissen und der Zwangsarbeit in den Bergwerken entlassen werden.

War Konstantin zu diesem Zeitpunkt noch immer ein Heide? Licinius war es, aber Konstantin wahrscheinlich nicht - zum einen betete er im Jahr zuvor in Rom nicht mehr die heidnischen Götter an, obwohl seine Münzen noch mehrere Jahre lang Sol Invictus - den Sonnengott - zeigten. Eusebius berichtet, dass Konstantin nach seiner Vision einige christliche Lehrer aufsuchte, die ihm dabei helfen sollten zu verstehen, was seine Visionen bedeuteten. Sie erklärten ihm, dass Jesus der einzige Sohn des einen und einzigen Gottes sei und dass das Kreuzzeichen, das er am Himmel gesehen hatte, ein Symbol der Unsterblichkeit sei – der Sieg von Jesus über den Tod. Konstantin widmete sich dem Studium der Bibel, machte christliche Priester zu seinen Beratern und ehrte Jesus mit reinster Hingabe. Er ließ sich aber (noch) nicht taufen, trotzdem lud er christliche Geistliche ein, Zeit mit ihm zu verbringen, mit ihm zu essen und mit ihm zu reisen. Er spendete reichlich Geld für kirchliche Bauprojekte.

Als Diocletian Kaiser war, wählte er Nikomedia als seine Hauptstadt, die strategisch günstig in der Westtürkei zwischen der Ägäis und dem Schwarzen Meer lag - dort, wo sich Europa und Asien treffen, und die auf dem Seeweg leicht von Afrika und dem Nahen Osten aus zu erreichen war. Konstantin wollte in dieser Region eine neue Hauptstadt errichten, die die Vereinigung des Ostens mit dem Westen repräsentieren und als Zentrum der Kultur, des Wissens und des Handels dienen sollte. Er entschied sich für Byzanz, eine griechische Stadt in der Nähe von Nikomedien, aber direkt an der Meerenge von Istanbul. Im Jahr 324 n. Chr. vergrößerte er Byzanz, das heute als „Neues Rom" oder unter dem Namen Konstantinopel bekannt ist, und baute es neu auf. Es wurde zur wohlhabendsten Stadt Europas; innerhalb von zwei Jahrhunderten wuchs die Einwohnerzahl auf schätzungsweise eine Million an - die größte Stadt der Welt zu dieser Zeit.

Konstantin berief das Konzil von Nizäa ein, um die Christen in Sachen der grundlegenden Theologie zu vereinen.
https://commons.wikimedia.org/wiki/File:Nicea.jpg

Im Jahr 325 versammelten sich mehrere hundert christliche Diakone und Bischöfe in Nizäa - in der Nähe des im Bau befindlichen Konstantinopel. Ein aufgeschlagenes Exemplar der Evangelien lag bei der Versammlung auf dem Konferenztisch. Konstantin betrat den Saal in seinen königlichen Gewändern, begrüßte die christlichen Führer kurz und wies sie auf den Zweck des Treffens hin: eine Einigung in einigen Streitfragen zu finden. Seine Begründung war einfach: „Spaltung in der Kirche ist schlimmer als Krieg", sagte er.

Die Bischöfe und Diakone waren zusammengekommen, um über die Lehre von der Heiligen Dreifaltigkeit zu diskutieren. Arius, ein Priester in Alexandria, war der Meinung, dass Jesus nicht Gott gleichgestellt sei, weil er als Mensch geboren wurde und somit einen Anfang hatte, während Gott unendlich sei und weder Anfang noch Ende habe. Die Kirchenmänner verglichen die Lehre des Arius mit dem Johannesevangelium, das mit der Aussage beginnt, dass der *Logos* - Jesus - im Anfang bei Gott war und durch ihn alle Dinge geschaffen wurden. Obwohl also der physische Körper Jesu einen Anfang hatte, existierte er als Teil der Gottheit seit dem Anfang der göttlichen Unendlichkeit. Das Konzil kam zu dem Schluss, dass der Vater, der Sohn und der Heilige Geist gleichberechtigte Mitglieder der Dreifaltigkeit seien. Sie verbannten die arianischen Führer wegen Ketzerei und legten das *Nizänische Glaubensbekenntnis* fest - eine Erklärung der grundlegenden Lehren des Christentums.

Kurz nach dem Osterfest im Jahr 337 wurde Konstantin schwer krank. Als er erkannte, dass sein Tod nahe war, rief er die Bischöfe an und teilte ihnen mit, dass er gehofft hatte, im Jordan getauft zu werden, wo auch Jesus getauft worden war, dass er aber nun wisse, dass er sofort getauft werden müsse. Der Historiker Eusebius von Cäsarea schrieb, dass Bischof Eusebius von Nicomedia Konstantin zum christlichen Glauben taufte. Der Kaiser starb kurz darauf am 22. Mai 337 n. Chr.

Die Regierungszeiten von Diocletian und Konstantin führten Rom durch die schwere Christenverfolgung, gefolgt von der Religionsfreiheit für alle Religionen und einem Kaiser, der das Christentum aktiv förderte. Die langen Regierungszeiten beider Männer brachten dem Reich Stabilität. Obwohl Diocletians Tetrarchie scheiterte, war das Konzept ein genialer Plan gewesen, denn Verwaltungszentren an vier Punkten des weit verstreuten Reiches und eine organisierte Nachfolge sollten dem Reich Stabilität bringen. Konstantin ersetzte die Tetrarchie durch eine dynastische Erbfolge; er befolgte jedoch Diocletians Lehre der Mehrfachherrschaft, indem er seine drei Söhne nach seinem Tod zu Mitregenten ernannte.

Kapitel 15: Die Konstantinische Dynastie und der Fall des Westens

Konstantin hatte vorgesehen, dass die Führung des Reiches nach seinem Tod eine Familienangelegenheit sein sollte, mit seinen drei Söhnen - Konstantin II., Constantius II. und Constans - als Kaiser und ihren Cousins - Dalmatius und Hannibalianus - als Cäsaren. Das Reich sollte in fünf Teile aufgeteilt werden, wobei jeder Kaiser oder Cäsar über einen Teil herrschen sollte. Konstantins Vereinbarung hielt nur wenige Wochen an, da seine drei Söhne Dalmatius und Hannibalianus sowie zwei Onkel und drei weitere Cousins abschlachten ließen.

Anschließend teilten die drei Brüder das Reich in drei Teile auf. Der Älteste - Konstantin - erhielt Britannien, Gallien und Hispanien, aber als Vormund seines jüngsten Bruders Constans, der noch nicht volljährig war, überwachte Konstantin auch Italien, Afrika und Illyricum. Constantius erhielt die asiatischen Provinzen, Ägypten, Griechenland und Thrakien.

Aber Konstantin II. wollte die Macht nicht mit seinen jüngeren Brüdern teilen. Als Constans volljährig wurde, weigerte sich Konstantin, Italien, Afrika und Illyricum an ihn abzutreten. In der darauffolgenden Schlacht wurde Konstantin II. 340 n. Chr. getötet, so dass Constans das gesamte Westreich und den größten Teil

Nordafrikas regieren musste - in unruhigem Frieden mit Constantius II. Zehn Jahre später kostete Constans ungeschickte Führung ihn die Unterstützung seiner Truppen, die zum Usurpator Magnentius überliefen und Constans im Jahr 350 töteten. Drei Jahre später trat Magnentius gegen Constantius II. an. Nachdem er einen Tag mit einem Gebet in einer nahen gelegenen Kirche verbracht hatte, besiegte Constantius Magnentius in der Schlacht und wurde zum alleinigen Kaiser des gesamten Römischen Reiches.

Constantius II., Sohn von Konstantin dem Großen, regierte erst gemeinsam mit seinen Brüdern und dann 24 Jahre lang alleine.
https://commons.wikimedia.org/wiki/File:07_constantius2Chrono354.png

Die drei Söhne Konstantins des Großen waren, zumindest nominell, Christen - auch wenn sie den Teil der Bibel in dem „Liebe deinen Bruder wie dich selbst" steht, vermutlich übersehen haben. Constans unterstützte die Haltung des Ersten Konzils von Nizäa in Bezug auf die Bedeutung der biblischen Dreifaltigkeit. Constantius war nicht mit dem Nizänischen Glaubensbekenntnis einverstanden, aber auch nicht mit Arius - er folgte dem Semiarianismus. Die meisten Christen im Reich hatten keine Ahnung, worum es bei der Kontroverse ging.

Auf dringendes Ersuchen von Papst Julius beriefen Constans und Constantius im Jahr 343 das Konzil von Serdica ein, um den theologischen Konflikt zu lösen. Statt einer Lösung verschärfte diese Sitzung die Spannungen zwischen den theologischen Lagern und führte zu einer noch größeren Spaltung, wobei sich die östlichen Kirchen dem Arianismus verschrieben und die westeuropäischen Kirchen das Nizäische Glaubensbekenntnis unterstützten. Die beiden Kaiser einigten sich darauf, dass jeder den von ihm bevorzugten Klerus und die von ihm bevorzugte Theologie in seinem Teil des Reiches unterstützen durfte.

Während seiner gesamten Regierungszeit geriet Constantius in den Persisch-Römischen Kriegen mit dem Sassanidenreich aneinander. In diesen Kämpfen behielt sein Gegner König Shapur II. in der Regel die Oberhand, erlangte aber nie einen endgültigen Sieg. Shapur griff Nisibis, das an der Grenze zwischen der heutigen Türkei und Syrien lag, im Jahr 350 mit einer unglaublichen Strategie an. Er brach die Dämme des Flusses Mygdonius und überschwemmte das Tal. Dann segelte er mit seiner Flotte bis an die Stadtmauern heran und brachte einen Teil der Mauer zum Einsturz. Sein Plan scheiterte jedoch, als seine Kriegselefanten im Schlamm stecken blieben, und er musste sich zurückziehen. Über Nacht reparierten die fleißigen Truppen von Nisibis die Bresche, dann erhielt Shapur die Nachricht, dass die Hunnen in Persien einmarschierten, und er musste Nisibis verlassen, um sein Land zu verteidigen.

Unterstützt von den lokalen Stämmen fiel Shapur 359 in das römische Mesopotamien ein. Mit 100.000 Mann kesselte er Amida (in der asiatischen Türkei) ein, wo sechs römische Legionen auf ihn warteten. Obwohl die Legionen erbittert kämpften und die römischen Skorpion-Belagerungsmaschinen die

Sassaniden dezimierten, durchbrach Shapur schließlich die Mauern. Er plünderte die Stadt, tötete die meisten römischen Offiziere und deportierte die Bevölkerung nach Persien. Dieser Triumpf war ein Pyrrhussieg - Shapur verlor ein Drittel seiner Armee, und seine Stammesverbündeten ließen ihn im Kampf im Stich.

Nach dem Tod von Constans musste Constantius feststellen, dass die Führung eines Reiches, das sich über drei Kontinente erstreckte, im Alleingang für ihn eine Überforderung darstellte. Seine Brüder waren tot - wer sollte ihm helfen? Sein Cousin Julian war erst sechs Jahre alt, als Constantius und seine Brüder die meisten ihrer männlichen Verwandten töteten, und nun war Julian ein junger Mann. Im Jahr 354 n. Chr. ernannte Constantius Julian zum Herrscher über Gallien, eine Aufgabe, die ihm so gut gelang, dass seine Soldaten ihn 360 zum Kaiser erklärten. Constantius war zu sehr mit dem Kampf gegen die Perser beschäftigt, um etwas gegen Julian zu unternehmen.

Während einer Pause in den Feindseligkeiten mit den Sassaniden marschierte Constantius schließlich mit seinen Armeen nach Westen, um Julian entgegenzutreten, erkrankte aber unterwegs tödlich an einem Fieber. Er bat Bischof Euzoius, ihn zu taufen, starb dann im November 361 und erklärte Julius zu seinem Nachfolger.

Julian wurde christlich erzogen, konvertierte aber im Alter von 20 Jahren zum Heidentum und wurde in die geheimen Eleusinischen Mysterien des Kultes von Demeter und Persephone eingeweiht. Er war bestrebt, die alte griechisch-römische polytheistische Religion wiederzubeleben und gleichzeitig das Christentum zu unterwerfen. Julians religiöse Reformen zielten auf die wohlhabenden Christen der Oberschicht ab; es machte ihm nichts aus, wenn die einfachen Leute Christen waren, aber er wollte, dass die herrschenden Klassen den traditionellen heidnischen Bräuchen folgten. Er setzte nicht auf die gewaltsame Verfolgung, die zur Zeit Diocletians durchgeführt wurde, da er wusste, dass diese Strategie nicht aufgegangen war und nur die christliche Kirche gestärkt hatte. Er bevorzugte sanftere Maßnahmen, wie die Abschaffung der staatlichen Stipendien für Bischöfe und die Aufhebung von Privilegien und Vergünstigungen, die die Christen genossen hatten.

Sein größtes Hindernis - über das er sich bitterlich beklagte - war die christliche Nächstenliebe. Julian schrieb an den heidnischen Priester Arsacius: „Es ist eine Schande, dass, weil kein Jude jemals betteln muss und die ungläubigen Galiläer [Christen] nicht nur ihre eigenen Armen, sondern auch die unseren unterstützen, alle Menschen sehen, dass unserem Volk die Hilfe von uns fehlt."

Zwar gab es in Rom eine staatlich finanzierte Essensausgabe für die Armen, aber das Konzept der persönlichen Wohltätigkeit zwischen Einzelpersonen, die denen helfen, die den Gefallen nicht erwidern konnten war den griechisch-römischen Polytheisten fremd. In krassem Gegensatz dazu lehrte Jesus seine Jünger, Bankette zu veranstalten und die Armen, die Krüppel, die Lahmen und die Blinden einzuladen (Lukas 14:12-14). Und genau das konnte die heidnische Welt beobachten: Die Christen kümmerten sich um die Armen, die Waisen, die Witwen und die Kranken - sie begruben sogar die Toten, wenn Seuchen und Krankheiten die Bevölkerung plagten.

Julian hatte nicht viel Zeit, um das Christentum zu stürzen und das Heidentum wieder zu beleben. Seine Herrschaft dauerte weniger als zwei Jahre lang. Trotz der Friedensangebote der Sassaniden wollte er Ruhm und Ehre erlangen, indem er die Perser ein für alle Mal besiegte, was ihm aber nicht gut gelang. In der Schlacht von Samarra wurde er von einem Speer durchbohrt und starb drei Tage später im Jahr 363 n. Chr.

Am Tag nach Julians Tod wählte das römische Militär seinen Feldherrn Jovian zum Kaiser. Obwohl er nur acht Monate nach seiner Wahl zum Kaiser lebte, verhalf er dem Christentum wieder zu einer Vorzugsstellung und einem gehobenen Status im Imperium. Er starb unter mysteriösen Umständen. Er wurde auf der Reise nach Konstantinopel tot in seinem Zelt aufgefunden. Man glaubte, er könne durch giftige Dämpfe umgekommen sein.

Valentinian regierte das Weströmische Reich ab 364 n Chr.
*Classical Numismatic Group, Inc. http://www.cngcoins.com, CC BY-SA 2.5
<https://creativecommons.org/licenses/by-sa/2.5>, via Wikimedia Commons
https://commons.wikimedia.org/wiki/File:Valentinian1cng1570366obverse.jpg*

Die militärischen und zivilen Beamten trafen sich daraufhin in Nizäa und wählten schließlich Valentinian, einen Tribun, der bereits unter Constantius und Julian gedient hatte, zum neuen Anführer. Valentinian wurde im Februar 364 n. Chr. zum Kaiser gekrönt und ernannte dann seinen Bruder Valens zu seinem Mitregenten. Valens machte Konstantinopel zu seiner Hauptstadt, während Valentinian von Mailand in Norditalien aus regierte.

Am 1. November 365 sah sich Valentinian mit gleich zwei Herausforderungen konfrontiert: Die germanischen Alamannen waren in Gallien eingefallen, und Prokopius - der letzte Nachkomme der konstantinischen Dynastie - hatte sich gegen ihn aufgelehnt. Sein erster Instinkt war es, nach Osten zu ziehen, um Valens zu helfen, aber die Städte in Gallien baten ihn eindringlich, ihnen unmittelbar zur Hilfe zu kommen. Nach einem Jahr voller Schlachten und anfänglichen Niederlagen vertrieb er die Alamannen aus Gallien. In der Zwischenzeit nahm Valens

Procopius gefangen und ließ ihn hinrichten, indem er ihn in Stücke riss.

Als Valentinian durch eine Krise in Britannien abgelenkt wurde, schlichen sich die Alamannen wieder über den Rhein, um zu plündern und zu brandschatzen. Diesmal ließ Valentinian Vithicabius - einen wichtigen Häuptling der Alamannen - von seiner Leibwache ermorden. Valentinian sammelte daraufhin eine riesige Streitmacht, um den Rhein zu überqueren und in die Gebiete der Alamannen im Südwesten Deutschlands einzudringen, fest dazu entschlossen, das aufsässige Volk endgültig zu besiegen. Bei einem Aufklärungseinsatz geriet Valentinian beinahe in einen feindlichen Hinterhalt. In der erbitterten Schlacht von Solicinium besiegten die Römer das auf einem Berggipfel gelegene Lager der Alamannen, mussten jedoch schwere Verluste im Kampf hinnehmen. Valentinian ließ daraufhin eine Reihe von Festungen entlang des Rheins errichten, um die Alamannen auf ihrer Seite des Flusses zu halten.

Bei der Krise in Britannien, die Valentinian ablenkte, handelte es sich um eine große Verschwörung. Die römische Garnison, die den Hadrianswall bewachte, war zur Seite des Findes übergelaufen und hatte den wilden Pikten den Zugang nach Britannien ermöglicht. In der Zwischenzeit drang eine gemeinsame Streitmacht aus Schotten, Sachsen und Attacotti (möglicherweise aus Irland) über das Meer in das Land ein. Gleichzeitig griffen Franken und Sachsen Nordgallien an. Nahezu alle römischen Siedlungen im Norden und Westen Britanniens wurden überrannt: Die Stämme plünderten die Städte, mordeten, vergewaltigten und versklavten die Bevölkerung.

Die römische Antwort auf diese Gräueltaten blieb zunächst aus, doch schließlich überquerte der Feldherr Flavius Theodosius mit seinem Sohn Theodosius I. (der später Kaiser wurde) den Kanal und marschierte nach Londinium (London). Seine Truppen griffen die plündernden Stämme heimlich und aus dem Hinterhalt an und erbeuteten dabei Menschen und Vieh. Seine Truppen verfolgten die Barbaren zurück in ihre Heimat, eroberten den Hadrianswall zurück und nahmen die verlassenen Festungen wieder in Beschlag.

Im Jahr 373 brach an der Donau ein Krieg mit den germanischen Quaden und ihren iranisch-sarmatischen Verbündeten aus, die stetig nach Westen gewandert waren. Die Spannungen entzündeten sich am Bau von Festungen durch Valentinian im Gebiet der Quaden. Marcellinus, der für das Bauprojekt verantwortlich war, veranstaltete ein Bankett für die Quaden und Sarmaten unter dem Vorwand, Friedensverhandlungen aufnehmen zu wollen, tötete dann aber den Quadenkönig Gabinius bei dieser Gelegenheit. Die wütenden Quaden und Sarmaten stürmten über die Donau und verwüsteten das Gebiet von Valeria.

Valentinian marschierte nach Carnuntum (im heutigen Südösterreich), wohin die besorgten Sarmaten Botschafter schickten, die den Kaiser um Vergebung für ihre Beteiligung an den Kämpfen baten. Valentinian übersah den Verrat des Marcellianus und war fest entschlossen, an den Quaden ein Exempel zu statuieren – also überquerte er die Donau und plünderte ihre Ländereien.

Im November 374 traf eine Abordnung der Quaden in Valentinians Lager ein. Sie beschwerten sich über die römischen Festungen, die auf ihrem Land errichtet wurden, und erklärten, dass nicht alle Häuptlinge der Quaden einen Friedensvertrag mit Rom geschlossen hatten – es waren die Verweigerer des Friedensvertrages, die Rom angriffen. Valentinian geriet in Rage und schrie die Abgesandten wütend an. Dabei erlitt er einen plötzlichen Schlaganfall und fiel tot um. Als Gründer der Valentinianischen Dynastie folgten ihm seine Söhne Gratian und Valentinian II. als Herrscher des Westreiches, während sein Bruder Valens das Ostreich weiterhin von Konstantinopel aus regierte.

Das Aquädukt des Valens in Konstantinopel (heutiges Istanbul) wurde 373 n. Chr. fertiggestellt.
Lowcarb23, CC BY-SA 4.0 <https://creativecommons.org/licenses/by-sa/4.0>, via Wikimedia Commons https://commons.wikimedia.org/wiki/File:Valens_2012_DK.jpg

Während Valentinian sich mit den Alamannen, den Quaden und den Sarmaten auseinandersetzte, führte Valens einen Feldzug gegen die Goten, die Perser und die Sarazenen. Ein missglückter Versuch, die (von den Hunnen vertriebenen) Goten auf dem Balkan anzusiedeln, führte zum Gotenkrieg von 376-377. Valens' Truppen kämpften zwei Jahre lang erfolglos gegen die Goten. Aus Eifersucht auf den kürzlich errungenen Sieg des westlichen Kaisers Gratian über die Alamannen übernahm Valens selbst den Feldzug gegen die Goten - kein guter Plan angesichts seiner Mittelmäßigkeit in militärischen Angelegenheiten. Als 10.000 Goten auf Adrianopel (in Thrakien) marschierten, entsandte Gratian eine Nachricht, dass seine Truppen auf dem Weg seien, um Valens zu unterstützen, und forderte Valens dazu auf, auf die Unterstützung zu warten, bevor er die Goten angriff. Der eigensinnige Valens, der seinen erhofften Ruhm nicht teilen wollte, zog trotzdem weiter.

Die Schlacht war eine der schlimmsten Niederlagen in der römischen Geschichte. Einige übereifrige römische Truppen griffen ohne Befehl an und brachten die Verteidigungslinien in Unordnung. Die gotische Kavallerie kehrte gerade noch rechtzeitig von einem Raubzug zurück, umzingelte die römischen Truppen und dezimierte ihre Armee. Valens wurde auf dem Feld zurückgelassen und vermutlich getötet, obwohl seine Leiche nie gefunden wurde. Mindestens zwei Drittel der römischen Streitkräfte im Osten wurden vernichtet, darunter die meisten der erfahrenen Generäle.

Nach Valens' Tod ernannte Gratian Theodosius I. zum nächsten Mitkaiser. Er war der Sohn des Helden Flavius Theodosius, der die große britische Verschwörung niedergeschlagen hatte. Theodosius handelte einen Frieden mit den Goten aus, indem er ihnen erlaubte, sich auf römischem Gebiet niederzulassen, aber ihre militärische und politische Autonomie zu bewahren - und als Söldner in den kaiserlichen Streitkräften Roms zu dienen.

Im Jahr 383 n. Chr. rief sich der Usurpator Magnus Maximus zum Kaiser aus, fiel in Gallien ein, tötete Kaiser Gratian und übernahm die Herrschaft über Gallien, Britannien und Hispanien. Theodosius griff 388 n. Chr. zum Gegenangriff an, besiegte Maximus, ließ ihn hinrichten und setzte seinen jüngeren Halbbruder Valentinian II. als Kaiser des Westens ein.

Als Theodosius I. 396 n. Chr. starb, ging sein Thron an seine beiden Söhne über: Honorius sollte im Westen und Arcadius im Osten regieren - doch beide Jungen waren noch keine zehn Jahre alt. Honorius wurde von seinem Onkel, Stilicho dem Vandalen, beherrscht, und Arcadius' Prätorpräfekt Rufinus kontrollierte das Ostreich. Anstatt zusammenzuarbeiten, untergruben Stilicho und Rufinus gegenseitig ihre militärischen Bemühungen und schwächten das ohnehin schon angeschlagene Reich. Selbst als Honorius und Arcadius volljährig wurden, blieben sie bloße Marionettenkaiser.

Die Westgoten sprachen eine germanische Sprache und stammten wahrscheinlich aus Skandinavien, bevor sie nördlich des Schwarzen Meeres einwanderten. Diese Karte zeigt ihre Wanderung nach Süden und Westen in den letzten Tagen des Römischen Reiches.
https://commons.wikimedia.org/wiki/File:Visigoth_migrations.jpg

Stilicho hatte mehrere Auseinandersetzungen mit Alarich - einem Westgoten, der einst als Söldner unter Theodosius I. gedient hatte, dann aber abtrünnig geworden war und König der Westgoten (Westgoten) wurde. Manchmal kämpfte Alarich gegen Stilicho, trotzdem plante Stilicho mit Alarichs Hilfe die Übernahme des Ostreichs. Alarich fiel 410 während einer Hungersnot in Italien ein und plünderte das Land, um sein Heer aus Goten und entlaufenen Sklaven zu ernähren. Er wandte sich an Honorius und bot ihm an, Italien im Tausch gegen Lebensmittel zu verlassen, doch Honorius lehnte dieses Angebot ab.

Die Hungersnot war so schlimm, dass Hieronymus von Kannibalismus in der Stadt Rom berichtete. Alarich nahm Rom kurzerhand ein und plünderte es - die hungernden Menschen waren ihm hilflos ausgeliefert. Seine Männer stahlen alles Wertvolle, was sie mitnehmen konnten, plünderten und brannten die wichtigen Gebäude rund um das Senatsgebäude und das Forum nieder, verschonten dabei aber vor allem die Basiliken von Peter und Paul. Die Goten nahmen viele Römer gefangen, lieferten einige aus, verkauften einige als Sklaven und vergewaltigten und töteten andere. Rom war seit fast acht Jahrhunderten nicht mehr geplündert worden - die ewige Stadt wurde immer verwundbarer und brüchiger.

Alarich und die Westgoten verwüsteten Süditalien, doch ihr Plan, nach Afrika überzusetzen, scheiterte, als ein Sturm ihre Schiffe zerstörte. Wenige Monate nach der Plünderung Roms erkrankte Alarich und starb in Italien. Seine Bande zog nach Südwestgallien und gründete das Westgotenreich, das dem westlichen Reich vier Jahrzehnte später im Kampf gegen Attila den Hunnen half.

Während Rom im Jahr 410 n. Chr. geplündert wurde, zerfiel Britannien, da die verbliebenen römischen Truppen eine Reihe von Usurpatoren ausriefen. Der letzte Kaiser - Konstantin III. - überfiel Gallien und besiegte Honorius Armee. Als die römischen Bürger in Britannien Honorius baten, ihnen bei der Vertreibung Konstantins zu helfen, teilte er ihnen mit, dass sie auf sich allein gestellt seien. Rom hatte die Herrschaft über Britannien im Wesentlichen aufgegeben.

Arcadius einziger Sohn Theodosius II. wurde noch im Säuglingsalter Augustus - gemeinsam mit seinem Vater – und damit zum jüngsten römischen Kaiser. Als Arcadius 408 n. Chr. starb, wurde Theodosius im Alter von sieben Jahren Kaiser des östlichen Reiches. Sein Prätorianerpräfekt Anthemius leitete zunächst die Regierungsgeschäfte, doch im Jahr 414 wurde Theodosius' ältere Schwester Pulcheria zum neuen Augustus ernannt und regierte bis zur Volljährigkeit des Theodosius an seiner statt.

Die Hunnen bedrohten Konstantinopel, während Theodosius in Persien auf einem Feldzug war. Theodosius kehrte 424 nach Konstantinopel zurück und zahlte den Hunnen 350 Pfund in Gold, damit sie friedlich im Reich lebten. Neun Jahre später, als Attila der Hunne die Herrschaft übernahm, verdoppelte er die jährliche Zahlung auf 700 Pfund. Im Jahr 423 starb der westliche Kaiser Honorius, und Theodosius tötete den Usurpator Joannes und setzte seinen sechsjährigen Cousin Valentinian III. als Kaiser des westlichen Reiches ein, mit der Mutter des Jungen, Galla Placidia, als Regentin.

Das Weströmische Reich bröckelte an den Rändern. Britannien war verloren, ein Teil Afrikas war ebenso, Hispanien entglitt dem Kaiser, und Gallien wurde von den Westgoten im Südwesten und den Franken im Nordosten gehalten. Im Jahr 428 überquerten 80.000 Alanen und Vandalen unter der Führung von König Genseric die Straße von Gibraltar nach Mauretanien in Afrika und drangen dann nach Numidien vor, wo sie den römischen Herrscher Bonifatius von seinem Regierungssitz verjagten.

Im Jahr 439 eroberten die Vandalen Karthago. Ihre mächtige Flotte kontrollierte das Gebiet und zerstörte die Wirtschaft des westlichen Reiches, das wegen seiner Steuereinnahmen und seines Getreides auf Afrika angewiesen war. Beide Kaiser entsandten Truppen, um von Sizilien aus einen Angriff zu starten. Doch Attila der Hunne und die Perser nutzten die Gelegenheit, um an zwei Fronten anzugreifen, so dass die Truppen in Sizilien zurückgerufen wurden. Nach einer katastrophalen Niederlage gegen die Hunnen verdreifachte sich der jährliche Tribut der Römer auf 21.00 Pfund Gott.

Theodosius II. stürzte vom Pferd und starb im Jahr 450, ohne Söhne und ohne einen Nachfolger gewählt zu haben. Nach einmonatigen Diskussionen wurde Theodosius' persönlicher Assistent Marcian zum nächsten Kaiser des Ostreiches gewählt (ohne das vorher der westliche Kaiser Valentinian III. konsultiert worden war). Die Tatsache, dass Valentinian III. keinen Beitrag leistete, zeigt, wie sehr der östliche und der westliche Teil des Reiches um 450 n. Chr. politisch voneinander getrennt waren. Das Verhältnis zwischen Ost und West glich zu diesem Zeitpunkt eher dem zweier großen Länder in freundschaftlicher Verbindung als dem zweier verschiedener Teile desselben Reiches.

Atilla der Hunne war einer der am meisten gefürchteten Barbaren, die das Römische Reich bedrohten.
A.Berger, CC BY-SA 3.0 <https://creativecommons.org/licenses/by-sa/3.0>, via Wikimedia Commons https://commons.wikimedia.org/wiki/File:Attila_Museum.JPG

Marcian kündigte sofort die Verträge mit Atilla dem Hunnen und stellte die jährlichen Zahlungen ein. In Italien sandte die Schwester Valentinians III., Honoria, eine verzweifelte Botschaft an Attila, in der sie ihn bat, sie aus der Zwangsheirat zu retten, die ihr Bruder ausgehandelt hatte. Attila verstand dies als Heiratsangebot und als Möglichkeit, sich das Westreich anzueignen. Im Jahr 452 fiel er in Italien ein, um sich seine Braut zu holen, plünderte das Land aber nur aus. Während Attila in Italien war, drang Marcian in das ungarische Kernland ein und besiegte die Hunnen auf ihrem eigenen Gebiet. In der Zwischenzeit bestach das von Hungersnöten und der Pest heimgesuchte Westreich Atilla, und bat ihn darum, Italien zu verlassen.

Im Jahr 455 segelte eine Flotte der Vandalen nach Italien und plünderte Rom, wobei sie zunächst die Aquädukte der Stadt zerstörten. Als sie die Stadttore erreichten, mussten sie Papst Leo I. versprechen, Rom nicht zu zerstören oder die Bevölkerung zu ermorden. Die Vandalen willigten ein, und die Tore wurden geöffnet. Die Vandalen hielten ihr Versprechen - sie brannten nichts nieder und töteten keine Menschenmassen, aber sie plünderten zwei Wochen lang die Schätze der Stadt und nahmen Gefangene als Sklaven mit - darunter Prinzessin Eudocia, die der Vandalenkönig heiratete. Die Vandalen eroberten Sizilien und bedrohten den Seeverkehr im westlichen Mittelmeer.

Westeuropa wurde nun von einer Reihe von Marionettenkaisern regiert, die von den barbarischen Kriegsherren kontrolliert wurden, die das westliche Imperium förmlich überrannten. Im Jahr 475 rief der römische General Orestes, der als Sekretär und Gesandter von Attila dem Hunnen gedient hatte, dessen Sohn Romulus Augustus zum Kaiser aus – er machte ihn zum letzten Kaiser des Westens. Einige Monate später fielen die barbarischen Odoaker der Ostgoten in Italien ein, töteten Orestes und zwangen den 16-jährigen Romulus zur Abdankung.

Mit der Abdankung von Romulus am 4. September 476 war der Zusammenbruch des Weströmischen Reiches fast vollständig bestätigt. Die Reste einiger westeuropäischer Staaten standen noch einige Jahre unter einer Art römischer Herrschaft. Odoaker rief sich selbst zum König von Italien aus - zum Klienten des östlichen Kaisers Zeno in Konstantinopel. Im Jahr 488 fiel Theoderich der Gote in Italien ein; nach fünfjährigen Kämpfen stimmte Odoaker dem Vorschlag zu, gemeinsam mit Theoderich zu regieren. Auf dem Festmahl zur Feier der Vereinigung ermordeten die Goten Odoakers Männer, und Theoderich zerhackte Odoaker in zwei Hälften. Technisch gesehen blieb Italien unter der Autorität des Ostreiches, aber Theoderich sah sich nur seinem eigenen Gesetz untertan. Er war der König des Westgotenreiches – dieses Reich war ein Superstaat, der sich von der Donau bis zum Atlantik erstreckte.

Das weströmische Reich wurde nicht durch ein einziges katastrophales Ereignis zu Fall gebracht. Es zerfiel langsam, da es nicht in der Lage war, mit internen Konflikten, kaiserlicher Inkompetenz und den unaufhörlichen Horden von Barbaren, die seine Grenzen angriffen, fertig zu werden. Das Ostreich bestand bis ins Mittelalter als Byzantinisches Reich weiter, dessen Hauptstadt, Konstantinopel, bestehen blieb. Die Stadt Rom war zwar nicht mehr die Hauptstadt eines großen politischen Reiches, blieb aber weiterhin das Zentrum des katholischen Christentums.

Fazit

Das antike Rom hinterließ einen unauslöschlichen Eindruck, der überall in der heutigen Welt zu spüren ist. Das Erbe dieser bemerkenswerten antiken Zivilisation wirkt sich noch immer auf unsere Rechts- und Politiksysteme, Sprache, Literatur, Religion, Infrastruktur, Architektur, Kunst und Technologie aus. Das kulturelle Erbe des römischen Reiches hat den Zusammenbruch des Imperiums überlebt und die Zivilisationen über die Jahrhunderte hinweg geprägt. Dieser bleibende Einfluss des antiken Roms ist als der Ursprung vieler Aspekte der heutigen modernen Gesellschaft zu bewerten.

Die klassische Zivilisation - die griechisch-römische Welt - entstand in den Regionen, die von den Griechen und Römern durch Literatur, Kultur, Politik und Religion beeinflusst wurden. Griechische Philosophie, Religion, Kunst, Medizin, Astronomie, höhere Mathematik, Handwerkskunst und Architektur beeinflussten die frühe römische Zivilisation stark. Evander, der Verbündete des Aeneas, hatte die Region besiedelt, auf der Rom später erbaut werden sollte, und brachte griechische politische, kulturelle und religiöse Traditionen mit sich. Alexander der Große hielt die hellenistische (griechische) Kultur für ein Geschenk Gottes an die Menschheit und fühlte sich daher dazu berufen, sie in die von ihm eroberten Gebiete zu exportieren, von denen viele später Teil des Römischen Reiches wurden. Rom nahm das griechische Wissen und die griechische Weltanschauung in seine Kultur auf und verbreitete sie im ganzen Reich und in der

Geschichte.

Galen - der griechisch-römische Philosoph, Arzt und Chirurg - prägte die medizinische Theorie und Praxis des Westens über ein Jahrtausend lang. Ptolemäus – der Astronom, Geograf und Mathematiker war - verfasste den Almagest: die ausführlichste und aufschlussreichste astronomisch-mathematische Abhandlung der antiken Welt, in der 48 der 88 Sternbilder aufgezeichnet sind, die heute von der Internationalen Astronomischen Union anerkannt werden. Hero von Alexandria - ein griechischer Mathematiker und Ingenieur aus dem ersten Jahrhundert nach Christus - entwickelte die geometrische Heron-Formel und begründete das Studium der Pneumatik und Mechanik. Ebenfalls in Alexandria schrieb Diophantus – der Erfinder von Algebra - die *Arithmetica:* eine Reihe von Büchern über algebraische Gleichungen, Geometrie und Berechnungen. Er war der erste hellenistische Mathematiker, der Brüche als Zahlen niederschrieb.

Neben Wissenschaft und Mathematik wurde die griechisch-römische Welt auch durch die Literatur, Philosophie und Theologie geprägt, die nach dem Zerfall des Römischen Reiches von der christlichen Kirche bewahrt und weitergegeben wurden. Die christlichen Universitäten des Mittelalters konzentrierten sich auf die griechisch-römischen Klassiker, darunter Boethius Consolatio Philosophiae (Über den Trost der Philosophie) und seine Übersetzungen von Platon und Aristoteles.

Marcus Aurelius war der letzte der „Fünf guten Kaiser", aber auch ein stoischer Philosoph und Schriftsteller.
MM, CC BY-SA 4.0 <https://creativecommons.org/licenses/by-sa/4.0>, via Wikimedia Commons https://commons.wikimedia.org/wiki/File:CapitoliniMAurelioGiovane3.jpg

Der heilige Augustinus griff in seinem Buch über die „Stadt Gottes" auf Cicero, Homer, Varro, Vergil und vor allem auf Platon zurück – er schrieb eine philosophische Abhandlung über den moralischen Verfall, der zum Untergang Roms führte. Er verglich die „Stadt Gottes" mit der „Stadt des Menschen", eine Gegenüberstellung, die den ewigen Kampf zwischen Glauben und

Unglaube symbolisiert. Der Synkretismus der Renaissance, der den Hellenismus mit dem Christentum verband, weckte das Interesse an den griechischen und römischen philosophischen Klassikern, wie den Schriften von Marcus Aurelius, Epictetus und Seneca dem Jüngeren erneut.

„Unschuldig, bis eine Schuld bewiesen ist!" Dieses bekannte Konzept, das auf das antike römische Recht zurückgeht, unterstreicht den römischen Einfluss auf das westliche Strafrechtssystem. Die Römer schufen den Präzedenzfall für die heutigen Gerichtsverfahren in modernen Justizsystemen in vielen Ländern der westlichen Welt. Wie in heutigen Gerichtssystemen wurde der Angeklagte in einer Vorverhandlung angehört, um die Gründe für sein Handeln zu ermitteln. Wenn genügend Gründe für eine Anklage vorlagen, wurde eine förmliche Anklageschrift verfasst, in der die Anklagepunkte dargelegt wurden, und ein Geschworenengericht hörte die Zeugen an und prüfte die Beweise.

Das *Zwölftafelgesetz* aus dem Jahr 450 v. Chr. enthielt die schriftlichen Gesetze Roms, die auf zwölf Bronzetafeln eingraviert waren – dies war der Beginn eines kodifizierten Systems, das es allen Bürgern ermöglichte, die Gesetze zu kennen und gleichberechtigt behandelt zu werden. Davor erfuhren die Bürger oft erst dann von den Gesetzen, wenn sie sie brachen und verhaftet wurden. Die zwölf Tafeln konzentrierten sich auf das Zivilrecht – in der Regel auf Streitigkeiten zwischen Privatpersonen wie Verträge oder Sachbeschädigung –, aber der Staat verfügte auch über ein öffentliches Recht, das sich mit Dingen wie Steuern oder Hochverrat befasste. Das römische kodifizierte Rechtssystem ist die gemeinsame Grundlage der systematischen und umfassenden schriftlichen Gesetze von heute.

Wer war der Autor der schriftlichen Gesetze im antiken Rom? In der Zeit der Republik war die Gesetzgebung die Aufgabe zweier Gremien (diese ähnelten dem Repräsentantenhaus und dem Senat in Amerika). Die *comitia* oder Bürgerversammlung verabschiedete zunächst die Gesetze, die dann dem Senat zur Genehmigung vorgelegt wurden. Dieses Modell der Gesetzgebung wird auch heute noch in den meisten demokratischen Regierungen angewandt.

Rom beeinflusste das politische System der Vereinigten Staaten offenkundig im Bereich der Politik und der Regierung. Die Gründerväter Amerikas ahmten absichtlich das Regierungsmodell der Römischen Republik nach, einschließlich einiger Merkmale des Senats, der gegenseitigen Gewaltenkontrolle, des Vetorechts, der Gewaltenteilung in drei Regierungszweigen, der Amtszeitbeschränkungen, des Rechts auf Amtsenthebungen, die Verschleppungstaktik und regelmäßige Wahlen.

Die Römer prägten die westliche Welt durch die lateinische Sprache, die im gesamten Reich als *Lingua franca* (gemeinsame Sprache) verwendet wurde. Aus der lateinischen Sprache sind die romanischen Sprachen hervorgegangen, darunter Französisch, Italienisch, Portugiesisch, Rumänisch und Spanisch. Etwa ein Drittel der modernen englischen Wörter haben einen lateinischen Wortstamm, und ein weiteres Drittel entstammt den romanischen Sprachen, die auch vom Lateinischen abstammen. Dabei kommen besonders viele Begriffe aus dem Anglo-Normannischen und dem Französischen. Lateinische Wörter oder aus dem Lateinischen abgeleitete Wörter machen 90 % der juristischen, medizinischen und wissenschaftlichen Terminologie in der westlichen Welt aus.

Einige Beispiele für aus dem Lateinischen abgeleitete englische Wörter sind *scholar* - scholar (Gelehrter), *cattus* - cat (Katze), *familia* - family (Familie), *Senatus* - senate (Senat), *sermones* - sermon (Predigt), *lingua* - language (Sprache), *musicorum* - music (Musik), *cultura* - culture (Kultur), *consensu* - consent (Konsensus/Zustimmung) und *orbis* - orbit (Umlaufbahn).

Wenn Sie sich alte römische Gravuren auf Denkmälern ansehen, werden Sie die meisten Buchstaben wiedererkennen - das römische Alphabet ist der Prototyp für das englische Alphabet und die meisten europäischen Sprachen (obwohl die Römer alles mit Großbuchstaben schrieben). Das lateinische Alphabet entwickelte sich aus dem etruskischen Alphabet, das wiederum aus dem kumäischen griechischen Alphabet hervorging, welches sich aus dem phönizischen Alphabet entwickelte, dessen Ursprung wiederum in den ägyptischen Hieroglyphen zu finden ist.

Die englische Literatur verdankt ihre Entstehung dem römischen Einfluss. Beispiele für englische Klassiker, die durch die römische Geschichte oder den römischen Literaturstil inspiriert sind, sind Chaucers *The House of Fame*, Dantes *Inferno*, James Joyces *Ulysses*, Miltons *Paradise Lost*, Robert Graves' *I Claudius* und natürlich Shakespeares *Julius Cäsar* und *Antony and Cleopatra*. Chaucer, Dante, Milton und Shakespeare wurden alle von Ovids *Metamorphosen* beeinflusst.

In den satirischen und komplizierten Gedichten des Modernisten T. S. Eliot finden sich immer wieder Anspielungen auf griechisch-römische Mythen, darunter sind die Erzählungen über Sybil, Herkules, Amor und Chronis. Die Werke von C.S. Lewis zeugen von einem Geist, der mit der römischen Mythologie und Literatur bestens vertraut war: *Till We Have Faces* ist eine Nacherzählung der Geschichte von Amor und Psyche aus Lucius Apuleius Madaurensis' Metamorphosen aus dem zweiten Jahrhundert. Lewis' Freund J.R.R. Tolkien glaubte, dass die heidnischen Mythen Roms einen Hauch von ewiger Wahrheit bewahrten. In Tolkiens *Herr der Ringe* spiegelt Gondor das oströmische Reich mit seiner numenorischen Geschichte wider, die Parallelen zu den Erzählungen von Aeneas aufweist.

Das Alte Testament wurde im zweiten Jahrhundert v. Chr. im ägyptischen Alexandra in die griechische Septuaginta übersetzt, aus der auch Jesus in der Synagoge von Nazareth vorlas (Lukas 4,16-20). Griechisch und Latein waren die offiziellen Sprachen des Römischen Reiches; das Neue Testament wurde in Koine-Griechisch geschrieben - der Lingua Franca des Oströmischen Reiches. Die meisten Menschen im östlichen Teil des Reiches - und einige im Westen - konnten sowohl das Alte als auch das Neue Testament auf Griechisch lesen (oder sich vorlesen lassen).

Latein war die ursprüngliche Sprache Roms und wurde weiterhin in der Verwaltung, in Rechtsangelegenheiten und im Militär verwendet und verdrängte allmählich das Griechische als die wichtigste gemeinsame Sprache in Westeuropa. Viele Menschen im westlichen Reich konnten Griechisch nicht lesen oder verstehen; daher wurden Teile des Alten und Neuen Testaments ins Lateinische übersetzt - dies geschah bereits im ersten Jahrhundert nach Christus.

Hieronymus war ein Asket, der die letzten Jahre seines Lebens in einer Höhle außerhalb von Bethlehem verbrachte und die Bibel ins Lateinische übersetzte. Er wird oft mit einem Totenkopf abgebildet - als Symbol für den Kampf der geistigen Natur gegen die irdische Natur. Von Matthias Stom - Oeuvre du Musée des Beaux-Arts de Nantes, https://commons.wikimedia.org/w/index.php?curid=10285609

Hieronymus war ein Priester, der Griechisch, Latein und Hebräisch beherrschte. Er erkannte den Bedarf für eine gute lateinische Übersetzung der gesamten Bibel - insbesondere für die westliche Kirche - und zog 382 in ein Kloster in Bethlehem, um mit dem Übersetzen zu beginnen. Unter Verwendung der früheren lateinischen Übersetzungen übersetzte er zunächst die neutestamentlichen Evangelien - Matthäus, Markus, Lukas und

Johannes - ins Lateinische. Anschließend übersetzte er das gesamte Alte Testament ins Lateinische, indem er die hebräischen Originaltexte mit der griechischen Septuaginta-Übersetzung verglich und - da er sich in Bethlehem befand - die dortigen jüdischen Gelehrten bei schwierigen Texten konsultierte. Bis zum Jahr 405 übersetzte er das gesamte Alte Testament und die Evangelien ins Lateinische - in die so genannte Vulgata – *gemeine Sprache*. Die Vulgata wurde so genannt, weil es sich um ein alltägliches, leicht verständliches Latein handelte und nicht um das klassische Gelehrtenlatein (das er zwar gut kannte, aber das für seine, für das gemeine Volk gedachte Version der Schrift völlig ungeeignet war).

Die neue lateinische Bibelübersetzung des Hieronymus hatte ihre Kritiker - aber nun hatte das westliche Reich eine Bibel in einer Sprache, die die Menschen lesen und verstehen konnten. Dies förderte die Ausbreitung des Christentums in ganz Westeuropa. Die Vulgata war die lateinische Übersetzung, die von der römisch-katholischen Kirche jahrhundertelang verwendet wurde - bis in das Jahr 1979. Die lateinische Bibel trug zum Wachstum der Kirche bei; im Gegenzug bewahrte die Kirche mit Hieronymus' Übersetzung die lateinische Sprache über die Jahrhunderte hinweg.

Der Satz „Alle Wege führen nach Rom" spiegelt die Zeit der Römischen Republik und des Römischen Reiches wider, als die *Viae Romanae* oder römischen Straßen wie Sonnenstrahlen von Rom in weitentfernte Orte im ganzen Reich führten und dem Militär, den Regierungsbeamten, den Kaufleuten und dem einfachen Volk eine effiziente und bequeme Reise ermöglichten. Römische Straßen gibt es heute, zwei Jahrtausende später, immer noch; einige haben sogar noch ihr ursprüngliches Kopfsteinpflaster. Andere haben die Trassen für die heutigen modernen Straßen und Autobahnen gebildet.

Römische Straßen wurden mit einem dreistufigen Unterbau aus Erde, Kies und Ziegeln gebaut, wobei die Pflastersteine oben aus Felsplatten bestanden. Sie waren erstaunlich stabil und widerstandsfähig, widerstanden rauen Witterungsbedingungen und waren in der Mitte leicht angehoben, um eine effiziente Regenentwässerung zu ermöglichen.

Roms ausgedehntes Straßennetz von über 250.000 Meilen war für die damalige Zeit eine außergewöhnliche Leistung. Sie verbanden die Kolonien miteinander und mit Rom und ermöglichten das schnelle Reisen mit Räderkarren. Die Straßen waren mit Wegweisern versehen, die die Kilometer und die Entfernung zur nächsten Stadt anzeigten. Ein großer Vorteil des Straßensystems bestand darin, dass die römischen Legionen etwa 20 Meilen pro Tag zu Fuß zurücklegen konnten, um schnell auf Aufstände in den Städten oder Invasionen an den Grenzen reagieren zu können.

Die römischen Straßen brachten eine weitere großartige Erfindung hervor, die heute noch genutzt wird - den Postdienst! Die Straßen ermöglichten eine relativ schnelle Beförderung von Nachrichten von Stadt zu Stadt, und es gab sogar eine Möglichkeit der Expresszustellung mit Pferden.

Der Nachhall des antiken Roms ist noch immer in verschiedenen Lebensbereichen zu spüren, mehr als es uns manchmal bewusst ist. Unser Kalender, unsere Feiertage, unsere Philosophie und unser Rechtsempfinden sind Teil des von den Römern hinterlassenen Schatzes. Der Aufstieg und der Fall Roms inspirieren uns noch heute, erteilen uns aber auch warnende Lektionen, die wir uns auch in unserer modernen Gesellschaft merken sollten. Das antike Rom und seine Geschichte sind noch immer relevant. Die Geschichte des antiken Roms bestimmt nach wie vor unsere Weltanschauung, unser Selbstverständnis, unsere Spiritualität und unsere politischen Ideale.

www.ingramcontent.com/pod-product-compliance
Lightning Source LLC
Chambersburg PA
CBHW071148060526
44107CB00133B/435